U0050696

新亞洲佛教史 14

日本 IV

近代國家與佛教

Buddhism and the Modern Japanese State:
Japan IV

末木文美士 編輯委員
松尾剛次、佐藤弘夫、林淳、大久保良峻 編輯協力
辛如意 譯者
釋果鏡 中文版總主編

新亞洲佛教史中文版總序

弘揚漢傳佛教，從根本提昇漢傳佛教研究的品質與水準，一直是本所創辦人念茲在茲的心願。這是一場恆久持續的考驗，雖然中華佛學研究所自知能力有限，但仍然願意傾注所有心力，結合海內外的先進與同志，共同攜手為此一目標奮進。

在佛教學術研究的領域，日本學術界的成果一直受到全世界的肯定與注目。「新亞洲佛教史」此一系列研究是日本佛教學界近年來最大規模的結集，十五冊的規模，動員超過兩百位菁英學者，從耆宿到新銳，幾乎網羅無遺，可以說是當今日本佛教學界最具規模的成果展示當不為過矣。本套「新亞洲佛教史」系列海納萬有，概而言之，其重要性約有數端：

（一）「新亞洲佛教史」雖然以印度、中國、日本三大部分為主，但也兼顧中亞、東南亞、越南、韓國等不同地區，涵蓋南傳、漢傳、藏傳等不同的佛教傳統；處理時段從佛陀出世迄於今日。就目前同性質的著作之中，處理時間之長遠，空間之寬闊，迄今尚未有出於其右者。

（二）傳統佛教史的寫作總是詳古略今，無法充分呈現佛教演變的歷史面貌。此次

「新亞洲佛教史」對於近世以降佛教演變的軌跡著意甚深，可謂鉅細靡遺。

（三）傳統佛教史大多集中於思想概念以及政治關係的描述，此次「新亞洲佛教史」在可能的範圍內，嘗試兼顧語言、民俗、文學、藝術、考古學等文化脈絡，開展出各種認識佛法的不同可能性。

職是之由，「新亞洲佛教史」不僅是時間意義上，更重要的意義是一種研究範式的建立。中華佛學研究所取得佼成出版社正式授權，嘗試將日本佛教研究最新系列研究成果介紹給漢語文化圈。其間受到各方協助，特別是青山學院大學陳繼東教授居中聯繫，其功厥偉。同時也要感謝佼成出版社充分授權與協助，讓漢語文化圈的讀者得以接觸這套精心策畫的研究成果。透過高水準學術研究作品的譯介，借鏡世界各國佛教研究者的智慧，讓漢傳佛教研究的境界與視野更高更遠，這是中華佛學研究所責無旁貸的使命，以及未來持續努力的目標。

釋果鏡

中華佛學研究所所長

序

舊版《アジア仏教史》日本編自西元一九七五年完結後，日本佛教研究界邁向激震期，開始針對戰後構築的日本佛教定論提出根源性的批判，各時代所呈現的佛教樣貌開始在震響中逐漸瓦解。研究者重新從全面觀點來審視古代佛教中的「國家佛教」概念，無論是中世的「新佛教中心史觀」崩解，或集中針對近世的「近世佛教＝墮落論」進行批判等方面，皆堪稱是代表之例。

這種波動同樣波及近代佛教。然而，近代佛教有別於前近代，加上其所累積的研究史尚淺，以致於做為重新審視對象的歷史樣貌尚未顯現明確的樣貌。此外，新佛教中心史觀的瓦解，導致過去研究者將目光從關注鎌倉時代擴大到其他時代，促使在相對之下可更加深近代佛教研究層面的效果。基於如此情況，在近代佛教研究中，並非立即面臨固有印象的解體，而是讓新加入的研究者涉入其中，促使研究者對於該如何建構近代佛教的新全體樣貌這項研究方向提高了關注力。然而，這絕對不是意味著在毫無批判的情況下，承襲過去對問題產生的關注及觀察立場。

對於近代最初一批明治時代的佛教人士而言，其最大課題就是在廢佛毀釋的打擊下，並以復興為目標的過程中，如何能使教團與教學邁向近代化的問題。第二次世界大戰敗戰的衝擊，促使他們對於過去日本並未充分近代化的情況有所反省，並以揭櫫「克服封建遺制」為目標。在一時之間出現「超越及克服近代」的說法，雖有語意上的變化，但自明治維新至西元一九七〇年代為止的大約百年之間，「近代化」卻成為包括佛教史在內的日本史學界所使用的關鍵字。

在此所謂的「近代」，正因為是將西歐的近代視為理念模式，故在日本傳統宗教之中，該如何發現與西歐相似之處，則成為重要課題。從國家獨立與個人內在信仰世界是否確立，皆成為評價過去佛教思想的尺度，針對教理方面，亦被賦予合理主義式的重新詮釋。戰前，清澤滿之否定親鸞思想所主張的淨土彼岸性，強調在其思想上達成的哲學境界。戰後，家永三郎成為遵循清澤立場的代表思想家及學者，並發現鎌倉佛教具備的民眾性及對於咒術所採取的否定立場。至於重視個人內在層面的磯前順一，其堪稱具備了所謂的「信念中心主義」傾向，則是延至西元一九七〇年代為止，形成「近代佛教」的核心印象。

相對於此，歷經刊行舊版《アジア仏教史》的近代佛教研究，尤其是自西元一九九〇年代之後出現許多研究，亦即針對以教理合理化為焦點的既有研究來進行反省，並以此立場來關心被忽略的各種要素。

戰後研究過度偏重教理，完全欠缺關注傳統教團的實體及公教育（編案：國、公立學校及取得學校法人認可所設置的私立學校）所發揮的功能。即使探論近代國家與佛教的關係，卻幾乎沒有嘗試透過包括詳查公文書等方式，來闡明國家與佛教之間在官方立場及制度上的關聯。日本在戰前與戰爭期間進行的海外侵略，與部分佛教教團關係密切，這應是近代佛教絕對具有的一大面向，但這部分完全不被列入考量。在近代，佛教系統的新宗教達成顯著進步，令人十分驚異，近代佛教研究者卻不曾探討此問題。

依此研究腳步，闡明了過去近代佛教研究的守備範圍是如何被限制於框架中。此外，也重新自覺到某種異常狀態，亦即如同教理與佛教學者、國家之間的關係是由歷史學者來處理，喪葬儀禮則是由民俗學者處理般，近代佛教的各種構成要素被各領域的研究者所切割，彼此之間也幾乎毫無交涉。

此時，恰是後現代主義思想開始對日本的學院主義造成深遠影響的時期。過去遭致忽略、被邊緣化、受到歧視的事物開始備受矚目，這意味著被重新探詢。藉此方式，更加明確凸顯出過去在近代佛教研究上的偏差。

這次邀稿的作者，是在刊行舊版《アジア仏教史》之後，將前述研究予以重新探討的主導者，或是在此趨勢下展開研究的各方人士。無論任何論述考證，皆是從廣域視角來細心考量周邊領域，並顯示縝密的實證研究成果。閱讀這些論述考證，無疑就能理解現今的近代佛教研究，是如何迎向成果充實的時代。在日本佛教研究之中，昔日的鎌倉佛教研究曾以具有壓倒性實力的豐厚研究而自詡，如今近代佛教則是形成最熱門的領域。

就此意味而言，筆者確信本書並非只是提示近代佛教的研究水準而已，而是完成一部可給予刺激啟發的著作，並能揭示日本佛教在今日最優良的研究成果。

佐藤弘夫

（編輯協力）

目錄

【第二章】近代佛教的形成與發展 大谷榮一

【第三章】 佛教人士前往海外

藤井健志

【特論】佛教研究方法論與研究史　末木文美士

體例說明

一、本書（日文版）原則上使用現代假名。

二、（日文版）漢字標示原則上使用常用漢字。

此外，依作者個人學術考量，經判斷認為需要之處，則遵照其表現方式。

三、主要人物在各章初次出現時，以括弧標明其生卒年。例：普門圓通（一七五四—一八三四）。

四、書中年號採用日本傳統曆法的和曆，括弧內以西元年份表示。

五、書中的典籍名或經典名以《》表示，經典之品名以〈〉表示。例：《法華經》〈如來壽量品〉。

六、書中引文除了主要以「」表示之外，長文引用則與正文間隔一行、整段低二格的方式表示。

此外，為能讓引用或參考論述更為明確，則在句末的（）內詳細記載研究者姓名與論述發表年份，並與卷末參考文獻互為對照。例：（末木文美士，二〇〇四）。

七、原則上，日文引用採取現代語譯。

八、譯文若有補充說明時以「編案」表示。

九、為能讓讀者更深入了解內容，將列出卷末各章及各專欄使用的「參考文獻」，以及在各專欄結尾處，另行列出與探討主題相關的「文獻介紹」。

第一章

明治維新與佛教

谷川穣

京都大學大學院副教授

第一節 「明治維新與佛教」所賦予的印象

一、以廢佛毀釋的打擊為起點

近年，日本近代佛教史研究正成為前所未有、眾所矚目之焦點，尤其在思想史上探究僧侶或虔信者的層面更為寬廣，將重點置於人際交流或連結，來藉此探論亞洲佛教、或在歐美傳布的佛教與近代日本之間關係的著作，亦逐漸受到關注。

在此類型研究大為盛行之中，過去針對明治時代初期所應有的研究成果已有累積，堪稱大致上是如同後述的「明治佛教史」發展梗概般逐步發展。自近世時期以來民心對佛教積怨日深，至明治時代掀起的廢佛毀釋風暴發揮到極致，佛教界為此蒙受重大打擊。當佛教緩慢達到復甦並針對過去的「怠惰」有所反省，在此過程中，佛教逐漸步往成為明治國家的從屬者，以及協助對外戰爭的「負面方向」。於此同時，在思想或社會活動方面，則有值得關注的佛教人士逐漸現身。總而言之，日本近代佛教史研究已能接受明治時代初期是遭受廢佛毀釋的打擊，與佛教衰退期的基本模式。

在相關領域的古典研究著作，辻善之助的《明治佛教史の問題》（立文書院，一九四九），在其開頭的正文恰為「明治佛教史首先就是始於神佛分離廢佛毀釋」。一直以來擁有這種共同印象，並逐漸根深柢固。其說法源頭就在於西元一九二〇年代的辻善之助、村上專精、鷲尾順敬所編著的《明治維新神佛分離史料》。佛教遭蒙國家打擊甚深，此後被迫成為從屬的樣貌，應是透過「實證的」方式來導引而出。自辻善之助以後的吉田久一、柏原祐泉等人在太平洋戰爭後的研究亦沿襲其說。然而，在針對其印象的內在真實狀況方面，似乎尚未獲得充分共鳴。

二、「形式破壞」與「內容破壞」？

昭和八年（一九三三），《現代佛教》雜誌編輯「明治佛教的回顧與研究」特集，若從其中將當時日本佛教學者齊聚一堂的情況來看，則果真不出所料，尤其可從中發現許多提到佛教或各宗教團在明治時代初期所體驗的苦難歷程。可想像的是，從排佛之難邁向復興的這段歷史梗概，是對於在某種程度上曾體驗或聽聞這段歷程的世代尚存活於世間的時期，故而容易被他們所接納。然而筆者想關注的特點，則是該雜誌將前述的「明治佛教史」發展梗概，以僅有的少許篇幅、卻具有重要性並值得保留的文章刊載於雜誌卷首。

> 明治佛教的迫害史大約分為兩期，第一期是明治元年至五年。……是僅止於由神

> 道思想所引起的報復行為，若將此直接視為就是撲滅佛教的政策，則此看法甚為荒謬。……佛教迫害的第一期，完全朝向形式破壞的方向發展。……至明治五年，從形式破壞的迫害驟然轉向準備進入內容破壞的階段。（高楠順次郎，一九三三，七—八頁）

這段文章的作者是當時擔任東京帝國大學名譽教授、東洋大學校長的佛教學者高楠順次郎。高楠將排佛時期分為兩期，換言之，就是將包含廢佛毀釋在內，至明治五年為止的階段視為「形式破壞」；自明治五年之後則進行「內容破壞」。至於如何掌握這段時期的方式，則是十分重要。其原因在於高楠認為廢佛毀釋這種直接破壞的情況是一種形式的破壞，至於對佛教的內在破壞，則是在後續時期才顯得更為重要。

那麼，明治五年（一八七二）之後又發生何事？高楠順次郎緊接著提到：政府廢除僧位、僧官的〈永宣旨〉，將針對僧侶食葷娶妻及蓄髮的限制予以解禁，並禁止托缽、准許穿著便服或保留姓氏，進而「創立神佛合同大教院，依各宗寺院成立小教院，……動員所有佛教機構，做為執行教部意圖的間接射擊」，「佛教迫害第二期是始於明治六年至十年，其核心問題實為大教院」（同，八頁）。

高楠順次郎提示的構圖模式，並未將廢佛毀釋視為根本、絕對的行動，反倒是關注於自明治六年起開始實施的大教院體制（根據神佛合同所推行的民眾教化體制），此點十分耐人尋味。即使是廢佛毀釋的個別研究，亦可從中得知即使是在同一藩內或縣內，情況仍有顯著差異（村田安穗，一九九四）。至少很難斷言全國皆是受到廢佛毀釋的同等打擊。筆者在從事史料調查或旅行時，常獲得與造訪寺院住持談話的機會，他們既有表示「本寺據說也遭到廢佛毀釋的悽慘迫害」，亦有不少反應是「這一帶完全不受影響」。實際情況上，在維新時期的變革及佛教問題方面（姑且不論當事者的認知為何），重要的並非是廢佛毀釋，反而整體被「破壞」才是重要。這些情況是在歷時長久之後，才對後世造成影響。儘管如此，高楠順次郎所謂的「形式破壞」予人十分強烈的印象，有不少見解傾向於佛教界全體皆遭到慘烈的重創傷害。就此意味而言，自一九三〇年代開始就維持這種先入為主的印象和理解方式。

本章是將「準備」進行「內容破壞」的明治五年做為移轉期，近年亦仿效林淳提出的劃分方式（林淳，二〇〇九）。姑且嘗試以二分法來描述，亦即第一期是自明治元年（一八六八）至明治五年，第二期則是自明治五年至十七年（一八八四）為止。第一期是廢除德川幕府制訂的官方制度，並由近代國家取而代之的時期。在此將列舉新政府推行的神佛分離方針、廢佛毀釋、推動神道國教化政策、解除寺請制度與成立戶籍制度等。這包括明治四年的〈上知令〉，或翌年解除食葷娶妻及蓄髮的禁令等，開始推展與僧侶的經濟問題或特權身分相關之重要改革。第二期是將神官或僧侶進行總動員，並藉此發展民眾教化政策的時代，這必然伴隨著與學校教育制度之間發生糾葛的情況。這點雖不太受重視，但在考量佛教在近代日本社會中的定位之際，與教育之間的關聯將成為一大關鍵。這堪稱是佛教人士在各層面嘗試民眾教化，以及與教育的相關方式、距離感皆受到試煉的時期。第一期的變革在第二期逐漸正式化、廣泛化，就此點來看，與其說被明確劃分為兩個時期，倒不如說是將第二期加諸在第一期之上的看法更為正確。本段前文以「姑且」的方式來表現二分法，就是具有如此涵義。

首先，筆者針對第一期來做探討，並從縱觀幕末的發展狀況開始進行。

第二節　揭開「近代佛教」的序幕

嘉永六年（一八五三）培里（Matthew Calbraith Perry）航行抵日，並在翌年簽訂《日美親善條約》開放國門，天主教傳教士受此影響而開始渡日傳教。慶應元年（一八六五），長崎浦上村的村民向法籍傳教士貝爾納·珀蒂讓（Bernard-Thadée Petitjean）告白個人信仰及做禮拜，並公開以天主教徒身分展開行動。幕府將這些信徒予以逮捕，至於維新政府仍舊延續禁止信奉天主教的路線。明治二年（一八六九），將三千名以上的信徒分配由加賀、尾張以西的二十一藩進行管理，並藉由派遣神祇官（自明治四年起改為神祇省）所新設的「宣教史」等方式來迫使改宗。但最終受到外國各方強烈抗議，遂於明治六年（一八七三）二月撤除為了禁教所制定的高札（編案：告示法令或禁令的豎立木牌），三月准許信徒返村。此後數年之間雖由政府的諜報機構進行監視，卻默認天主教發展（家近良樹，一九九八）。

其實從幕末時期之前，幕府就已意識到天主教傳入，並在「明治維新與佛教」的發展上成為重要的內在層面。本節將沿襲此課題，並探討幾項「佛教」意識在幕末維新期的萌芽狀況。

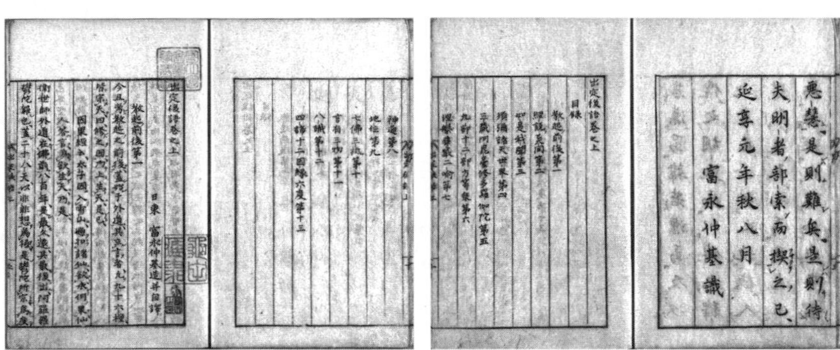

富永仲基著《出定後語》，為日本「大乘非佛說論」的先驅。此為卷上目錄。（出處：富永仲基造并自訳『出定後語：2巻』[1],丹波屋理兵衛,延享2(1745). 国立国会図書館デジタルコレクションhttps://dl.ndl.go.jp/pid/2599612(参照 2023-01-18)）

一、幕末的佛教天文學者——圓通與介石

自日本開國之前，即有不少僧侶為此感到惶然不安。從十七世紀刊行的不干齋巴鼻庵所撰《破提宇子》之後，歷經整個江戶時代，不斷有僧侶撰寫排耶書問世。在此同時，亦發展護法論以反駁儒者提出的佛教批判。至近世後期，更有隨著西洋學術及知識傳入，出現儒者富永仲基的《出定後語》，甚至是水戶學、國學來加速針對佛教進行批判。在僧侶方面，則認為應將自身奉行的「護國」教法，亦即與天主教與「西洋」學術及知識互為對峙的教法，告示於國內批判佛教的儒者及國學者，這亦是為了「護法」所採取的行動。

在此試舉護法之先驅天文學僧的例子，在十八世紀末登場的佛教天文學之祖普門圓通（天台宗，一七五四—一八三四），他在根據須彌山說而撰寫

的《佛國曆象編》等著作中，曾提倡天動說，並進行梵曆研究，與西洋的地動說互為抗衡。圓通的研究意義不僅止於開拓新學術領域而已，西洋的地動說與天主教理互不相容，但對日本佛教人士而言皆是西方思想，就是所謂的將地動說與天主教一視同仁般予以理解。換言之，進行天文學研究就等於發展反駁或批判天主教的排耶論，此一契機可令人意識到「佛教」是對抗天主教的架構。

此外，普門圓通透過採用經由模型化之後的機械（須彌山儀），以淺明方式來「實證」自身學說，並藉此批判西洋科學，互為顯示其證明過程，登上反覆經由累積西洋科學的實質性測試所形成的礎石（岡田正彥，二〇一〇）。至於考證方法則非特別出自圓通所創，但就此顯示佛教是如何能與西洋學術及知識正面相對，此點則是不容輕忽之事。普門圓通的天文學後由不少超越宗派的學僧所承襲，圓通雖為天台宗僧，亦有許多弟子系出他宗。

至於佐田介石，則是如實繼承圓通的影響力（谷川穰，二〇〇二）。介石身為肥厚國的真宗西本願寺派僧侶，入京後在西本願寺精勤修習教義，同時向天龍寺僧人寰中（亦為圓通弟子）學習天文學，其成果為文久三年（一八六三）撰成的《鎚地球說略》。此書採取的型態，是針對美籍傳教士褘理哲（Richard Quarterman Way）的著作《地球說略》提出反論。佐田介石積極倡說人類因受到遠近法所影響而無法親睹其貌，但真正的天體是以位於遙遠彼方的須彌山為中心進行運作，無法以西洋的地動說來予以掌握。由此可窺知介石提出的議論，比圓通更為強烈意識到論敵。此外，介石仿效圓通創造的須彌山儀，製作有視實等象儀之稱的機械來予以補足，並試圖以「實證」方式來廣為宣傳自說。

即使至明治時代之後，佐田介石仍廣為宣傳佛教天文學及梵曆的正當性，但向其他宗派的學僧學習或交誼，並發展與天主教及地動說互為抗衡的護法式的學術，促使介石逐漸意識到「佛教」的廣泛架構。如同《鎚地球說略》之中出現野野口（大國）隆正所提供的序文般，即使是國學者亦與其聲氣相通，主張「護國」之道。佐田介石進而向肥後藩出身的世子長岡護美謹呈該書。元治元年（一八六四），介石接近在中央政局內擁有影響力的和島藩主伊達宗城，毛遂自薦盼能被派遣出使長州藩，亦從事類似志士般的政治行動。這些動向，與佐田介石自明治初期的一〇年代之間所設立的超宗派結社組織，或由政府要人牽涉其中的排斥舶來品運動有所關聯（谷川穰，二〇〇五）。

二、「勤王僧」輩出

晚年的佐田介石以發表「煤油燈亡國論」等言論而被視為「奇人」，屢被定位為維新期的傳奇人物。但倘若對照當時狀況，則絕不該有此說法。所謂的「勤王僧」在政治立場上雖有差異，但至少與介石有志一同。他們與勤王志士交流，自身行事風格亦是如此，更以攘夷言論為主軸，高倡「佛教護國」論，並透過如此方式來意識到「日本」之存在。

勤王僧的代表之例，分別是京都清水寺的月照（法相宗）、周防國妙圓寺的月性（真宗西本願寺派）、宇都宮默霖（同前）、伊予國大隆寺的晦巖（臨濟宗）等。此外，即使沒有與志士直接交流，淨國寺的徹定（臨濟宗）、妙正寺的香頂（真宗東本願寺派）等人，諸多著述「佛教護國」的僧侶紛紛現身。進而包括處理西本願寺派庶務的松井中務等人，以及奉侍本山的坊官、寺侍，或許是擔任與志士之間的媒介者，成為無法忽視之存在。

月照與在京都的青蓮院宮尊融法親王、左大臣近衛忠熙等朝廷要人，以及橋本左內、西鄉隆盛皆有所交流，並贊同攘夷論及公武合體論。安政五年（一八五八）一月，老中（編案：隸屬將軍統轄的幕府最高職銜，負責處理一般政務）堀田正睦接受美方要求締結通商條約，前往京都請求敕准簽訂條約。翌月，近衛忠熙致書於月照，信函中說明「邪宗門流布」導致做為「輔國政之翼」的「佛法」聲勢墜地，如此一來，則「王法亦自衰微」（西村天囚，《高野勤王僧》）。在此情況下若不攘夷，天主教將導致佛教、甚至國家衰亡，如此想法在月照周圍逐漸擴大。月照畏懼幕府針對同年十一月發生的安政大獄而追究其責，故與西鄉隆盛逃離京都，共赴薩摩，卻無法獲得薩摩藩庇護，遂與西鄉相偕投水自盡，西鄉保住一命，月照則就此殞命。

另一方面，據傳月性的情況亦是在京都與三條實美、梅田雲濱、賴三樹三郎等志士進行交流，並向門主廣如遊說，促使西本願寺轉向支持「攘夷派」。毋寧說其重點在於月性是透過《佛法護國論》（安政三年撰成）等著作，成為長州尊王攘夷論的思想骨幹。月性對吉田松陰造成影響，包括久坂玄瑞在內的松陰門下志士英才輩出，同時亦促使屬於長州藩領地的西本願寺派僧侶默雷（島地）、鐵然（大洲）、連城（赤松）等「勤王僧」的勢力抬頭。這些人士組成包括如金剛隊等，皆以僧人為中心的部隊來從事志士活動。其中的交流對象包括身為明治政府要人的桂小五郎（木戶孝允）、伊藤（俊輔）博文、井上聞多（馨）等人，成為維新期以後的西本願寺教團之礎石，並逐漸成為近代日本佛教界的重要人物。

月照、月性等人的活動，堪稱是護法、護國、防邪（排斥天主教）三位一體的思想及政治主張。這種情況，可從月性在《佛法護國論》之中提示的強烈主張「今日海防之急務不如以教防教」來顯而易見。然而，這種勤王僧主張是否能說是大幅規定各教團在日後的發展動向，促使形成攘夷行動，則仍有待商榷。在現階段研究中，反映出勤王僧採取的行動是屬於單次性、無法跨越其他區域。西本願寺與長州藩彼此互通聲氣，一致採取勤王路線，東本願寺則始終採取佐幕路線。勤王僧的現身的確可指稱為「諸宗派皆然之事」（柏原祐泉，一九九〇），但針對該地區、該宗派的發展廣度或差異方面尚未進行檢證，堪稱是今後課題。附帶一提，在關注諸多宗派本山林立的京都場域之際，亦不可輕忽京都各藩在幕末屢將派出所或宿處設於寺內的情況。相國寺內設有薩摩藩邸（笹部昌利，二〇一〇），天龍寺設置長州藩、東本願寺設置一橋慶喜的陣營，會津藩主松平容保則以守護京都之職，以金戒光明寺為主陣營。有關政治勢力與寺院的關係，應予以合併檢討才是。

三、有志僧侶的聯繫——諸宗同德會盟

雖說如此，勤王僧之所以重要，就在於促使有志一同的僧侶之間形成合作關係。自明治元年（一八六八）末，開始出現部分僧侶同好者跨越宗派藩籬，設置諸宗同德會盟的集會場域。其首要之義是成為與天主教相抗衡的護法團體，並提倡「護國佛教」。主倡者為伊予國大隆寺的韜谷（臨濟宗，前述晦巖之後繼者，一八一〇—八六），以及京都興正寺的攝信（真宗，一八〇八—一八七七），他們時常更換議場舉行集會，並針對約自明治元年至五年（一八七二）為止的護法課題來進行議論交流。前述辻善之助的著作，收錄包括《攝信上人勤王護法錄》、〈江東雜筆〉等史料群籍，文中概要記錄了京都的妙法院東寺（教王護國寺）、本圀寺、大阪的津村別院、東京的增上寺等處，曾於明治二年舉行護法集會。攝信與前述的佐田介石皆向幕府要求減輕對長州藩的懲處，並為公武合體路線擔任斡旋之職。另一方面，韜谷與大隆寺的晦巖皆是活躍的勤王僧。儘管政治立場相異，幕末

的勤王僧大為激發對國事殫精竭慮的人才，可將諸宗同德會盟視為他們在明治時代初期的活躍場所之一。

在此聚集各宗的有志之士，例如總持寺的諸嶽奕堂（曹洞宗）、相國寺的荻野獨園（臨濟宗）、高野山明王院的高岡增隆（真言宗）、比叡山行光坊的唯我韶舜（天台宗）、回向院的福田行誡（淨土宗）、蓮久寺的新居日薩（日蓮宗）、光照寺的原口針水（真宗西本願寺派）等，這些人士在幕末時期，與其說是直接採取政治行動，毋寧說是多屬於在宗派內擁有分量，並以著述等方式來從事護法活動。他們在明治時代前期成為各宗派的核心人物，著手整頓教團組織。

諸宗同德會盟探討的議題共有八項，亦即「不離王法佛法」、「毀斥窮究邪教」、「研究自宗教書」、「磨鍊三道鼎立」、「一洗自宗舊弊」、「營建及修繕新規學校」、「錄用各宗人才」、「教諭諸州民間」。然而提示這些課題，又具有何種意義？

若從在幕末時期聲勢高漲的護法論、護國論來看，第一項「不離王法佛法」的課題是極為順理成章之事。真宗東本願寺派的義導所撰《天恩奉戴錄》（明治元年）、淨土宗的徹定所撰《佛法不可斥論》（明治三年）等著作，倡說將「王法」的天皇制政府視為與「佛法」一致。明確而言，振興佛法可為王法帶來利益。此後徹定出任知恩院住持，成為其宗派的代表者，即使在諸宗同德會盟，亦明確提示其與新政府的親善路線，促使各宗派之間形成共識，逐步擴大影響力。

第二項排斥天主教，亦是近世以來產生的情況，故有必要「窮究」天主教，而這種認知定位十分重要。這不僅是排除天主教，而是表明基於論理上的理解來進行批判的思考方式。從前述的佛教天文學中已可見其立場，並配合真宗西本願寺派自明治五年起派遣宗教視察團前往歐洲此點（待後述），明確顯示近代「佛教」開始發展的方式，是在洞悉天主教之後所獲得的自我認知。另一方面，第三、五、七項堪稱是屬於各宗派的課題。各自宗派的教義研究、打破舊弊、錄用人才，這些雖非新鮮課題，但可確認在因應新時代方面，應從各教團著手。

而第六項，即與設置超越宗派的「新規學校」有所關聯。明治二年（一八六九）十月的集會中對此進行了議論，在確認藉由作育英才來振興佛法之重要性的同時，卻因新設修習各宗派教義之學校的集會召開有所困難，而故有見解提出認為只在每個月的諸宗同德會盟中輪流講讀。在此前後，天台宗制定比叡山內的設校細則。再者，京都養源院的僧雲建議設置三等級制、在特定日期進行講義的學校。至於真宗高田派是制定貫練場法則、曹洞宗總持寺制定學黌規則、日蓮宗則於明治四年一月制定學校規則等，紛紛積極整頓學校制度。此外，越前福井的興宗寺於明治三年五月設置提倡廢除寺格差異的曹洞、天台、淨土、真言、真宗各派聯合的臨時學寮（柏原祐泉，一九九〇）。在教育制度方面，促使各宗派重編僧侶培育制度，並可理解在會盟中無法充分實踐的佛教整體式學校，則可跳脫會盟之外而摸索其道。

諸宗同德會盟促使一項問題浮上檯面，就是當時佛教各宗派的共有課題為何？在此同時，亦具有摸索宗派之間互為聯繫的意義。這種聯繫在近世十分罕見，而彼此之宗派意識被認為在近世後期逐漸高漲。然而，對於「佛教」架構所抱存的意識，在歷經整個近世不斷抵抗儒學者或國學者的排佛論之下方才緩慢醞釀而成。這種意識可做為學問交流的一種線索逐漸擴大，在天主教傳入愈漸明顯的幕末、維新時期的狀況下，逐漸形成了對佛教架構所產生的自覺。在明治時期產生倡導復興佛教的趨勢，其具體的主要趨勢之一就是組成諸宗同德會盟。就此形成反對排佛風潮、排斥天主教的同時，亦表明對政府權力的依賴及期待。

第三節　明治新政府的佛教政策

伴隨〈神佛分離令〉而來的是廢佛毀釋風暴。廢除寺請制度與戶籍法、解除食葷娶妻的禁令、特權身分就此瓦解。因實施〈上知令〉，導致經濟基礎面臨危脆化，將不符「文明開化」的事物視為舊弊之風潮。這些課題彼此重疊，的確在佛教的各種面向上帶來重大變革。如同興福寺或延曆寺般的大寺剎，以及地區寺院遭到破壞的情況，恐怕對佛教在社會形象方面造成非常負面的結果。可發揮國家末端功能的人別帳制度面臨瓦解，不僅是武士如此，僧侶亦同樣被批判為「無為徒食」、「尸位素餐」。

本節是針對自明治元年至五年（一八七二）為止之前所展開的佛教政策，並依序進行探討。

一、神佛分離與廢佛毀釋

慶應三年（一八六七）十二月九日，發布王政復古的大號令，恢復「神武創業之始」，這亦是宣言今後路線是將《古事記》、《日本書紀》的建國神話，以及加上復古神道來做為國家體制的一大主軸。在慶應四年三月十三日所頒布的重振神祇官之職、政教一致的太政官布告中，明確顯示「此次王政復古是以神武創業之始為基礎，恢復諸事一新、祭政一致之制度」。藉由此項政令，表明天皇掌握神祇、太政二官，並參與祭祀。繼而於同月十七日，針對在神社擔任別當（編案：隸屬神社並從事佛教儀式的僧侶）、社僧者發布命其還俗之令。二十八日則以奉侍神事的僧侶為對象，宣布以下的〈神佛分離令〉：

（一）中古以來某權現或牛頭天王之類，其餘以佛語稱其神號之神社為數不少，應及早提出文書說明該神社之詳細沿革。

（二）以佛像為神體之神社，此後應更改神社之名。

（附）如有稱為本地佛等佛像供於神社前，或有擺置鰐口、梵鐘、佛具等之類，應盡早去除。

這項神佛分離與祭政一致的路線，在維新政府內亦有龜井茲監、福羽美靜等復古神道家、國學者成為主導者。慶應四年四月至九月，正值戊辰戰爭正熾之際，政府陸續推出堪稱是神佛分離的補足法令布告，更加速該政策路線的發展。例如，廢除以石清水神社為首的八幡大菩薩之稱號（四月二十四日）、將石清水放生會改稱為仲秋祭（七月十九日）、向北野神社進供魚品（七月二十八日）等，具體指示應排除帶有佛教色彩的神社儀式及稱謂。在此時期，例如提醒應留意社人（編案：從事神社庶務的神職人員）為了洩憤而粗暴對待僧侶及佛像、佛具的行徑（四月十日）、不准僧侶恣意還俗（九月十八日）等，亦有以文書通知的方式避免招致誤解的情況。然而，這些布告皆是以個別神社及寺院為舞台，並採取階段性的方式逐步擴大。

其著名例子蒐羅在前述的《明治維新神佛分離史料》之中。例如慶應四年四月，近江的日吉山王社隨即斷然破壞及焚毀佛像及經典，後續更引發信濃的諏訪神社、京都的石清水八幡宮、筑前的筥崎宮、尾張的熱田神宮、下野的日光二荒山等，紛紛出現類似行動。

隨著神社進行廢佛的破壞行動，各地則採取將廢寺與宗派合併為一寺的政策。最早之例的佐渡國，於明治元年（一八六八）十一月將五百餘寺減至八十寺，其餘成為廢寺。明治三年（一八七〇）是由土佐藩、山口藩、松本藩等，後由伊勢國山田、薩摩藩、隱岐國等，諸藩國亦採取同樣政策。此外，南都的興福寺奉分離令，僧侶為了奉侍神事而自行還俗，甚至發生破壞塔頭、販售五重塔、將佛像轉用他途的情況。美濃苗木藩的藩主遠山友祿於明治三年七月徹底執行廢佛，下令破壞藩內一切佛寺，翌月甚至破壞石像或石碑，並使全藩領民改採神葬祭（編案：遵循日本神道的喪儀）。該事件發生的背景因素就在於遠山錄用身為平田國學者的青山直道，領民相信此舉是奉行新政府的方針所致。富山藩則是以拔擢大參事林太仲為契機，於明治三年閏十月，在藩內發布一宗一寺令，將多達三百七十

興福寺的五重塔和東金堂，是興福寺重要的建物。（秦就攝）

座寺僅限於合併為八寺。

由這些嚴苛激烈的事例來看，可知政府並未充分遏止其勢，當時對佛教的批判風暴依舊強烈。然而廢佛的型態或規模、發生時期則是千差萬別。此外，政府並未完全置之不理，例如針對前述的富山藩問題，東、西真宗在當地進行實地調查（西本願寺派遣對象是前述的佐田介石），進而向政府提出請願，太政官採納其意後，翌年五月下令針對富山藩採取妥當的處置方式。

至於伊予的石鎚山藏王權現，其情況則是政府並無採取一貫的因應方式，故而招致地區引發混亂情況。西條藩吏於明治三年為了明確判定神佛而進行調查，並向弁事官提出要旨，認為應停止採用藏王

「權現」而改用「菩薩」稱號，並獲得弁事官接納。但就在西條藩再度詢問神祇官應如何處置之際，卻獲得完全相反的指示，要求將該寺改稱為祭祀石鎚山靈的「石鐵神社」。並且下令將本尊的藏王像遷至山頂，又將隱居在過去曾是別當寺（編案：為管理神社而設置的寺院）的僧侶，逼迫其還俗及侍奉神事，並於翌年（明治四年）開始實施。然而卻在明治六年五月，將過去曾是別當寺的前神寺做為石鐵神社的遙拜所（編案：在遠方設置禮敬神佛之用的遙拜場所），隔年為將藏王像遷至他處而向教部省徵詢其意，並由愛媛縣下令批准。當地居民為此感到不服，故向政府提出請願書，要求恢復眾所虔信的藏王權現，諸如此類事件導致遺留禍根（《明治建白書集成》第三卷）。神佛分離與廢佛毀釋造成的影響，因明治四年七月推行廢藩置縣而緩慢獲得復原，但問題絕非就此塵埃落定。

至於信濃松本藩的事例，亦是在考量日後的影響方面成為重要課題。明治三年，尊崇水戶學的藩主戶田光則積極推動脫離檀家並導入神葬祭。戶田首先廢除做為菩提寺（編案：祭祀先祖牌位之寺）的曹洞宗全久院，不斷在藩內推行廢除或合併寺院，促使僧侶還俗、重返農務，並編寫神葬祭的導引書《哀敬儀》等，派遣家臣奉勸及獎勵改行神道葬儀。真宗大谷派的佐佐木了綱為此表示反對，遂領導自宗僧侶發起抵抗運動，並獲得政府支持，將廢寺數量減至最低限度。然而，同樣從事反對運動的曹洞宗僧安達達淳，雖前往東京向政府提出請願等方策，卻無法遏止該宗遭到廢寺，最終導致自身寺坊的一千餘名檀家銳減至四十名。明治三年八月，松本藩向政府徵詢能否准許將全久院等廢寺轉為學校用地，在獲得政府批准後，自明治六年（一八七三）之後做為筑摩縣所屬小學校的校舍及校地之用。

由此事例可知，明治政府或許依照宗派而有不同因應之道。富山的真宗雖達成請願訴求，但在松本則出現曹洞宗的安達達淳試圖請願卻無法奏效的情況。有關宗派差異方面，應在其他領域做為檢討課題，在此毋寧說是該強調如何從廢寺轉為校舍的流程。

吉田久一探論廢佛毀釋與佛教的覺醒並無關聯（吉田久一，前揭書）。此外，如同安丸良夫《神々の明治維新》（岩波書店，一九七九年）、阿滿利麿《日本人はなぜ無宗教なのか》（筑摩書房，一九九六）般，評論廢佛毀釋促使日本人的精神構造產生重大變化。雖無法輕易進行「實證」，但至少身為當事者的僧侶，以及各宗派遭受慘痛迫害的意識依舊強烈留存。尤其是破壞廢寺及進行整頓方面，其過程不僅給予民眾一種時代遽變的印象，就多數寺院逐漸從村中消失此點來看，對日後留下不小影響。然而，如何解釋未被嚴重破壞，或在表面上幾乎不受影響的地區，至今似尚未被列入探討範圍中。

倘若繼續延伸這項課題，即使並未被強行要求廢寺或合併寺院的地區，亦受到全國性制度波及所影響——文部省的學校教育與教部省的民眾教化，透過利用無住持的寺院做為校舍，或是以說教化導的方式來促使佛教界整體更加陷入「廢佛」的局面。關於此點，難道不是重要課題？實際上，在開始推展學校教育的時間點，校舍大多不是新建築物，而是包括廢寺在內的寺院變更其用途（笹森健，一九八〇）。光就此點來看，必須重新指出前述松本藩之例的意義不容小覷。

二、宣教使制與大教宣布運動

明治二年（一八六九）九月，神祇官設置「宣教使」的職銜，起初是寄望由部分神官或國學者出任其職並擔任傳教角色，向民眾鼓吹做為「國教」的「惟神之大道」。尤其是擔任促使天主教徒放棄自身信仰的職務，具體而言，就是針對各藩分配的浦上村天主教徒，以教誨這些民眾做為實踐課題。明治三年一月頒布「大教宣布」之詔，其詔書為說明恢復「祭政一致，億兆同心」的古代維新之世，應闡明「治教」及宣揚「惟神之大道」，並於同年四月二十三日將宣教使心得書分發給各省，開始推展教化活動。

身為宣教使的西川吉輔是近江八幡出身的國學者，據武知正晃的研究所述，西川於明治三年被派遣至長崎，曾以幼兒為對象講授教學，或與寺子屋師父合作促進傳布神道，雖從明治四年至五年初被第二次派遣至長崎，仍可窺知他十分堅持推行處置天主教的對策。而其背景因素就在於西川吉輔擁有平田國學的知識，以及充實其國學知見的書籍在坊間流通所致（武知正晃，二〇〇八）。

原本就整體而言，這些宣教使的教化活動成效不彰。實際上，在太政官於明治三年三月二十七日的指示下，雖有表明從各府藩縣遴選宣教使的構想，卻幾乎沒有發揮任何功能，僅派遣包括西川吉輔在內的少數人才而已。神祇省對於宣教使的存在意義及閒差狀況，甚至揶揄稱之為「晝寢官」。明治四年七月，經由〈太政官達〉重新宣布「大教旨要」之後，下令宣教使應以政教一致的旨趣為基礎來推行教化，並於明治五年二月決定讓浦上村天主教徒返回長崎（〈太政官布告〉第三十六號），最終導致宣教使制於同年三月十四日隨著廢除神祇省一併而告終止。西川吉輔被迫改任教化之職、教導職（待後述）而重新出發。

藉由神道國教化所造成的教化政策失敗，明治政府要求提出新民眾教化方策，這不僅是由神官、國學者負責教諭神道的教理，更是必須仰仗宣說教理的僧侶之力。實際上，在政府並未派遣宣教使前往教化被分配至各藩的浦上村天主教徒的情況下，是由藩內的僧侶負責教諭之職。雖說如此，若依照過去唯有貫徹信仰神道一途的方式，實在難以仰賴僧侶透過教化者的身份來提供協助。那麼，又該如何處理此事？那就是不需要〈大教宣布詔〉，而是需要新的教化綱領，並能將僧侶包括在內。這種情況往往被理解成是在繼續推行自明治三年以來的「大教宣布運動」，但更可以說是讓動員宗教人士的民眾教化政策進入新階段。自明治五年以後，才逐漸實際形成全國性的教化網絡。

三、佛教的法制、社會定位——明治四年的轉變

明治四年（一八七一），堪稱做為近代國家的日本在推行宗教制度上的一大分水嶺，這是基於五月十四日發布規定「神社由國家尊祀」的〈太政官布告〉為首，此後連續進行整頓神社制度所致。然而對佛教而言，卻具有重大意義。

在幕藩體制下，佛教寺院無疑是掌控了以宗旨人別帳為基礎製作的戶籍。但於明治四年四月四日，明治政府在大藏省戶籍寮社寺課的主導下，制定戶籍法（〈太政官布告〉第一七〇號），其目標是透過國家以一元化的方式來掌握全國居民。另一方面，則頒布神道與佛教定位相關的重大法令。換言之，就是繼前述的〈太政官布告〉於五月十四日提出之後，在當日廢除神官世襲制並使其官吏化、藉由公家制度訂定基本薪資及餽賞，將所有神社納入以祭祀皇室祖神為核心的祭祀體系之中。

就此流脈來看，皇室的神佛分離是實踐神道國教化、天皇親自祭祀的必要事業。自明治四年五月至十月陸續實施政策，目的是在祭祀皇室宗祖之時排除非神道的要素。換言之，繼續做為京都御所佛間（編案：安奉牌位之室）的御黑戶自五月三十日起遷移天皇家的牌位之後，至六月十七日廢除門跡寺院，以及廢除在寺內任職的坊官（編案：奉職於門跡寺院的在家僧人，可食葷娶妻），而隸屬成為地方官員，同月二十七日宣布廢除寺院傳奏之

職。此外，廢除屬於朝廷佛儀的後七日御修法（九月二日），廢除將賞金賜給與皇室有淵源的寺院（十月十七日）等。為了克服近世傳統、廢除造成羈絆的各種制度，而將天皇擁立為符合其政治身分的君主，如此就必須重組國家祭祀，並將天皇定位為「神人」。故而針對皇室內的佛教所採取的方策是同時摒除三大項目，亦即排除佛教祭祀及祈求、門跡寺院制、寺院執奏制（羽賀祥二，一九九四）。

原本經歷這段激盪期之後，皇室與佛教之間並未就此完全斷絕關係。例如明治十九年（一八八六）十二月二十日，曾是天皇家菩提寺的泉涌寺就以佛教儀式舉行追思孝明天皇薨逝二十年祭典（高木博志，二〇〇九）。舊門跡寺院與皇室的牽絆，在制度廢除之後依舊維持不斷（青谷美羽，二〇〇八），諸如有關皇室與佛教之間的關係發展端緒，近年仍在探究闡明之中。

但對當時的佛教而言，神社制度及伴隨進行的皇室祭祀改革，畢竟只能遭來災厄或障難而已。在廢除門跡寺院的布告中，同時規定將寺院、僧侶交由地方官僚管轄、寺院家臣集團就此瓦解，並於同月二十七日重新發布由地方官掌握住持的任免權。這些連續發布的法令，意味著佛教宗派喪失在戶籍法作用下所擁有的宗門判別權，以及檀家逐漸可恣意改宗或離檀。各宗本山在接受政府保護的近世政教關係之中遭到否定，而其末寺的管轄情況亦大為激盪。換言之，對末寺而言，與其受到本山管轄，反倒是由國家支配的意義顯得更為重大。

羽賀祥二針對這些制度的法制化，有如下評價。亦即藉由將宗教人士編入統一戶籍，或與宗教設施彼此切割關係，則有可能以動員或統管、掌握的方式來達成對國家所盡的義務。此外，研究者指出藉由在七月四日制定的規則〈大小神社氏子取調〉，並透過在戶籍記載氏神（編案：同區居民所共同信奉的神道神明）的形式，在公法上定位氏子制（編案：氏子是具有信奉氏神之權利及義務的地區集團成員），如此具有讓寺院、僧侶在村落中的社會權威並非絕對唯一的意義（羽賀祥二，一九九四）。藉此理解到，佛教的既有權威已面臨聲勢墜地的情況。

四、〈上知令〉與整頓無檀無住寺院

同於明治四年（一八七一）一月五日，太政官頒布所謂的〈上知令〉，其目的是在明治二年版籍奉還之際，將屬於特別處置的社寺領（編案：為支持神社及寺院經濟基礎而設置的領地）予以瓦解，並理應解除封建制度的免稅特權，將朱印地（編案：經由將軍核發朱印狀所批准的社寺領地）、除地（編案：由領主給予免除年貢特權的土地）予以沒收。

然而，其過程卻是困難重重。原因就在於社寺領內的所屬關係極為錯綜複雜，如何確定所領則成為燙手山芋。寺院及神社之內不僅出現僧侶或社人散居的情況，平民開墾的水田、旱田、家屋，以及廣大山林、歸屬不明的土地，皆是彼此摻雜混淆。該如何明確標示土地所有權及確立租稅制度，無疑成為明治政府的重大問題。然而在實際上，明確標示確認標準是極為困難之事。〈上知令〉大量添加條文，指示在沒收土地之中，無論是自耕或佃耕，社寺若有繳納年貢，即將之視同社寺所有。大藏省於明治四年九月十三日，重新宣布社寺若向百姓實質委任經營的土地，則不得承認其土地為社寺所有。在推動沒收社寺領地的實際情況中，亦有因認定上出現微妙差異而煞費苦心。

此後，繼續摸索社寺領地的判定標準，明治六年三月二十五日〈太政官布告〉第一一四號「地所名稱區別」之中，區分為神地（編案：神社用地）、除租地（編案：除繳租金之地）、私有地三種類型。寺院是由道路、堤防、埋葬用地、鄉社（編案：神社社格之一，位居縣社之下、村社之上）等，並被視為經由免稅而成為地券（編案：明治政府為表明土地所有權而發行的證券）發行對象之外的除租地。繼而在明治七年十一月七日〈太政官布告〉第一二〇號中，將「地所名稱區別」予以修正，將官有地、民間私有地個別區分為四種，合計為八種類型。又於明治八年六月二十九日，根據〈地租改正事物局達乙〉第四號「社寺境內外區畫取調規則」所述，並非採取地形，而是藉由功能來進行區劃，提示除了「法會所需場所」之外，其餘皆屬境「外」的見解。

至此階段，社寺領地逐漸發展為山林官有地化。例如京都府寺社的情況，上賀茂神

上賀茂神社樓門（出處：Shutterstock／達志影像）

社是從九四二町減至二十町，貴船神社是從一三〇町減至三町，醍醐寺是從四一三町減至二十町，原本擁有廣闊山林的寺社用地大幅縮減。這是根據市街地的劃分方式，採取壕溝或土壁來予以區隔，此外並無其他領地的東、西本願寺，則幾乎維持既有狀況，兩者形成對比（河村忠伸，二〇〇八）。

在此發展經緯下，固有大寺院、大神社的山林收入銳減。此後被沒收的山林透過請願方式轉售於民眾，並非免租用地，而是做為課稅對象來返還神社及寺院。換言之，仰賴此類收入的寺院將招致經濟困頓，各寺院及教團紛紛被迫採取新因應之道。

進而更出現對佛教及區域社會而言

十分重要的法令，明治五年八月三十日頒布通達文書（〈大藏省達〉第一一八號），下令將未提出申請的創建寺社「依前例禁建」。後於十一月八日，政府在〈太政官布告〉第三三四號中，指示將無檀家、無住持的寺院悉數廢除。根據此項布告，經由規定成為廢寺的佛像被遷移至最鄰近的本寺，建築物在創建之際若屬官營將予以充公，若為私建將交由地區居民處理，至於拆除寺院之後的用地，則遵循大藏省指示，斷然進行整頓寺院。

在詢及有關拆除寺院之後的用地方面，大藏省則成為詢問對象，由此可窺知是實施以地租改正為焦點的政策，但其主要的利用方策，則是將廢寺變更為學校。前述第二波的「廢佛」，就是從整頓廢寺開始逐漸形成一種現象。

五、僧侶身分瓦解

近世的僧尼是一種藉由得度來脫離俗眾生命歷程的特殊身分。在近世，僧侶是介於武士與農、工、商民之間的中間身分，上層階級的僧侶得以入城參見以表賀儀，在奉行所（編案：武家奉職的官署）的席次高於庶民。此外，其血親者即使犯下足以「牽連全族」的罪狀，亦因該僧具有出家身分，而或許能使親人獲得赦免。反之僧侶若犯女戒，則可命其流放遠島或鋃鐺入獄，這不僅是寺法，國法亦可予以制裁。明治政府即是藉此方式，逐漸瓦解僧侶身分。根據森岡清美的研究，是朝「職分」化與「俗人」化的兩大方向發展（森岡清美，一九八四），以下就來探討其發展過程。

僧侶不僅具有公家「身分」，亦漸被視為擁有私人的「職務」。根據前述明治四年（一八七一）四月的戶籍法，制定華族（編案：在各幕藩的藩主向明治天皇版籍奉還之後，將既有的公卿、諸侯稱謂予以廢除後所統稱的貴族階層）、士族、祀官僧侶、平民的身分。僧侶的本籍地則被視為其得度地點。換言之，在此時間點的得度，被認為是蘊涵某種特定的官方意義。

然而，根據明治七年（一八七四）一月二十日的〈太政官布告〉第八號，明令「宗教事務管理事宜依前處理，可知同於一般職權」。在此同時，亦指示「僧尼之輩自今以後設定族籍，各依故有身分，並依本人所期之地定為原籍」，針對僧侶的原本身分及在宗派內的地位高低，畫分為華族、士族、平民。同年七月十日發布政令，隨著決定華、士族分家並編入平民階級的同時，亦宣告改定僧侶身分，凡是決定其所期望的本籍地之僧侶，或如同真宗僧侶、舊時的修驗道行者等具有世襲身分者，亦決定皆屬於平民階級。

明治八年十二月十七日，〈教部省達〉第五十三號下令在「廢除僧職」之際，不需向政府當局申請許可，今後即使事後再提出申請，亦可獲得批准。此外，這項政令規定本籍地亦非得度地或現居寺院，而是居住地或出身地。如此一來，得度並非經由國家認定身分，不啻是為求以僧為職的個人行為。

另一發展方向則是僧侶「俗人」化。根據明治五年四月二十五日的〈太政官布告〉第一三三號所述，「自今以後僧侶食肉、娶妻、蓄髮等皆可自主行事，但除法會儀式之外，穿著一般民服亦無妨」，就此解除食肉娶妻的禁令。這並非表示僧侶獲得權利，而是消除僧俗之隔，去除「聖域」之意。這項問題除了過去即擁有妻室的真宗之外，對其他宗派的僧侶衝擊甚大。曹洞宗雖於同年六月向全國末寺指示禁止及壓制可娶妻室的方針，卻促使透過法令將過去暗中娶妻的情況予以表面化。在整個明治時代，原則上雖不娶妻，卻出現贊否兩派的議論相爭，而實際上是傾向放任僧人娶妻的情況。

此外，同年九月十四日的〈太政官布告〉第二六五號，提出要求僧侶設姓之義務，「自今以後凡有僧侶設姓為住持者，可稱為某寺住持某氏」。至於僧侶方面，亦出現藉由採用「釋」、「竺」、「浮屠」這些與僧人密切相關的姓氏來表示其反對立場。但從整體來看，僧侶是藉由寺院的開山初祖之俗姓或山號來考慮取其姓氏，並向官方機構提出，這堪稱是藉此接納成為一般百姓的身分。明治五年十一月九日禁止僧侶托缽，如此可說是「俗人」化的另一現象。藉由這些一般民眾化的法律制度，僧尼社會的生活規範逐漸蒙受重大的變化。

第四節　教導職的時代

一、成立教導職制

明治五年（一八七二）四月，前述的宣教使制在無從順利發揮功能的情況下，並由真宗主導的佛教勢力企盼要求下而成立教導職制。這項制度推行至明治十七年（一八八四）八月十一日的〈太政官布達〉第十九號宣布廢除為止，在此期間，該制度規定國家、天皇、宗教人士之間的關係。例如，僧侶若擔任教化民眾的「教導職」，則無法成為住持，教導職的採用方式是必須經由教部省（後為內務省社寺局）認同方可擔任。這項制度堪稱是將日本全國的神官、僧侶定位為無給職的國家官吏，同時透過教部省任免教導職的方式，顯現國家（以及天皇）得以施展宗教權力及能力。同年六月九日，在真言、天台、禪（曹洞、臨濟、黃檗）、淨土、真宗、日蓮、時宗各宗派設置「管長」，並統管其末寺（基本上是由總本山的法主任命），亦促進整合其所屬大小宗派。如此針對佛教各宗派進行統管，並將透過個人的教導職來實踐民眾教化這項重大職務交由僧侶負責。換言之，這是根據明治五年四月二十八日制定的新教化綱目「三條教則」：「應謹守敬神愛國之旨」、「應明曉天理人道」、「應奉事及擁戴天皇，遵守朝旨」，而被賦予推行宣導活動的義務。

佛教方面對於成立教導職制所懷抱的意圖，是在於藉由戶籍法強化本山制，另一項意圖則是抵抗因宣教使進行教化而導致偏重神道，或是因應地方官僚的排佛傾向。淨土真宗本願寺派的僧侶島地默雷，是殷切期盼設置國家機構來統轄佛教（或神佛合同）的核心人物。島地於明治三年（一八七〇）九月向政府提出〈寺院寮設立請願書〉，除了訴求設置專門管理寺院的中央官僚機構之外，更提倡從各宗派遴選英才，以及應完全委任「將無用堂宇及徒具外構之子院予以合併等諸項」。這無疑是出自對於廢佛毀釋持續進行下所產生的危機意識，故而採取的行動。然而，接納島地期盼而設置的民部省寺院寮，未能如其所願般發揮抑制廢佛行動的功能。島地默雷更於明治四年九月上呈陳請書，提議應設置「一名官員總攝教義」來取代「宣教官」，不僅管理寺院、僧侶，政府與佛教應互助合作，並採取「倡導風化，維持民心」的體制。在此島地默雷強烈主張宣教使無法防禦及遏止天主教，積極訴求佛教在民眾教化方面的功能。

左院（編案：明治時代初期設於太政官內的立法機構）於明治四年十二月提出建議，指示「設置教部省，統管既有諸教道，神、儒、佛共設各校正，匡正諸宗邪正」（《岩倉具視關係文書》八），由此可知左院的江藤新平等人接納島地默雷的提案。原本江藤徹底關注以神道為主的教化，與島地的觀點有微妙相異。至於設有戶籍寮社寺課的大藏省方面，則由擔任大藏大輔（編案：大藏省的最高職銜）的井上馨於明治五年一月陳請要求讓浦上村的天主教徒返村，翌月得以實現。換言之，此後有關天主教的普及化問題，促使佛教方面認為有必要考量對策。

在各種意圖堆疊的情況下，明治五年三月十四日設置教部省。該機構承接神祇省的教化事業，或地方官的社寺管轄業務，同時亦顯示對於真宗負責承攬協助推動天主教的抵制對策或教化體制的立場有所顧慮。在與設置教部省的同日，政府文書的表記方式將「一向宗」更名為「真宗」，並規定准許東、西本願寺法主在地方進行巡視，並授其華族地位等。

有關此項措施，應關注於真宗與政府官員之間的政治連結。例如岩倉具視與東本院寺具有親緣關係，井上馨與西本願寺的關係深厚，此後亦介入宗派紛爭。有關在個人或結構方面親近政治家、官僚、佛教各宗派的舉動，或許是因涉及宗派財政的問題，各宗派對此課題皆不甚積極（谷川穰，二〇〇八）。本章雖不針對此進行探討，筆者卻想指出其相關考察仍然為近代政教關係史上的課題。

佛教在針對教部省提出神佛合同教化的方針方面，又應採取何種因應之道？明治五年五月十三日，佛教各宗派在經由二十名屬於總本山住持層級的僧侶共同連署之下，向教部省請求「設立大、小教院」。他們的主張為「於天皇御下設一大教院，以神道為始，自釋、漢、洋、諸科學，至政治、風俗、農功、物產為迄」，促使僧侶修習及培育人才。各府縣仿效「大教院」而設「小校」，向各家庭說明及曉諭文明開化的情勢發展，資金則由本、末寺院籌措。如此顯示神佛合同的教化體制，自始就是在佛教期望下所形成的。

過去的理解方式，多是只從認為佛教是被迫從事神道教化的「大教宣布運動」這種被動立場來予以說明。這毋寧說是從當初即表明佛教為積極協助神道的立場。前段開頭雖採用「因應」的表現方式，卻並非針對「晴天霹靂」般面臨的問題而倉皇處理，甚至反而是依照期待來發展。在佛教方面已有如同前述般的諸宗同德會盟存在，並設置培育僧侶的機構。大教院在神佛合同體制下受到國家認定，被認知為經由發展、改組的佛教各宗機構。

然而，神佛合同的教化內容具有問題。若借用小川原正道的說法，就是從「神佛混淆」逐漸偏向「神主佛從」的布教方式（小川原正道，二〇〇四），這種方式在當初佛教界對於神佛合同體制已有某種程度的認同情況下，促使該體制產生巨大轉變。

二、成立大教院體制與發展教導職制

無論是教部省或政府內的擁護神道派系（隸屬於政府立法諮詢機構的左院），紛紛出現一種趨勢，亦即將教導職制改為徹底以神道為中心的體制。

大教院於明治五年八月二十七日在金地院臨時開院，正式開院的地點則是選擇在紀尾井町的舊紀州藩邸。但至同年十月五日，卻決定在教院內設置舊神祇省八神殿。明治六年一月雖在舊紀州藩邸舉行開院儀式，仍是以神道為主、佛教為從的形式，「東西四隅設祭場，四方張幔，牽繞注連繩，其正位設天神地祇之神座」（《教義新聞》十三號，一八七三年二月）。教部省在明治四年十一月二十四日的該省文書第二十九號達之中，下令佛教各宗將各寺做為小教院，並向檀家從事宣導來教化人民對政府有所助益，亦表明該體制是在成為宣教據點的大教院之下，將全國寺社做為教院，並透過教導職來推動民眾教化（所謂的大教院體制），但其真正用意則是完全在於鼓吹神道的意識型態。

隨後在明治五年二月五日，政府及時下令將大教院遷至增上寺，並命其獻出寺內本堂。該處亦是基於增上寺是佛教各大宗派於明治四年數次提議應設置大教院的場所，除此之外，再加上教部省的首腦官員對於神道示出善意（神道則對真宗主導的大教院表示嫌惡之意），而這些首腦官員試圖透過自身的主導權來營運大教院所致。增上寺的本殿（本堂）祭祀造化三神與天照大神，做為統轄全國的中教院（設置於各府縣的教化據點）及小教院的中央神殿，大教院就此成立。在〈大教院事務章程〉（明治六年三月十四日）之中，將大教院定位為培育教導職、探究及說明教義、事務及考試的機構。

在教化內容方面，亦極為強調神道色彩。教部省於明治六年二月，制定神道及儒教

1974年重建完成的增上寺大殿（出處：Shutterstock／達志影像）

的德行要項「十一兼題」（神德皇恩、天神造化、愛國、神道祭祀、鎮魂、大祓等），是做為具體說明三條教則而輔助設定的項目。此外，要求身為教導職的僧侶應以蘊涵濃厚的神道色彩來宣導三條教則。進而針對教導職的任命及晉陞方面，即使身為試補（見習）而受推舉，亦被賦予可透過神、佛各宗管長連署來准許任命等，逐漸形成導致佛教各宗逐漸喪失自立性的架構。

換言之，自明治五年後期至六年中期，大教院體制形成了與佛教界意圖頗為相左的教化體制，並在佛教方面懷著怨忿及矛盾的狀態下推動實質的教化活動。

三、民眾教化的諸相——神、佛的糾葛與「開化」

在此體制下，府縣的民眾教化組織或宣導活動，實際上又是如何進行？在此從自治體史的史料中，略為窺探幾件有關各縣的事例。

千葉縣於明治六年（一八七三）十月二十四日，由該縣所屬的神官或僧侶共同參與協議，決定建設做為縣內教化統轄機構的中教院（《千葉縣の歷史　資料編　近代七》）。在此協議中，決定要求縣內的神社、寺院每年一律出資五十錢，做為中、小教院的營運費。其核心機構為上總一之宮的玉前神社，根據該社務日誌所記載，明治六年六月已拜請宮司（編案：負責神社整體的祭祀或營建、一般事務的高階神職人員）以下的禰宜（編案：輔佐宮司的神職人員）、主典（編案：階位在禰宜之下，負責祭儀或庶務等事）等人擔任教導職，為了從事宣導而頻繁前往縣內各地出差。同年九月，向縣內神社針對設置中教院而進行事前運作，並從大教院取得《教書編輯條例》來進行檢討，此書是屬於編纂規則書，其用途在於製作以三條教則為基礎的宣導書，正式著手籌備民眾教化組織。結果促使各縣及教部省於同年十一月予以批准，於十二月舉行中教院的開設典禮。

有關此項趨勢，安房的寶珠院（真言宗）的末寺僧侶於明治六年五月，闡述「萬國交際之際，禁止弘通邪教，以專事正法說教為要」之旨趣，並向寶珠院提出文書，詰問位處高階寺格的僧侶為何多不願意親臨現場參與宣導，以及在現實情況中為何缺乏教化實踐。至於寶珠院方面的答覆為何，以及造成何種程度的影響雖未明確，卻能由此得知試圖參與宣導的僧侶人數極少。明治七年（一八七四）九月四日，由千葉縣中教院提出的達書中，記載遲繳中教院營運費的情況甚多，故而下令採取募資方式。此外，在明治八年初參與宣導者的記錄中，似乎說教者僅是由身為神官的教導職擔任。無論在金錢方面，或在宣導方面，亦與神佛合同的理念相異，尤其可窺知自中教院開始發展後，僧侶的態度相當消極。

其次是山口縣的情況（《山口縣史　史料編　近代一》），明治五年（一八七二）十月，縣令中野梧一遴選三名神官，以及從佛教各宗派中選出九名僧侶來負責統括縣內教導職的職銜（管事等），並向教部省提出申請。教部省於翌月批准其事，明治六年一月下達通知，要求其可不需罣慮高階神社或昔日的觸頭寺院（編案：負責將寺社奉行的命令傳達於本山或一般寺院，或將寺方請求予以上呈）而進行「教導取締」，展開縣內的教化活動。小教院被設置為宣導據點，從最初即一併設置「神官學舍」、「諸宗僧侶學舍」，並舉行教導職的宣導甄試，神道與佛教在某種程度上維持和平共存。明治六年七月，東京的大教院派遣豐浦郡的住吉神社宮司世良利貞，各宗派的教導職取締役在其指導下亦摻入其中，並協議設置中教院。翌年二月，其情況則發展為在山口的八坂神社開院。

豈料，山口縣約在此時反而與千葉縣同樣，佛教界開始逐漸脫離神道主宰色彩漸濃的合同教化體制。明治七年五月舉行教導職見習者甄試之際，真宗拒絕〈教部省達〉第十二號（同年四月）所訂定的縣官吏可同席參與考核等相關規定，顯現出試圖脫離神佛合同教化的趨勢。教部省於七月規定，未被任命為教導職見習者的僧侶不可成為住持（〈教部省達〉第三十一號）。教導職任命在緩慢進展的情況下，於同年八月制定山口縣〈神官中教院規則〉，並以真宗的動向為契機，由此可窺知縣內的佛教在整體上是與神道分道揚鑣的情況。

另一項則是筑摩縣的事例（谷川穰，二〇〇八a），在此的教化體制組織化是在明治六年五月，由大教院派遣的教導職黑川益清等人所推動。然而，他們因批判縣內政策而遭到撤換，縣廳於十一月動員神佛教導職而設置中教院，盼能藉由「開化」內容來推動輔助縣政的宣導活動。同年十月，大教院制定新德行要項「十七兼題」（皇國國體、文明開化、不可不學、不可不教、萬國交際、租稅賦役、富國強兵、權利義務等），如此顯示了政府、各縣的實施方策在各地滲透的情況已成為重大課題，亦要求教導職必須居於「開化」的立場來進行宣導。前述的教導職撤換，實際上是基於造成居民負擔過重的觀點，來批判推動學校教育的「開化」政策所引發的事件。

對僧侶而言，這種包括「開化」法令在內的解說宣導，亦是難以理解的課題。實際上在明治七年初期，部分區戶長階層的宣導方式成為「唱我宗之法德……，反而妨礙開化」，經由指出未能脫離主張自身宗派的說法談義（〈明治六年下問會議書類〉，長野縣立歷史館所藏），如此情況至隔年仍未見顯著改善。前節舉出的安達達淳曾向松本縣提出要求，盼能恢復舊檀家及佛式喪儀並藉此取代宣導工作，且在宣導中大量加入批判神葬祭等，總之試圖將教導職的宣導活用於復興縣內的佛教之上，至於「開化」內容則是次要。即使是實施宣導，神官與僧侶因意見紛歧，招致聽眾為此有所混淆，未必就能依照政策目的來發揮功能。

另一方面，擔任口頭宣導文明開化的教導職，其被賦予的職務是在促使壓制其他民俗信仰的發展上，亦能發揮作用。安丸良夫指出自明治四年之後的近代天皇制、祭祀體系在形成過程中，伴隨著對復古所抱持的幻想，並發現「這是對於民眾精神懷著妄自尊大的不解心態」（安丸，前揭書）。不僅遵照變更包括神田神社的祭神在內，改以天皇為中心的祭祀體系來重組神社，更一併進行禁止及壓制民俗信仰、節慶活動或習俗。此外，廢除修驗道（明治五年九月），禁止梓巫（編案：藉由彈梓弓的弓弦來宣說鬼神之諭或施咒，遊走四方而非隸屬特定神社的巫女）、憑祈禱（編案：修驗道相關的男女或小孩經由指定為鬼神附體者，並藉此宣諭神旨或告示吉凶）、狐下（編案：驅除遭到狐精附身之病者以醫療其疾）等（明治六年一月），取締排除用藥而透過祈求治病的醫療行為（明治七年六月）等，教導職亦成為「開明專制主義之一環」。有關既有設置的講會或結社方面，大教院亦試圖統轄或管制，發布

〈教會大意〉（明治六年八月，編案：宗教組織的設立規則）。筑摩縣的木曾御嶽信仰之中心御嶽神社的祠官沿襲其傳承，組織「御嶽講社」，並表明「一洗舊習之流弊」，趁勢加入取締其類似組織。即使是佛教方面，安達達淳、佐佐木了綱等人於明治七年五月以總代表身分，在筑摩縣內的各宗寺院組成「皇恩講」。此外，安達奉大教院詰的教王護國寺住持日野覺寶之命，亦參與組織「光明講社神農組」（《長野縣史　近代史料編十》一）。筑摩縣的中教院亦與山口等縣同樣，及早就發生神佛教導職分裂的情況，至於針對民間各種信仰層面，安達達淳等僧侶恐怕亦是處於政府統轄、壓制的立場。

大致上，各府縣的教化體制在成立之際，是由志趣一同的神官、僧侶、中央政府、縣廳及其主體而呈現多元化，首先幾乎全是在各縣之內，並以神佛合同的中教院形式開始推展。然而一旦正式推動教化之際，因既有的對立存在或對教化內容感到不適切，故而變得難以維持神佛合同。進而對「開化」職務的因應方式更促使其複雜化，此亦導致壓抑居民所擁有的「民俗」，故而引發不少亂局。

四、學校教育與民眾教化

進而發生更大困難的課題，就在於明治五年（一八七二）八月公布，是在以「學制」為基礎之下，出現了教化制度與近代學校制度「並行」的狀況。

教部省對於文部省的學校教育制度懷有不滿。三島通庸為推動偏向神道政策的教部大丞，他所認知的學校是「一概採取洋學，無有取捨」，甚至不惜針對撤回「學制」而與上司進行懇談（《三島通庸關係文書》五五七—十三，國立國會圖書館憲政資料室所藏）。故依照三島所認知的形式，根據明治六年三月的〈文部省達〉第二十七號及三十號，准許神官、僧侶籌設學校。其背景因素亦包含前一年的十月，文部省、教部省在制度上互為合併所致。在三島眼中所反映的小學，正是西洋學的核心據點，他試圖透過教導職的宣導活動來編入神道的意識型態。與其說三島將學校與說教所予以區隔，毋寧說是將學校做為推行神道德育的場所。

然而與三島通庸的意圖事與願違，與前述的〈文部省達〉第二十七號及三十號同樣，從府縣推動的學校行政脈絡之中招致了「誤解」。明治六年四月十九日，教部省官員前往長崎縣出差，他們向九州各縣的寺社提出如下指示。亦即在〈文部省達〉第二十七號之中，針對將寺社改為學校用途而表示「無妨」，卻「以社寺為校共用，有教導用途不妥之處，有強制將社寺轉為校用之情況」。換言之，雖批准可允許將寺社轉為校舍用途，卻招致原本社寺應做為教導職的宣導會場來使用，卻反而被強制變更為校舍用途的情況（《社寺取調類纂》一六四，國立國會圖書館所藏）。

明治六年八月，文部省規定應排除「西教傳教士」，亦即天主教傳教士成為學校教員，實際上是以皆屬宗教人士為由，禁止兼任教導職教員（《公文錄》明治六年七月文部省伺，國立公文書館所藏）。翌年九月，迅速從「學制」中削除有關神官僧侶學校的規定，亦廢除〈文部省達〉第二十七號及三十號。

這是受到隨同岩倉使節團前往歐美的文部省官員田中不二麿，以及明治七年一月成為文部卿的木戶孝允的想法投射所造成的影響。換言之，田中等人在英、美等國，目睹天主教對教育影響深遠並偏重於教義學習，導致實用之學逐漸式微等情況。他們認為倘若忽視此課題，日本國內亦將發生同樣弊害，並認識到應實施做為防禦政策的「教育與宗教分離」理念之後，方才返國。於是在留守政府（編案：明治政府的主導者因組成岩倉使節團外訪，故而另組其他政府勢力）方面，原本實施神官僧侶學校或教員兼任教導職的政策，亦以宗教人士應從學校教育的現實場域中完全排除為由而予以廢除。

田中不二麿等人的想法，亦獲得部分地方官員的共鳴。永山盛輝身為筑摩縣權令（編案：縣令之下的地方長官），曾於明治七年三月至五月在該縣出差，並至各地倡說及曉諭設置學校的重要性。此時，妨礙建校費用共同出資的則是僧侶或寺院，永山遂向居民訴求應停止出資於冥世，而是全力貫注在現世教育上。該縣於同年三月所提發布的達書中，明令禁止一切利用學校做為宣導場地，並在正課時間內禁止宣導活動。筑摩縣的校舍已有過半數做為寺院所用，因無法做為宣導場地，更加顯得實施宣導的場地十分狹小。明治七年五月十日〈教部省達乙〉二十二號之中，教部省亦確認教化與教育場域應該分離，「應理解教院與一般教育場域一致之觀念」並不適切，故而甚至下達文書通知：「應與文部省管轄學校徹底區別成立，勿使其有錯誤觀念。」

然而，現況其實不僅止於木戶孝允、田中不二麿所認知般，而是顯現各式各樣的教化與教育無法予以充分區別的現象。

例如，青森縣於明治六年五月因設置小學毫無進展，故由政府下令提出暫定措施，要求應設置臨時小教院來進行教育（（舊版）《青森縣史》八）。在制度方面，下級教導職的階級名稱（十四階級中的第十三階），與正規的學校教員名稱同為「訓導」。

此外最重要的，莫過於在許多地區出現陷入慢性缺乏教員的窘境。前述原本下令通知禁止僧侶在擔任教導職之餘兼任教員，亦因實際問題所迫而不得不予以承認。明治七年四月，宮崎縣以教員不足為由，向文部省要求盼能准許僧侶兼任教員之際，木戶孝允、田中不二麿亦無法以嚴格方式來適切運用「教育與宗教分離」的理念，故而被迫認同宮崎縣所提出的要求（《宮崎縣史　史料編　近・現代二》）。此外，在各地紛紛發生教員過度熱衷自身職責，以致在教導職方面殆忽職守的情況。

此後，校舍與寺院（說教所）之間的「場」分離緩慢進行，教員與僧侶（教導職）之間的「人」分離卻滯礙難行，明治十二年（一八七九）則是以追加認定實際狀態的方式來予以解禁。其對象恰有成人與孩童之分（適逢學校教育的草創期），藉由「場」與「人」來促使學校與民眾教化互為重疊，在後者逐漸被排除的過程中，加速宣導活動趨於低迷。

五、島地默雷對教部省的批判與大教院體制瓦解

如此結果，導致神佛合同的民眾教化活動推行至明治八年（一八七五）五月，僅為期兩年半即宣告瓦解。已如前述般，地區內的佛教與神道對立而導致「合同」趨於形式化，甚至變質為擔負著遵守政府、府縣法令，或為文明開化歌功頌德的任務，以及因與學校教育之間產生糾葛，以致於促使其教化方式所具備的積極意義逐漸薄弱。

至於直接要因，則是包括島地默雷在內的西本願寺派僧侶曾向政府斡旋，促使東、西真宗及早脫離神佛合同的教化體制。島地對於政府試圖設置教部省的舉動漠然視之，並為此感到安心，明治五年一月至翌年七月，其跟隨西本願寺梅上澤融（法名連枝），與赤松連城等人共赴歐洲，展開宗教視察之旅。但於明治五年七月，島地在接獲教部省立定的「儒、佛、神三道合同」的「宗旨」，要求僧侶需為奉侍而活動之後，心情大受衝擊，遂撰述批判的建言（〈建言　三教合同につき〉《島地默雷全集》一）。此後，島地默雷提早於明治六年七月返國，為了針對以神道為尊的大教院表示抗議而提呈建言書，主張佛教各宗派應擺脫神佛合同教化活動。同年底當發現其他宗派與真宗步調不一時，隨即改為僅

要求真宗脫離，甚至在明治七年五月建議廢除教部省。

島地默雷在廢除教部省的建言書中，不僅責難教化政策中所包含的廢佛性質，並主張「凡宗教任之於民，不強求歸信」乃是「文明各國之通軌」，「無論信何宗教，皆不可制止」，更發揮赴歐經驗，要求應保證「信教自由」。此外，「治教」＝民眾教化是指與「宗教」相異，國家若能使民眾「達朝旨，知時務，與學校撫育同旨」，則毋須動員宗教人士。若欲藉「神道宗」來「維持國體」，至少無法利用僧侶。島地的這項主張，發展出國家應保證僧侶個人信仰自由的論理。換言之，他主張「信仰自由」的理念，並提示對當時的現狀認知是正處於僧侶「被捲入」神佛合同的教化體制中，進而對此提出批判。如前文所述，島地默雷在最初僅是期盼國家保護佛教，卻立場一轉，改為要求脫離國家而自立。雖說如此，即使成為可能，亦是因為島地與政府要員維繫關係所致。島地默雷出身於長州藩所屬的周防國德山（今周南市）專照寺，如前所述般，自幕末期以來曾與木戶孝允、伊藤博文等人有所交流，在赴歐期間亦與木戶會晤，訴說他在廢除教部省運動之中遭到三島通庸等人排擠的始末。

六、島地默雷推行的佛教與教育

這項建言書中尚有不可忽略之處，就是島地默雷捨棄了認為僧侶應參與學校教育，並擔任教員來教導初等教育的昔日見解。

島地默雷在赴歐期間，曾目睹天主教的影響力是以學校為起點而發揚擴展，主張僧侶應在初等教育內教導文字或算數，並藉此推廣至弘傳佛教（〈歐洲政教見聞〉《島地默雷全集》一）。但此建言書中，島地卻述說教導職應針對成人推行以「文部普通之學」為基礎的教化，對於孩童則應使其在學校學習該教化內容。島地默雷所認知的，就在於既然佛教脫離教導職而向國家要求自立，就應與國家推動的學校教育制度保持距離才是。

這項課題，與受教現場進行的教化活動問題亦有關聯。換言之，為了教化（內容宣導）的場域，因寺院轉為校舍使用而導致喪失教化場地，或僧侶與其說是以教導職身分從事教化工作，毋寧說是身為教員而將心力傾注於學校教育。的確，如同依照島地所改變的主張般，已可發現分別出現了禁止兼任教導職與教員的法令，以及將教院與學校予以區別的法令。但在實際上，若從缺乏教員或校舍的現狀來看，並無法遵守這些禁令，導致現實情況成為在順應府縣的要求及期望下，准許兼任二職並使用暫定校舍的結果。就此點來看，身為明治初期佛教界要角的島地默雷，堪稱是未能充分認識教化的實際現狀。

以島地默雷為中心闡述的明治期佛教史（本章亦不免其弊），應關注對島地的言論與實際情況乖離的面向，應將兩者予以對照才是。

七、何謂教導職的時代——終結與持續

總而言之，以大教院為中心的神佛合同教化體制於明治八年（一八七五）五月瓦解，如同第二章所述般，各宗派邁向重組教團組織之道。該體制轉變成由自宗派的大、中教院任命其僧侶成為教導職的制度，原則上是以三條教則為方針，弘揚自宗派則逐漸成為教導職的主要功能。教部省於明治十年一月廢除，重新成為內務省支局（社寺局）。在此體制下，教導職的宣導活動並未消除，對僧侶而言，為了取得住持資格，必須取得身為教導職的階級。這堪稱是仍需要政府、內務省所批准，並納入其管理之下。這項制度是根據明治十七年（一八八四）八月十一日，由〈太政官布達〉第十九號下令廢除教導職制之後而面臨終止。

儘管如此，例如從培育僧侶制度等方面來看，可發現各宗派出現採取自立的行動。此外，教導職的宣導行動在受教現場未被充分接納，或宣導者自身對此狀態不以為足，故而摸索其他「宣導」方法。在民權演講盛行的情況下，或改良宣導方式，或召開演講會，宗派反而是透過制度化的方式來培育宣教師或製作教化文本。此外，亦出現了僧侶比教導職更精勤於擔任學校教員的傾向，甚至有僧人捨棄僧籍轉任教員的情況。明治十二年（一八七九）十一月，解除兼任教導職與教員的禁令，追加認定實有兼職的情況。這堪稱是此項

制度終於認清區域發展的實際狀態。

對佛教而言，推行教導職的時代不單只是「第二次廢佛」的災難，或光憑高楠順次郎所述的「內容破壞」就自此了事，應該是針對僧侶個別的弘教或教化，或僧侶對於教育有何見解這種實踐課題，藉由強勢立場來進行探討的時代。林淳說明當時的劃時代特質，是國家對佛教所期待的功能已從「人別統治」大轉變成為「教化」（林淳，二〇〇九）。換言之，當佛教被賦予教化的功能後，才由僧侶個別的層級，或由教團層級來摸索其方策，而此方策是為了從事包括教化功能在內的社會貢獻或維持威信。例如若檢視與教育相關的課題，是與自明治一〇年代整頓培育僧侶的機構，或積極推動並獎勵僧侶在明治二十年前後兼任學校教員的佛教界動向有所關聯。島地默雷雖一時捨棄昔日一貫主張僧侶應兼任教員的立場，實際上又重新扮演率先指導的角色（谷川穰，二〇〇八ａ）。

藉由對於這些問題的處置方式及其結果，佛教界甚至是透過摸索佛教在近代日本中的社會定位，來發現可自行活絡發展的社會領域。就此點來看，教導職時代的後續影響則是非同小可。

專欄一

戰後宗教史研究與近代化論

幡鎌一弘（天理大學おやさと研究所研究員）

昭和三十四年（一九五九），吉田久一自戰後混亂期之中奮然崛起，公開出版《日本近代佛教史研究》，促使近代佛教史的研究煥然一新（吉田久一，一九五九）。吉田不僅重視信仰，亦確立採取實證史的穩健方法。另一方面，則深受馬克思主義史觀（講座派）所影響（吉田在日後針對絕對主義，曾表明自身感到是有不妥之處）。近代佛教史之所以在當時被視為「未開拓領域」，不僅是受到辻善之助提出的教團頹廢史觀（墮落論）所影響，其具備的封建性質即使受到馬克思主義、近代主義兩方的批判，仍被認為是難以成為分析對象。

吉田久一認為在堪稱是《日本近代佛教史研究》的續篇《日本近代佛教社會史研究》之中，有某些觀點是引自馬克斯．韋伯（Max Weber），吉田雖採取批判立場，但可發現他是從馬克思主義的立場來述及韋伯式的近代化論（吉田久一，一九六四）。這豈不是在歷經戰後十餘年，在處於高度經濟成長的意識型態下所反映的論壇氛圍？在此可一併參照森岡清美重新採用親鸞的教示，從「家」的結構促使人們獲得自由，並針對淨土真宗是如何以「家」的制度在自由風氣下的美國發展，藉此檢視重新振興該宗派之可能性（森岡清美，一九六二）。

馬克斯・韋伯的近代化論是透過羅伯特・貝拉（Robert Neelly Bellah）的著作《日本近代化と宗教倫理》（未來社，一九六二），而對宗教史、思想史研究產生影響。羅伯特・貝拉在該書中是以內藤莞爾提出的近江商人論（內藤莞爾，一九四一）做為題材之一，並定位日本的近代化與宗教之間的關係。安丸良夫則是從批判立場來針對貝拉之說進行探論，闡明做為「心理哲學」的通俗道德所具備的歷史意義（安丸良夫，一九七四），對日後研究影響深遠。例如，大桑齊吸收安丸的議論，在封建制度下的佛教思想方面，確立形成個別主體的可能性，亦即摸索其近代性，在做為民眾佛教論方面，試圖超越辻善之助提出的墮落論（大桑齊，一九七九）。近代化論被視為或許可超越墮落論的方法，而被佛教史研究所接納。

近年，有元正雄透過包括禁止殺害新生兒或墮胎、主張個性正直或儉樸等德行要項的職業倫理做為中間指標，藉此論述淨土真宗門徒的經濟倫理（有元正雄，一九九五）。芹川博通則指出，內藤莞爾述說的近江商人即是淨土真宗門徒的說法並非事實，而是認為應屬於淨土教（淨土宗、淨土真宗），並衍生出家業則成佛、家業則念佛等職業倫理（芹川博通，一九九七）。但在後現代主義中，強調近代化中具有壓抑性的面向，對於從目的論之立場而將信仰納入近代化中的手法感到不妥，並認為這種理解方式在整體上是愈漸退步的現象。

吉田久一否定佛教在內在層面對日本近代化所發揮的功能。這是基於在教義方面，佛教的無我說與藉由信仰所支持的個人主義是屬於相反的立場。至於在政治史方面，吉田明確觀察真宗的真、俗二諦對天皇制國家形成所發揮的功能。進而在社會史方面，則將成為佛教基礎的家庭制度視為封建制度的溫床。即使在修訂及增補《日本近代佛教社會史研究》之際的新添序章中，其路線亦無明顯變更（吉出久一，一九九二）。

近代化論是資本主義在東、西冷戰構造下的論理，即使無視於是否應維持對這種意識型態所提出的批判，吉田久一與內藤莞爾等人的議論之所以無法吻合，或許是基於以下兩項理由。

其一，是否從封建的角度來檢視家之存在。吉田久一的立場，應是原本既是家訓（封建式家規），就不會試圖從勤儉或節儉的德行要項（倫理）之中來發現其近代意義。然而，亦不認為近代化論（將家庭制度視為近代化的推動力）的立場是完全推測錯誤，這不啻是從各自立場來定位家庭所具有的雙重意義層面，亦即是屬於封建式的、或有可能具備推動近代化的力量。

其二，是分析對象的歧異。吉田久一的情況多是依循出家人或教團立場的主張及活動來進行探討，但在內藤莞爾或有元正雄的一系列研究工作中，倘若撇開加深理解教義的情況不談，則是以真宗門徒或一般社會分析為主。其方法就是將從教團中獲得解放的佛教，透過做為信仰方面的「心靈」問題來予以掌握（大桑齊，一九九六）。島薗進除了以鉅細靡遺的方式回顧研究史，更在民眾心理問題的延伸上，掌握民眾宗教的「重整心理」，將其定位成具有療癒效果的宗教倫理（島薗進，一九九五）。在此是從所謂的實際制度之存在，其幅度是擴展至精神性為止，而其探討課題則是廣及「宗教定義」這種近年出現的問題領域，這原本亦有可能是以馬克斯．韋伯的近代化論做為前提的宗教變動現象（馬克斯．韋伯，一九八九）。

總而言之，戰後的宗教史研究雖在針對近代化與宗教的關係之時，提出差異相當明顯的立場，卻呈現各種事情狀態的多元化層面。況且在新視角方面，或許蘊藏著可闡明過去忽略的論點。例如，若將亦是共生論理的島薗進所提出的主張，與吉田久一採取的社會福祉課題互為銜接，則可將問題領域擴大至貧困問題、災害救助等社會貢獻活動或臨終關懷活動等方面。

若如此回顧研究史，可知是將宗教或信仰局限於單一特性或意識型態才是問題所在。

無論是教團抑或信徒，皆無法完全將其掌握為單一性質。將吉田久一所謂的「人間或生活的真實性」盡量予以接納，並在過去研究史顯示的矛盾關係中，發現多元化的宗教性，藉由宗教運動論的形式來予以提示、深入探究，或許如此可成為宗教史研究的重大課題。

第二章

近代佛教的形成與發展

大谷榮一

佛教大學副教授

第一節　何謂「近代佛教」？

一、「近代佛教」的定義

所謂「近代佛教」，其原本意義為何？概括而言，日本的「近代佛教」，是指蘊涵自明治維新之後，佛教在日本社會的發展方式，卻沒有明確予以定義。例如，自昭和三十六年（一九六一）至三十八年出版的《講座近代佛教》全五卷（法藏館，一九六一—六三）的第一卷〈概說編〉中，身為日本近代佛教史研究開拓者的吉田久一，將近代佛教的形成視為「佛教近代化」的結果，並指出說明如下：

所謂的佛教近代化，是指從幕藩佛教發展為近代佛教，並可舉出許多指標。如同從宗旨佛教至宗教佛教、教團佛教至信仰佛教、個人的戒律佛教至社會化的新戒律佛教，或如同島地大等在〈明治宗教史〉（《解放》，大正十年十月特大號）所述般，可發現從現相佛教（宗派佛教）發展至實相佛教（本質佛教）等變遷情況。誠然，這些課題不能在近代佛教形成期之中完全達成，但成為重要觀點卻是不爭之事實。（吉

田久一，一九六三）

吉田久一指出「佛教近代化」的幾項「指標」，規定符合這些指標（所謂的達成近代化）者，則稱之為「近代佛教」。此外，亦提示構思單純的觀點，可確知其認為江戶時代的近世佛教（吉田所謂的「幕藩佛教」）邁向近代化，故而形成「近代佛教」。在本章結論中提示的「近代佛教」定義，首先是透過概觀「近代佛教」的研究史與目前的研究課題，來探討「近代佛教」的概念具有何種意義。進而從具體之例來分析，自明治時代中期至大正時期，「近代佛教」是如何形成及其發展過程。

二、日本近代佛教史研究五十年

「近代佛教」研究在與「中世佛教」、「古代佛教」研究相較之下雖居於少數，但在日本學術界仍被視為特定研究領域而得以成立。平成四年（一九九二）創立的學術團體日本近代佛教史研究會（首任會長為已故學者池田英俊，現任會長為圭室文雄），是透過研究大會及刊行會誌《近代佛教》，而由會員積極發表研究成果。然而，筆者認為目前的近代佛教研究有如地殼變動般，從根柢產生動搖。筆者針對此點，將透過回顧研究史來予以確認。

日本近代佛教史研究是在亞洲太平洋戰爭之後方才正式展開。在藉由吉田久一的著作《日本近代佛教史研究》（吉川弘文館，一九五九）建構研究基礎以來歷經半世紀，更透過吉田《日本近代佛教社會史研究》（吉川弘文館，一九六四）、柏原祐泉《日本近世近代佛教史の研究》（平樂寺書店，一九六九）、池田英俊《明治の新佛教運動》（吉川弘文館，一九七六）、同《明治佛教教會・結社史の研究》（刀水書房，一九九四）等著作而逐步累積成果。自西元二〇〇〇年代起，曾出版末木文美士《近代日本の思想・再考Ⅰ　明治思想家論》（トランスビュー，二〇〇四）與《近代日本の思想・再考Ⅱ　近代日本と佛教》（トランスビュー，二〇〇四），拓展了該領域發展的可能性。

近代佛教研究在歷經半世紀後而得以穩健的進展，其研究本體是始於亞洲太平洋戰爭爆發之前，並以島地大等〈明治宗教史〉（《解放》，大正十年十月特大號）為嚆矢，辻善之助、村上專精、鷲尾順敬編《明治維新神佛分離史料》全五卷（東方書院，一九二六—二九）、德重淺吉《維新政治宗教史研究》（目黑書店，一九三五）、圭室諦成《明治維新廢佛毀釋》（白揚社，一九三九）、土屋詮教《明治佛教史》（三省堂，一九三九）、同《大正佛教史》（三省堂，一九四〇）等成果公諸於世。然而，戰前與戰後的研究出現具有決定性的差異，而林淳正是指出癥結所在的關鍵人物。

近代佛教的研究始於戰後，是將戰前稱為「明治佛教」的研究對象，重新視之為「近代佛教」。這不僅是單純改變其說法而已。日本人之所以能將明治維新至戰敗為止的時期，凝聚成一個時代樣貌來予以掌握，就是需要第二次世界大戰的敗戰經驗方能如此。（林淳，二〇〇六）

換言之，雖針對同一對象（尤其是與明治時代的佛教有關的思想、運動、趨勢），戰前是採用「明治佛教」的說法，戰後則逐漸採用「近代佛教」的名稱。此外，亦可指出「近代佛教」並非從戰前顯然即有的概念，或在名稱變化的背景中出現契機，亦即將「近代」這種時代認知成為採用對象，並使其有所轉換。進而附帶說明，最初「佛教」的概念本體並不明顯，而是自近代才成立的概念，現在我們則是在此課題被視為問題的情況下才與之邂逅。

三、「近代佛教」概念的各種問題

如同前述般，所謂的近代佛教研究猶如發生地殼變動般，從根柢產生動搖，正是指此事。現在追求的課題，不僅是「近代佛教」的概念，而是「佛教」的概念本體並非來自他者賦予，而是以自我參照的方式不斷反覆詢問所發展的研究。

在有關「佛教」概念方面，筆者盼能關注三枝充悳提出的以下說法：

> 現在，我國常用的「佛教」一詞是始於明治時代，在此之前的一千餘年間，皆稱為佛法或佛道。
>
> 中國曾多稱之為佛家，未久其中創立天台宗或華嚴宗等（在隋代之前，自古有毘曇宗或地論宗等）諸宗，其各教法紛紛被冠以「宗教」之名，而其名稱在日本亦廣為流通。換言之，宗教多屬佛家或佛法，其歷史長達千年以上。中國亦以佛教的內在本質為基礎，自古即有譯為道教之例。隨著現代日本的「佛教」語彙浸透，自十九世紀末，佛教一詞在一般漢字文化圈逐漸普遍化，同時是將英語「religion」（此語亦有變遷史）的譯語轉用為「宗教」一詞，佛教反而被含攝其中，發展至現代。（三枝充悳，一九九〇）

在現代日本社會中，「佛教」與「神道」、「基督教」、「新宗教」等並列，屬於「宗教」（religion）的下屬領域，但原本「宗教」被指為「佛教」（佛家、佛法、佛道）的下屬領域。換言之，「佛教」的概念是與近代「宗教」概念的成立產生連帶發展之下所形成。有關近代日本「宗教」概念成立的各種問題，自西元一九九〇年代之後，歐美或其他區域的研究者紛紛積極進行議論。在沿襲針對「宗教」概念所提出的批判研究之下，日本學術界自西元二〇〇〇年代之後亦進行研究。其主要成果包括磯前順一《近代日本の宗教言說とその系譜》（岩波書店，二〇〇三）、池上良正等編《岩波講座　宗教　第一卷　宗教とはなにか》（岩波書店，二〇〇三）、島薗進、鶴岡賀雄編《〈宗教〉再考》（ぺりかん社，二〇〇四）、林淳、磯前順一責任編輯《季刊日本思想史》〈特集　近代日本と宗教学　学知をめぐるナラトロジー〉（ぺりかん社，二〇〇八）等。如同這些研究闡明的課題般，近代日本的「宗教」概念，是在明治初年經由西洋「religion」的概念翻譯而成，在明治一〇年代廣為普及，其歷史背景就在於日本與西方世界接觸，基督教傳入，並與成為這些因素總體的「近代」就此邂逅。

在考量近代日本的「宗教」概念，以及「佛教」概念成立之際，磯前順一指出的以下說明，極其耐人尋味。

> 在統一稱為宗教之前，religion 的譯語中應存有兩種系統，亦即強烈蘊涵「宗旨」之意的慣常意味——非語言的慣性行為，以及是以如同「教法」般的信念——經由概念化的信念體系為中心。（磯前順一，二〇〇三）

據磯前順一所述，自幕末至明治時代初期，religion 的譯語具有兩種系統存在，亦即慣常（practice）式的宗旨、宗門等方面，以及具有信念式的教法、聖道或宗教等方面。在近代以前，與近世日本的宗教制度互為連結的前者是屬於一般用語，後者是僅止於知識階層的用語。據傳自明治一〇年代以後，religion 被後者所統一。西方的 religion 核心概念，是受到基督教（尤其是新教）所影響，並以個人信仰為基礎，排除儀禮要素，又以重視信念（教養、教理、信條）為其特徵。換言之，「宗教」的概念是強烈受到西方的新教所影響，並根據「信念中心主義」（磯前順一，二〇〇八）而規定成立。「佛教」被定位為「宗教」的下屬領域，同時受到以信念為中心的「宗教」概念所影響。故而「佛教」亦有以信念為中心，或以慣常為中心的兩種傾向，變得更為顯著化的情況（這兩種傾向當然亦存在於前近代），兩者對於近代之後的「佛教」發展形式，提示了重大方向。末木文美士將此信念中心的「佛教」觀，定為「新教式佛教（Protestant Buddhism）」，並指出此類型的佛教（不僅限於日本）成為「近代佛教」的一大特徵，其傾向具有「教理合理化」與「去除咒術層面的特質」（末木文美士，二〇〇四b）。

這種以信念為中心的合理式「佛教」觀，吉田久一將之評價為達成「近代佛教」的目標點。此佛教觀不僅出現在本章介紹的清澤滿之所主張的精神主義之中，或被境野黃洋等推動新佛教運動的成員所體現，亦被自吉田之後研究該領域的研究者所共同擁有。在基於這種「佛教」概念下，戰前的各種思想及運動，在戰後被分類為「日本近代佛教史」而進行研究，並構築成為研究領域（大谷榮一，二〇〇八、二〇〇九a）。

如同以上的「宗教」概念、「佛教」概念的制約，成為自戰後至目前的近代佛教研究之前提，在保有如此自覺之外，更應採用「近代佛教」的概念。

四、近代日本佛教的類型圖

接下來，除了沿襲前述的議論之外，本章又是如何運用「近代佛教」的概念？筆者想在文中表達自身立場，探討日本佛教在近代之後的實際樣貌，並提示日本「近代佛教」的類型圖來予以說明。

西山茂考察日本佛教自近代以來的實際樣貌，並以圖一表示近代日本佛教（或日本佛教本體）的成層構造（西山茂，一九九八）。

這種成層構造（編案：原為地質學術語，此指依事物不同屬性或階級而產生不同階層）掌握了近代日本佛教的實際樣貌，在考量「近代佛教」的類型時，亦給予有益的啟發方式。西山茂將三者（教義信仰、供養祖先、現世利益信仰）之間的關係整理如下：

這項構造的頂層──底層關係，可能存在於①與②、③之間，雖然②與③之間或許

圖一　近代日本佛教（或日本佛教本體）的成層構造

①教義信仰……近代日本佛教的面孔　（頂）
②供養祖先（祭祀祖先）……近代日本佛教的軀體　↓
③現世利益信仰……近代日本佛教的下半身　（底）

圖二　近代日本佛教的類型圖

	belief（信念）		
在家	(II) 近代佛教（教義信仰）	(I) 傳統教團（教義信仰）	出家
	(III) 佛教系新宗教（供養祖先、現世利益信仰） 民俗佛教（供養祖先、現世利益信仰）	(IV) 傳統教團（供養祖先、現世利益信仰）	
	practice（慣常）		

並不存在，既然明顯日本佛教的基本經濟基礎是在於②（軀體），因此①↓③的順序仍舊十分適切。①只要做為普遍宗教的佛教是理當如此的情況，自近世的寺檀制度成立後，在日本幾乎沒有單憑教義就能存在的佛教教團。③是對日本佛教而言，在財政方面雖沒有②重要，但在做為將民眾誘導至①的手段方面，則是不容忽視的領域。然而，③往往在與①沒有關聯的情況下獲得重視，並做為日本佛教的「下半身」，構成馬克斯·韋伯所描述的「巫術花園」。

換言之，日本佛教若從上方（①）來看是佛教，若從下方（②、③）來

看則是「民俗佛教」。（同前）

若將西山茂提示的成層構造與前述的議論互相疊合，則可考量為若朝頂端發展是以信念為主，若朝底端發展是以慣常為主。磯前順一在此明確提示的「belief／practice」被設定為單方的分析軸，並與西山的議論重疊，再加上若考量近代佛教史之際，是透過分析軸的方式來區分重要的擔當者（出家／在家），則可形成圖二般的類型（大谷榮一，二〇〇八、二〇〇九a）。

在述說「日本近代佛教史研究」之際，所有象限皆成為研究對象。就此意味來看，是將所有的教團或集團、宗教人士，從廣義的立場規定為「近代佛教」（廣義的近代佛教）。然而本章視為對象，進而以吉田為首且位居日本近代佛教史研究的中心課題，則是第二象限的「近代佛教」，並將此規定為具有狹義之意的「近代佛教」（狹義的近代佛教）。換言之，以信念為中心的在家信徒（或具有革新性的出家人、還俗者）成為主要擔當者的佛教集團，其所進行的佛教改革思想或運動在先行研究之中，成為核心研究的課題（然而，具有革新性的出家人若成為主體之際，則擴大至第一象限）。

如此想來，廣義的「近代佛教」研究所涉及的對象十分廣泛，可知其中亦有針對限定領域進行的重點研究。其他象限的佛教系新宗教或民俗佛教，則藉由新宗教研究或民俗學來分庭抗禮進行研究，這種傾向堪稱是至今仍在持續發展。本章的主要對象是第二象限的「狹義近代佛教」。自明治時代中期至大正時期之間，「狹義近代佛教」在日本社會的歷史、社會、文化文脈之中又是如何形成及發展？以下將進行探討。

第二節　明治二〇年代的佛教改革論

一、做為佛教改革運動的「狹義近代佛教」

「狹義近代佛教」的特徵就在於前文所舉的，亦即是以信念為中心的「佛教」概念，以及末木文美士所描述的「教理合理化」與「去除咒術層面」的傾向十分顯著（然而，並非做為「非語言慣性行為」的慣常，而是做為社會活動般，屬於意識方面的社會實踐之慣常）。並且從這項立場來針對傳統佛教、民俗佛教、新宗教來進行批判。倘若改變說法，透過如此批判來構築自身的立場，就是屬於「狹義近代佛教」（此為筆者觀點）的佛教人士或佛教集團。尤其是針對傳統教團的教義或儀禮、組織的批判立場十分鮮明，「狹義近代佛教」具有針對傳統佛教進行改革運動的層面。若將此層面予以類型化，則可彙整如下。

有關「狹義近代佛教」的佛教改革相關言論或活動，是以明治時代中期的古河老川與淨土真宗本願寺派的反省會為先驅，並由明治時代末期的清澤滿之所提倡的精神主義，以及由境野黃洋、高嶋米峰、杉村楚人冠（縱橫）、渡邊海旭等人透過新佛教運動來正式發展。在此可歸類為精神主義是重視形成及確立個人內在信仰的個人志向型，以及在相對之下，新佛教運動是重視與國家、社會有所關聯的國家・社會志向型（但強調佛教在面對國家之際，是採取自立的立場）。根據此類型，舉出自二十世紀初期之後（明治時代末期）的主要佛教改革運動，在個人志向型方面，包括近角常觀的求道運動、山崎弁榮的光明主義運動、友松圓諦的真理運動。至於國家・社會志向型方面，則包括田中智學的日蓮主義運動、真田增丸的佛教濟世軍、椎尾弁匡的共生運動、廣岡智教的黑衣同盟、妹尾義郎的新興佛教青年同盟。此外，伊藤證信的無我苑或西田天香的一燈園（無我苑亦具有國家・社會志向型的特徵），則被規定為有別於前述兩種類型的共同體志向型。

換言之，具有佛教改革運動特徵的「狹義近代佛教」，可類型化為個人志向型、國家・社會志向型、共同體志向型。因礙於篇幅，無法列舉所有改革運動，筆者決定試舉數例來做探討，並分析「狹義近代佛教」的形成及發展過程。

二、明治二〇年代的佛教改革論

自明治維新至明治一〇年代以來，神佛分離、廢佛毀釋、神道國教化政策與大教院體制、〈太政官布達〉第十九號（一八八四）下令廢除教導職、制定各宗派的宗制或寺法、重組教團等，紛紛被拋入時代怒濤中。在此動向中不斷歷經試行錯誤，被迫因應新國民國家體制。吉田久一對於明治初年的神佛分離、廢佛毀釋，而對佛教界懷有危機意識，關注於如何孕育護法意識。然而，「大部分的護法行動是以傳統的『鎮護國家』、『興禪護國』、『王法為本』、『立正安國』等教說為基礎，並強化與維新政府連結，藉由『護國即護法』的論理，試圖超越廢佛危機」（吉田久一，一九七〇）。換言之，是依照「護國即護法」的論理，分析明治政府與佛教界所組編的政教關係。佛教界喪失了做為隸屬於江戶時代幕藩體制末端機構的官方立場，並藉由明治二十二年（一八八九）制定的《大日本帝國憲法》所伴隨而來的政教分離制度化，認同宗教信仰自由，並容許該信仰存在。然而，這是「強而有力的國民國家統合，是在透過多元化的各種宗教、社會勢力所形成的『自由』而逐漸落實的迂迴過程」（安丸良夫，一九九二），佛教界是藉由做為國民國家統合的意識型態裝置而得以獲得重組。

明治二〇年代，在沉滯的佛教界中，佛教改革的聲浪逐漸高漲，井上圓了（一八五八—一九一九）則是提出改革論的代表人士。尤其是圓了於明治二十年（一八八七）出版《佛教活論序論》，是一部為停滯不前的佛教界帶來活力的暢銷著作。例如，中國佛教的研究者常盤大定（一八七〇—一九四五），在昭和三年（一九二八）撰寫的隨筆〈明治二十年頃の佛教に關する論議の一般〉之中，回顧當時的佛教界，「自明治維新初始，約至明治二十七、八年為止是佛教的沉滯期，亦是煩悶時期，就某種意味來說，堪稱是黑暗時期」。圓了更針對《佛教活論序論》的意義發抒心懷，「毅然奮起，大筆如椽，滔滔數萬言，論佛教價值，論耶穌非理，多人為護國愛理而改良佛教，需使其為世界所有，大膽卻思路整然地大聲疾呼」（常盤大定，一九二八）。

對於真宗大谷派出身的井上圓了而言，佛教、儒教、基督教皆不應奉為真理，在東京大學修習西洋哲學（康德、黑格爾、彌爾、史賓賽）之下，結果從哲學領域中發現真理。再透過這些西洋學問及知識領域的視線，重新發現「佛教」所具備的真理。其結果為「最終決定改良佛教，欲使其成為開明世界之宗教」（井上圓了，一八八七）。時為明治十八年（一八八五），圓了正值二十八歲（虛歲）之際。此後，圓了陸續刊行第二篇《破邪活論》、第三篇《顯正活論》、第四篇《護法活論》，合計出版四篇的《佛教活論》，給予當時眾人莫大影響。

井上圓了在《佛教活論序論》中顯示的立場，是從「護國愛理」的國家主義立場，來強調透過西洋學識所詮釋的佛教在社會上具備的功能，並在批判基督教的同時，以重興佛教做為訴求。受到圓了的啟迪活動所影響的佛教改革論者之中，有一位即是身為記者的中西牛郎（一八五九—一九三〇）。

三、中西牛郎的「新佛教」論

「約自明治二〇年代初，素有基督教德富蘇峰、佛教中西牛郎並稱雙璧，中西如流星般現身，忽成佛教界寵兒，其所言新佛教之改革意見，與其流利文采所向披靡，獨步天下」（上坂倉次，一九三七）。受到如此評價的中西牛郎以明治二十二年（一八八九）二月的《宗教革命論》為開端，分別發表《組織佛教論》（一八九〇）、《宗教大勢論》（一八九一）、《新佛教論》（一八九二）、《佛教大難論》（同年）等，陸續提出佛教改革論問世，並獲得反響（星野靖二，二〇〇二、二〇〇六、二〇一〇）。其中促使中西牛郎一躍成名，被稱為「護法居士」之契機，就是刊行《宗教革命論》（博文堂，一八八九）。三十一歲的中西在該書提出宗教類型論及進化論，並以此為基礎，將佛教與基督教進行比較，顯示佛教是「文明世界的宗教」。這部著作的內容，堪稱是援引當時西歐的宗教學、哲學、社會學、神智學所構成的比較宗教論，並以此為基礎形成的佛教改革論。

中西牛郎是以有「宗教進化大法」之稱的宗教進化論（多神教→一神教→泛神教）為基礎，將佛教定位成是以泛神教為基礎的顯示教（聖賢、神佛、預言家、救世主等，從超越人類的能力中產生），以及適合真理的「純粹宗教」。此外，將基督教定為「舊宗教」、佛教定為「新宗教」，不僅彰顯佛教價值，更認為若繼續維持「舊佛教」，佛教在不久將來會失去擁有「文明世界之宗教」的資格，並強烈主張此為「宗教世界的一大革命」，歌頌「新佛教」來臨，更強調說明是為了「佛教應除舊布新」，提出針對佛教進化論式的改革。在此相對於固有的「舊佛教」，經由改革的佛教形象則被概念化成為「新佛教」。

中西牛郎在本書末尾針對「新佛教」與「舊佛教」的關係，進行以下對照：

第一　舊佛教是保守，新佛教是進步
第二　舊佛教是屬於貴族，新佛教是屬於平民
第三　舊佛教是物質性，新佛教是精神性
第四　舊佛教是學問，新佛教是信仰
第五　舊佛教是個體，新佛教是社會
第六　舊佛教是教理，新佛教是歷史
第七　舊佛教是妄想，新佛教是道理（中西牛郎，一八八九）

中西牛郎所謂的「新佛教」在當時並非實存，而是完全屬於個人的想像產物。此外，亦很難保證中西是否能準確說明他指名為「舊佛教」的傳統教團在實際上的發展狀況。

毋寧說是舊佛教／新佛教的二元對立架構圖，在對於將現實中的佛教教團（筆者所指的第一象限與第四象限的「傳統教團」），予以相對化的二者擇一（筆者所謂的「狹義近代佛教」），在形式上發揮具有象徵性的功能，而此點則顯示中西的佛教改革論深具意義。

中西牛郎提出的「新佛教」論，在當時批判佛教現狀的青年佛教徒之間紛紛喚起共鳴。例如，《反省會雜誌》是由淨土真宗本願寺派普通教校的青年學生聚集同好者，於明治十九年（一八八六）創刊，其型態是以推行禁酒運動為目的之反省會會誌，並成為倡導革新的青年佛教徒得以凝聚一堂的場域。《反省會雜誌》第四十四號（一八九一年七月十日）刊載〈中西氏の新佛教論將に出でんとす〉（作者為默默居士），述及透過中西著作出版，「新佛教」的名稱流行於整個佛教界，並喚起知識分子的關注。進而記載「至少具備男子氣概的青年發起舊佛教革命之機會，大聲歡呼新佛教發展時機來臨。頑固老者因新佛教具有革命性而為此顰蹙，忌厭其名、甚而感到畏怖，遂將公然發動攻擊之論峰矛頭指向新佛教」。由此可知，中西的議論是受到冀求改革佛教界的青年佛教徒所支持。

此後，中西牛郎在《新佛教論》（興教書院，一八九二）之中，訴求應藉由改革佛教各宗的固有弊習、革新教會制度、改良布教方式來適應社會，其發言導致原本期盼中西能發起新宗教或教團的支持者感到失望。甚至在《嚴護法城》（山岡悅，一八九七），作者自認倡導「佛教改革」是錯誤之舉，「嗚呼新佛教實為誤佘，嗚呼新佛教實為偽佛教」，甚至導致陷入自我批判的立場。

四、支持佛教改革的佛教青年社團

筆者已探討井上圓了與中西牛郎的佛教改革論，究竟是由何人在閱讀及接受這些文本？佛教改革言論為了擁有特定的具體力量，故而需要社會基礎來支持其言論。此點則是「狹義近代佛教」的骨幹分子所面臨的問題，至於個人見解以為就在於當時的佛教青年社團（大谷榮一，二〇〇九b）。

筆者在此想關注的，是先前述及的反省會。明治十八年（一八八五）四月，淨土真宗本願寺派開創亦可接納普通教育的僧俗共學普通教校，並反映出普通教育積極進取的校風。翌年三月，普通教校的十四名有志一同的青年學生組成以「禁酒進德」為口號的禁酒團體反省會（最初為反省有志會）（中央公論社，一九五五、一九六五，本願寺史料研究所編，一九六九，龍谷大學三百五十年史編集委員會編，二〇〇〇）。翌年的明治二十年（一八八七）八月，發行會誌《反省會雜誌》（一八九三年改名為《反省雜誌》，一八九九年改名為《中央公論》），並由澤井洵（高楠順次郎，一八六六年生）、櫻井義肇（一八六八年生）、古河勇（老川，一八七一年生）、梅原融（一八六五年生）等十餘歲、二十餘歲的青年佛教徒擔任實際職務。

反省會的會員人數明顯增加，明治二十二年（一八八九）為八千四百四十八名，至明治二十八年（一八九五）則多達一萬八千名。然而，《反省會雜誌》的發行數量並非與會員人數成正比，而是平均每號發行約一千本左右，僅有明治二十四年（一八九一），平均每號發行二千五百四十四本（永嶺重敏，二〇〇四）。《反省會雜誌》從最初期即可發現主張佛教改革（例如在一八八八年四月十日的第五號社論〈青年佛教徒思想の光景〉），以及出版中西牛郎《宗教革命論》後，其影響力逐漸顯著。第二十九號（一八九〇年四月十日）的社論〈新佛教運動の本色〉（作者未明）中寫著「對外是將宗門最後之改革擔於頭頂，達成健全組織運動，此為新佛教運動之本色」，在此藉由「新佛教」一詞來說明宗門改革。此外，第四十二號（一八九一年五月十日）的社論〈二十四年已後の二大教徒（續）〉（作者為二十一歲的古河）之中，則引用前述的中西牛郎《宗教革命論》所提出的「舊佛教／新佛教」模式，表示「吾等全然贊同中西氏之比較模式」，並宣示「吾等反省團體實乃微力小群而已，卻為新佛教之一大機構（中略），擔當改良社會及匡正僧侶等大業」，由此可確認是直接受到中西所影響。此外，中西牛郎於明治二十四年（一八九一年）二月就任反省會副會長（後為副會頭），兩者之間不僅在思想上相互影響，亦展開直接交流。

反省會支持中西牛郎提出佛教改革論，是屬於革新派的佛教青年社團。在明治二〇年代，除了反省會之外，亦有許多佛教青年團體產生。根據龍溪章雄所述，約於明治一〇年代末期起，當時是以東京為中心的各種官、私立學校內，由信奉或研究佛教的學生開始組成同好會。明治二〇年代則有自稱為「佛教青年會」的團體設立於東京、關西及各地的學校或寺院之中（龍溪章雄，一九八七）。至於東京方面，明治二十年（一八八七）四月《佛教活論序論》出版兩個月後）組成佛教青年會，明治二十五年（一八九二）一月（《新佛教論》出版的同年同月）設立最初正式的聯盟組織——大日本佛教青年會。此外，在關西則於明治三十一年（一八九八）組成關西佛教青年會。

進而在明治二〇年代，更需針對促成佛教系的媒體成長期做探討。倘若檢視上坂倉次針對明治年間創刊（包含改題）的《佛教新聞雜誌》數據研究所示，幾乎多是明治二〇年代創刊的雜誌。明治二十二年（一八八九）刊行四十八種，明治二十三年（一八九〇）刊行四十五種，可知這兩年間的創刊數量最多（上坂倉次，一九三五）。在此背景下並創刊《反省會雜誌》（一八八七年八月），或是探討佛教整體立場（此待後述）的《佛教》（一八八九年三月）等雜誌。此外，上坂指出在明治二〇年代初期，「於諸雜誌可見舉發僧侶頹然無力、墮落腐敗，或陳述佛教發展沉滯、頹廢之筆鋒，猶如秋霜般犀銳無比」，由此可窺知當時的佛教系媒體中，流傳對傳統佛教的批判言論。

由前文所述，可明確發現在明治二〇年代，在（井上圓了或）中西牛郎的佛教改革論的形成背景中，蘊涵佛教青年社團的組織化與整頓佛教系媒體的歷史、社會文脈。中西趁勢掌握當時的佛教改革運勢，藉由比較宗教論（是以西洋學術及知識為基礎）這種在當時最先進的知識來為佛教改革論賦予意義，並透過「新佛教」一詞來使其正當化。由此可推知中西的佛教改革論（新佛教論）是透過佛教系媒體，來促使包括贊否不一的評判逐漸普遍化，並在以反省會為開端的佛教青年社團這種社會基礎之中獲得接納及支持。此外，受到中西牛郎所影響的青年佛教徒進而向宗門內、外訴求宗教改革，如此猶如循環式的關係性，才是明治二〇年代的佛教改革構造，促使佛教改革的運勢逐漸增大（大谷榮一，二〇〇九b）。

第三節　中日甲午、日俄戰爭期間的近代佛教形成

如同前節所述，「狹義近代佛教」的形成是受到佛教改革趨勢之影響，其時間點就在於二十世紀初發生的中日甲午、日俄戰爭期間，亦即明治三〇年代。吉田久一曾闡述「在二十世紀初期為求因應社會而產生的佛教革新運動之中，最具代表性的就是精神主義運動與新佛教運動。前者是透過沉潛於人類精神內在且熱衷推動近代信仰，後者則是藉由積極接近具有社會性的事物，來試圖獲取成為近代宗教的資格」（吉田久一，一九五九）。這兩項運動被評價為「佛教近代化的兩條軸線」。換言之，吉田是從確立個人的內在信仰，以及在公共空間內的社會活動發展，來檢視佛教近代化的指標點。

此外，末木文美士亦指出「自明治二〇年代末期至三〇年代之間，亦即在中日甲午、日俄戰爭期間，是新佛教運動蓬勃發展的時期」，列舉日蓮宗系的田中智學、高山樗牛、淨土宗系的清澤滿之、禪宗系的鈴木大拙所從事的活動，進而加入村上專精提出的大乘非佛說，並指出「近代佛教思想幾乎在此時期得以整頓其形」（末木文美士，二〇〇四a）。

筆者與吉田久一、末木文美士同樣認為中日甲午、日俄戰爭期間是屬於形成「狹義近

代佛教」的劃時代時期，其具有代表性之存在——與吉田的想法一致，就是新佛教運動與精神主義。以下筆者將依序進行探討。

一、媒介者古河老川

明治二十九年（一八九六）末，《反省雜誌》為了獲得一般讀者的支持，自京都遷移至東京。透過更新版面設計，更強化既有的藝文欄，故能成功獲得比在京都發行時期多達四倍的讀者，進而轉型成為商業型綜合雜誌《中央公論》。佛教清徒同志會（後為新佛教徒同志會）刊行的會誌《新佛教》（一九〇〇創刊）取代《反省雜誌》，發展出激進的佛教改革論爭。換言之，佛教改革趨勢是從京都的中西牛郎與反省會的活動，轉由東京的新佛教徒同志會所推行的活動來予以傳承。在此過程中出現一位媒介人物，亦即反省會的古河老川（一八七一—九九）。由古河擔任主筆的雜誌《佛教》，則是由《反省雜誌》與《新佛教》接續。

古河老川出身於和歌山的真宗西本願寺派寺院，明治十九年（一八八六）九月入學於普通教校，成為反省會成員之後，擔任撰寫《反省會雜誌》的報導文章及編輯工作。古河反對本願寺派的教育改革，遂於明治二十二年（一八八九）二月前往東京，就讀於東京法學院（今中央大學）、國民英學會、明治學院、東京帝國大學，置身於當時的佛教青年會推行的宗教運動潮流之中，推敲並提出應如何改革佛教的主張（吉永進一，一九九〇）。明治二十六年（一八九三）十二月，則與同好者共同創設經緯會，其目的在於「鑽研學術、宗教等重要問題，研磨智識，培養德性」。至於創立經緯會的六名成員，則是西依金二郎、大久保格、古河老川、北條太洋、杉村廣太郎（楚人冠）、菊池謙讓，後續又加入古賀新、田上為吉、境野黃洋。明治二十八年（一八九五）一月，由時年二十五歲的帝大生古河擔任雜誌《佛教》的主筆，促使該雜誌「發展成具有在佛教雜誌界嶄露頭角、出類拔萃之觀點」（中野春介，一九三七），經緯會與《佛教》成為促使新佛教運動直接產生的母體。

此外，古河老川擔任主筆的前一年一月，在《佛教》第八十三號發表的〈懷疑時代に入れり〉（杉村楚人冠編，一九〇一），其論證考察受評為「改革派之曉鐘」。古河將哲學思想的發達過程分為三階段，亦即「獨斷」、「懷疑」、「批評」，相對於基督教徒進入批判時期，佛教徒則是總算得以進入懷疑時期的階段，並主張佛教思想在今後應會逐漸發達。古河的本意在於佛教徒長久處於「獨斷固信」之中，強調「必以一次懷疑批判之觀點而視佛教之全盤教義，去除非佛教本來之說而看似佛教之理，確立佛教之基礎，需應寄託於金剛之信心」。換言之，古河（脫離中西牛郎的影響）從重整佛教思想、教理批判之中，眺望佛教改革的發展樣貌。

然而，明治二十八年（一八九五）八月，古河老川突然咯血，經診斷為罹患肺結核之後而被迫療養，並改由同年齡的境野黃洋（一八七一——一九三三）取代臥病中的古河擔任《佛教》主筆。境野在發表具有爭議性的佛教研究論證與考察之際，承襲古河的主張及活動（而非中西），並推展新佛教改革活動。

此外，經緯會於明治三十二年（一八九九）二月解散（此後重組），同年十一月，古河老川因肺結核以年僅二十九歲之齡早殞。古河的後繼者境野黃洋、杉村楚人冠等人，為「新佛教」而組織新結社。該組織即是揭櫫「新佛教」（源於中西牛郎之言論）的佛教青年社團——佛教清徒同志會（後為新佛教徒同志會）。

二、新佛教徒同志會的組織與活動

佛教清徒同志會（一九〇三年三月改稱為新佛教徒同志會，以下簡稱同志會），是於明治三十二年（一八九九）二月在東京組成的佛教青年社團，其繼承了反省會、經緯會的佛教改革運動。明治三〇年代的同志會推行的新佛教運動，則是將中西牛郎積極活躍於明治二〇年代所形成的想像產物「新佛教」予以落實。

該會成員包括境野黃洋（一八七一年生）、田中治六（一八六九年生）、安藤弘（一八七六年生）、高嶋米峰（一八七五年生）、杉村楚人冠（一八七二年生）、渡邊海旭

（一八七二年生）、加藤玄智（一八七三年生），年齡層皆是二十至三十歲之間，恰為堪稱是佛教青年社團（然而，僅有海旭是以僧侶身分參與活動，其餘成員皆是在家居士身分）。

同志會於翌年明治三十三年（一九〇〇）七月創刊會誌《新佛教》，在此就來關注雜誌在開頭所提示的「吾輩宣言」，強調自身揭示的「新佛教」與根植於傳統佛教內的「舊佛教」之間的差異。若從同志會成員的立場來看，傳統佛教是「慣習的舊佛教」、「形式的舊佛教」、「迷信的舊佛教」、「厭世的舊佛教」、「幻想的舊佛教」，宣示自我立場為「吾輩雖反對舊佛教，被稱為舊佛教改革者，卻非一逕破壞舊佛教之徒，寧可說僅為新信仰之建設者、鼓吹者而已」。此外，創刊號揭示其「綱領」如下：

（一）吾輩以佛教之健全信仰為根本教義。
（二）吾輩振興、普及健全之信仰知識及道義，致力於從根本改善社會。
（三）吾輩主張自由深究佛教及其他宗教。
（四）期以吾輩滅絕一切迷信。
（五）吾輩不認同應維持固有宗教制度及儀式。
（六）吾輩遠離一切政治保護及干預。

由此可知這項綱領明確提示了幾項方針，亦即重視內在「信仰」，應藉此以「改善社會」為目標，透過「自由深究」的態度來採取批判及研究態度，對於宗教迷信的性質，或傳統佛教的外在形式制度及儀禮則予以否認，並從政治權力之中獲得自立。

在此根據《新佛教之栞》（《新佛教》第四卷第十三號臨時增刊號，一九〇三年十二月十五日發行）刊載，來確認同志會的組織型態及活動內容。在組織方面，是由諮商會務的「評議員會」（融歸一、加藤咄堂、高嶋米峰、田中治六、安藤弘、境野黃洋、金義鑑、毛利柴庵、杉村楚人冠等人）與「會員」所組成。若觀其評議員的成員，則包括學者或教育家（田中、境野、金）、報章記者（安藤、毛利、杉村）、演說家（加藤）、商人（高嶋）等，顯然可知是由隸屬社會中、上階級的俗家信徒身分（但多為寺院出身）的佛教系知識青年所擔任。此外在活動方面，則記載自每月第二週末的下午一點起舉行「演講會」（芝三田四國町的一神論教會會堂），每月第二週末的下午五點開始舉行「通常會」（神田一ッ橋的帝國大學學士事務所），不定期舉行「臨時大演講會」。會誌《新佛教》每月發行一次，直至大正四年（一九一五）八月發行第十六卷第八號為止。明治三十九年（一九〇六）當時的發行數量是四百部，絕非大量刊印（原敬文書研究會編，一九八七）。

換言之，自明治三〇年代至大正時代初期，為求達成實踐「新佛教」理想的活動，是在東京定期舉行通常會及演講會，並透過每月刊行的會誌來進行。

此外，他們自行規定「所謂新佛教，亦即主張自由深究的佛教徒」（境野黃洋，一九〇二），透過以讀書行動或印刷媒體之存在為前提的「自由深究」這種語言實踐（福嶋信吉，一九九八），成為他們的活動武器。由此可推測支持這項運動的社會基礎就在於佛教青年社團，同時包括具有媒體素養及學識的都市中間階層或全國的讀者知識分子。此外，如同佛教公認運動或三教會同的批判、廢娼運動、禁酒禁煙運動、防止虐待動物運動、設置實費診療所的社會事業等活動之中所顯示般積極參與社會，與堺利彥、幸德秋水等社會主義者亦有交流（但與社會主義保持距離，是屬於應稱之為穩健社會改良主義的政治立場）。這種公共空間內的語言、社會實踐，成為新佛教運動的特徵。

三、清澤滿之的精神主義

相對於新佛教運動所具有的強烈社會志向性，被評價為試圖確立個人內在信仰的，則是真宗大谷派的僧侶清澤滿之（一八六三—一九〇三）所提出的精神主義。清澤在東京大學分別攻讀哲學，以及在該校大學院學習宗教哲學，是出版《宗教哲學骸骨》（法藏館，一八九二）的宗教哲學家，而此書則被評價為日本最早的相關著作。此外，清澤亦是參與宗門革新的改革者，以及擔任真宗大學（今大谷大學）學監（校長）的教育家。

清澤滿之在《新佛教》創刊同年的明治三十三年（一九〇〇）十月，於東京本鄉開設私塾浩浩洞，與曉烏敏、佐佐木月樵、多田鼎等人開始共同生活。翌年一月創刊會誌《精神界》，明治三十九年（一九〇六）當時的發行數量是兩千部（原敬文書研究會編，一九八七）。在創刊號的開頭，刊載清澤以「精神主義」為題的論證考據。在文章開端除了探問「吾人在世，必有完全立足之地」之外，進而有如下敘述：

吾人若僅如此與無限者接觸，則唯能說於處世之時，將無法獲得完全立足之地。而使獲得立足之精神發達途徑，則名之為精神主義。（中略）總之，精神主義做為吾人處世之實行主義，其第一義應為相信於充足之精神內以求得之。（清澤滿之，二〇〇三a）

清澤滿之明確提示個人內在所具有的精神主義立場，而此精神主義則是在於定位絕對無限者（阿彌陀如來）的他力信仰。此外，明治三十四年（一九〇一）七月，在三重縣四日市舉行的關西佛教青年會第十屆暑期講習會裡，清澤在「精神主義」的演講過程中，針對精神主義的歷史定位進行說明。據其所言，在明治時代中期的井上圓了《佛教活論》、中西牛郎《組織佛教論》、村上專精《日本佛教一貫論》等著作，並透過「靈魂不滅」、

「唯一神之實存」、「諸法實相」等哲學問題，而發生試圖定位宗教價值的趨勢。然而，清澤闡述這種藉由哲學問題詮釋來提昇或貶抑宗教價值的傾向逐漸減少，漸而出現以社會利益或倫理道德做為標準的傾向，宗教則與這些標準之間產生「一種截然不同的境界」。此外，並強調「精神主義不以門外為標準，而是將標準置於門內，並非著眼於客觀構成，而是以主觀心地為主要」（清澤滿之，二〇〇三b）。清澤徹底將個人內在定為信仰的立足點，「可在世俗倫理道德不適用之處，開拓出宗教世界的豐饒可能性」（末木文美士，二〇〇四a）。

此外，在創立及倡導精神主義之前，清澤滿之與同伴共同組成推行宗門改革運動。精神主義是「顯示從改革運動體驗中產生，繼承改革運動的『精神』」（柏原祐泉，一九六九）。

明治二十年（一八八七）七月，清澤滿之繼續就讀東京大學大學院，一年後遷往京都，在京都府尋常中學校與真宗大學寮（今大谷大學）從事教育工作。此後，清澤因罹患肺結核而進行療養，明治二十九年（一八九六）十月，以京都洛東的白川村（今京都市左京區北白川）為據點，與今川覺神、稻葉昌丸等五人共同設立教界時言社，創立會誌月刊《教界時言》（六人稱為「白川黨」）。此後，清澤等人每月推廣主張教團改革。

在創刊號刊載的文章〈大谷派の有志者に檄す〉（清澤著）之中，不僅憂慮宗門現狀為「大谷派積弊日久」，更以改善內務（宗政機構）、財政、教學為緊急課題，並呼籲全國各地的末寺及門徒來「革新」大谷派（森龍吉編，一九七五）。其目標在於「試圖從以財政為優先考量的教團營運，轉換成固有的振興教學，進而改革引發教學不振的宗政機構，為求反映末寺的共同意見，召開末寺會議或門徒會議」（柏原祐泉，二〇〇〇）。

白川黨的呼籲引起廣大反響，是以各地同盟會及京都的真宗大學學生為中心來推展改革運動。明治三十年（一八九七）一月二十日，以清澤滿之為首的兩百餘名改革派人士，持著由兩萬八千餘人連署的「請願書」前往本山，要求與法主大谷現如會晤，卻未能遂願。大谷派事務革新全國同盟會於同年二月十三日組成，包括清澤在內的六名白川黨成員則於翌日遭到除名處分。在此同時，法主親自表示將擴張議制局、開設教學諮問會、擴大教學等進行寺務改革。然而改革派期待的「革新」未能實現，其嘗試備受挫折。

制度（內務、財政）與教學「革新」成為清澤滿之進行教團改革的雙翼，清澤在改革運動中原本致力於前者，卻開始逐漸強調後者（繁田真爾，二〇〇八）。《教界時言》第八號（一九〇〇年六月二十九日）刊載的〈革新の前途〉一文中，清澤針對地位崇高者（宗政家）進行的「改良制度機構」，評價為「從破壞時期進展至構成時期」、「從形式修正轉變為精神修正」。此外，在〈真宗大學新築の位置に就きて〉（《教界時言》第九號，同年七月二十九日）之中，斷然提出「精神革新即是革新目的」。此後，清澤在前述的東京浩浩洞培育真宗青年僧侶，或在真宗大學投入學生教育（一九〇一年十月，自京都遷至巢鴨創校）。至明治三十六年（一九〇三）六月辭世為止，清澤滿之透過在《精神界》撰稿或舉行講義、演講活動來推行精神主義的主張。清澤示寂後，其影響力則是透過門下傳承至今（水島見一，二〇一〇）。

以上內容，是針對新佛教運動與精神主義的思想及活動來進行探討。這些運動皆發生在明治二十五年（一八九三）之後的佛教改革運動之中，是由（包括清澤在內）佛教系統的青年知識分子為主導者，重視藉由「信仰」這種近代宗教印象所刻印的「佛教」概念，以及在東京這個都市空間舉行的雜誌及講演會（講義會）的語言實踐，來成為其活動基礎（至於新佛教運動的情況，則是加上積極參與社會實踐），並藉此成為顯著的共同點。此外，清澤滿之雖維持對於知識分子及學生的影響力，但對於教團核心或地區檀徒的影響力（除白川黨之外）卻十分微弱，此點亦是兩者的共同點。這種傾向成為代表新佛教運動與精神主義的「狹義近代佛教」之特徵，與後續團體具有基本的共同性。換言之，新佛教運動與精神主義是成為「狹義近代佛教」的原型。

第四節　大正時代的近代佛教發展

一、從明治時代至大正時代

如前所述，中日甲午、日俄戰爭期間是形成「狹義近代佛教」的分水嶺，確立個人內在信仰與公共空間的社會活動發展，則成為佛教近代化的指標。那麼，「狹義近代佛教」在日俄戰爭之後的社會狀況中，又是如何展開？在此首先從「修養主義」與「社會主義」的關係來進行考察。

筒井清忠針對明治時代後期的社會狀況，有如下說明。日本透過中日甲午、日俄戰爭，在某種程度上達成自明治維新以來的「富國強兵」這項國家目標。此後，自明治時代後期開始出現失範（anomie，喪失社會規範）的狀態，青年階層擺脫對天下社稷問題的關心，轉為關注個人問題（筒井清忠，一九九五）。為求突破這種失範狀態的新思想、宗教、社會運動之例，則有清澤滿之所撰的《精神界》、綱島梁川的「見神實驗（編案：感應神示現的實際體驗）」（一九〇四）、西田天香的一燈園（一九〇五）、蓮沼門三的修養團（一九〇六）、田澤義鋪的青年團運動（一九一〇）、野間清治設立講談社（一九一一〇）。在因應失範方面，筒井指出在當時出現了揭示「修養」的思想及運動。

修養主義與個人內在信仰，是呈現一種和睦狀態。前文記述的新思想、新宗教所提示的活動清單中，亦可加入近角常觀（一八七〇—一九四一）、伊藤證信（一八七六—一九六三）的宗教活動，在此筆者想關注近角常觀的活動型態。

近角常觀與清澤滿之、浩浩洞成員交情甚篤，是身處同一時代的真宗大谷派僧侶。明治三十五年（一九〇二），在東京本鄉的浩浩洞所在地開設求道會館、求道學舍（原為法主贈予近角的土地，浩浩洞則遷至附近）做為據點。近角是給予大正、昭和時代初期的知識青年莫大影響的佛教人士（岩田文昭，二〇〇九）。近角在歷經二十餘歲時的煩悶及心靈轉換之後，從此獲得個人信仰，對其而言，所謂的宗教是「實驗（實際體驗）」，亦即應自行體驗之事。這是「以釋尊為首的各宗祖師們藉由自身內心經驗來證得人生意義，亦即針對一日生活所證得之真味，盡可能述說及教導其實際體驗」（近角常觀，一九〇五）。

碧海壽廣指出「實驗」一詞，是在明治三〇年代出現的關鍵詞，其涵義是在具有先進思想的真宗僧侶之間，由他們自行述說理念式的宗教觀，並探論是由近角常觀引導近代真宗將思想「從哲學轉換為體驗」。據碧海所述，最初投入哲學研究的近角自二十餘歲起，透過自身體驗來重視個人的「實驗（體驗）」。此外，並闡明近角在教化信徒的方法上，是尊重信徒自身信仰的體驗談（碧海壽廣，二〇一〇）。近角更闡述信念修養是藉由實際問題的體驗來進展，在此則必須探問其信仰程度為何（近角常觀，一九〇〇），由此可知修養主義與個人內在信仰，是以「實驗」做為媒介來予以維繫。

如前所述，從近角常觀全力投入研究，在以明治時代後期的失範狀況為背景下，應可理解個人內在信仰與修養主義結合之下愈漸深化的情況。

另一方面，在日俄戰爭之後的社會狀況中，試圖擔任公共空間的社會活動發展卻遭受挫折者，就是受到大逆事件牽連的僧侶們（一九一〇年至翌年，共有二十六名社會主義者、無政府主義者，以圖謀暗殺明治天皇之嫌疑而遭到檢舉，甚至被處以死刑或無期徒刑的事件，這些被捕者幾乎皆是冤罪）。至於中日甲午、日俄戰爭期間，亦是日本社會主義發展的搖籃期。

在此略為探討近代佛教與社會主義之間的連結關係。

已如前述，新佛教徒同志會成員曾與堺利彥、幸德秋水等社會主義者有所交流。堺與幸德於明治三十六年（一九〇三）十一月創刊會誌《平民新聞》，並創建平民社。平民社的活動成為日本社會主義運動的正式起點，亦是「日本最初的正式反戰運動」（原田敬一，二〇〇七）。堺利彥與杉村楚人冠、高嶋米峰等人進行交流（黑岩比佐子，二〇一〇），亦投稿於《新佛教》。此外，幸德秋水因大逆事件而遭處決，其遺著《基督抹殺論》是由高嶋經營的丙午出版社於明治四十四年（一九一一）出版。然而，（除毛利柴庵之外）新佛教徒同志會成員皆與社會主義保持距離。在當時的佛教人士中，明確揭示社會主義或無政府主義的人物，即是遭受大逆事件所牽連的內山愚童（一八七四—一九一一）、高木顯明（一八六四—一九一四）。

內山愚童為曹洞宗僧侶，曾祕密出版批判天皇、政府、資產階級、地主的手冊《入獄紀念 無政府共產》來揭示無政府主義（柏木隆法，一九七九；森長英三郎，一九八四）。此外，身為真宗大谷派僧侶的高木顯明則宣言「余非開戰論者」，是在日俄戰爭期間主張非戰論的罕見佛教人士（玉光順正、辻內義浩、訓霸浩編，二〇〇〇）。高木顯明出身於愛知縣，明治三十年（一八九七）入淨泉寺，該寺是屬於和歌山縣新宮町的真宗大谷派。淨泉寺門徒中有許多是遭到歧視待遇的部落民（編案：近世以賤民階級而遭到歧視的民眾），高木面對歧視及貧困，在投入歧視問題及廢娼運動之際，亦與身為基督教徒的沖野岩三郎、醫師大石誠之助、臨濟僧峰尾節堂等社會主義人士有所交流，並採取社會主義立場。高木自日俄戰爭開戰的兩個月後的明治三十七年（一九〇四）四月，撰寫以「余為社會主義」為題的短論。其中不僅宣示「余非開戰論者」，亦記述「余以為社會主義較之於政治，與宗教關係更深，社會改良應以心靈上之進展為先」，強調藉由阿彌陀佛的他力信仰為基礎來實踐社會主義（同前）。

然而，高木顯明因與幸德秋水等人交流，於明治四十三年（一九一〇）六月遭逮捕，翌年一月被宣判死刑，雖受特赦成為無期徒刑，卻於秋田刑務所監禁中的大正三年（一九一四）六月自盡。高木所顯示的佛教社會主義立場，此後歷經時代變遷，在進入昭和時代之後，由妹尾義郎（一八八九—一九六一）率領的新興佛教青年同盟所繼承。

二、田中智學的日蓮主義

國柱會（當時為立正安國會）是以田中智學（一八六一—一九三九）為創始者的在家信徒佛教教團，在佛教人士遭受大逆事件牽連而備感衝擊之下，開始進行擁護國體的宣傳活動。智學等人從事的活動，是所謂並非從社會主義取向來推動公共空間內的社會活動，而是改從佛教民族主義的取向來發展其動向。

田中智學創建及倡導的日蓮主義，在明治三〇年代與精神主義並駕齊驅，並成為影響當時知識分子或青年的民族主義式的近代佛教思想（大谷榮一，二〇〇一）。田中智學於十歲剃度出家，修學於日蓮宗的教育機構（飯高檀林、日蓮宗大教院），因對當時宗門學風感到質疑，決心「還歸祖師」、「必還於純正之正古」。智學於十九歲還俗後，自明治十三年（一八八〇）在橫濱組成蓮華會之後（一八八四年始創立正安國會，一九一四年改稱國柱會），一貫從在家信徒的立場，投入日蓮宗的改革運動。但以日俄戰爭為契機，智

十九世紀浮世繪師歌川國芳繪製的「和尚日蓮平定驚濤駭浪」版畫。日蓮推崇《法華經》教義，唱念「南無妙法蓮華經」的修行，影響後世甚鉅。（出處：大都會藝術博物館 The Metropolitan Museum of Art 網站）

學提倡的日蓮主義逐漸轉變為民族主義式的思想。在基於「法華經」與日本國體一致的思想基礎下，田中智學的演講輯錄《世界統一の天業》，是探論根植於日蓮佛教中，由日本基於道義來統一世界，以及日蓮主義所具備的指導功能，而該書曾有數千冊致贈於日俄戰爭的出征士兵。

在日俄戰爭後，田中智學等人自覺到在日蓮主義賦予意義下的國體（「法華開顯之日本國體」），並將之訴諸於國民。智學認為藉由「對於國體觀念之自覺」，可使民族意識（國民整體性）獲得強化，在此同時，國民受到（與國體不可分的）日蓮佛教信仰所引導，將能實踐佛教式的政教一致（法國冥和）。至於在欠缺「對於國體觀念之自覺」的國民之間所發生的大事件，就是大逆事件。智學在事件明朗化之後，以「大逆事件に於ける國民的反省」為題，將其論述發表於會誌《日蓮主義》第二十三號（一九一一年三月一日刊行）。進而將此論述成書，致贈全國各地人士，推廣訴求「以嚴峻態度大為反省」的擁護國體宣傳活動。智學與教團幹部於同年六、七月在全國巡迴演講，結果促使在各地總共動員三萬名聽眾。

此後，田中智學於大正三年（一九一四）將教團名稱從立正安國會更名為國柱會，並將地方支部予以一元化，試圖促進教團組織趨於中央集權化。此外，智學獨自倡說的「日本國體學」，是將「法華經」與日本國體之間的關係予以體系化，並以《日本國體の研究》（一九二二）的著作形式出版。自大正至昭和時代的國柱會是以佛教國體論為基礎，逐漸實施以普及國體觀念為目的之教化運動。在發生第一次世界大戰及俄國革命，導致社會主義與民主主義風靡一世的情況下，日蓮主義成為大正時代的流行思想，擄獲眾多青年之心。陸軍軍官石原莞爾、文學家宮澤賢治皆曾訪求加入國柱會，並成為充滿熱忱從事活動的信行員（會員）。

三、佛教社會事業的發展——淨土宗社會派的活動

吉田久一指出「大正時代是從慈善、救濟事業之中面臨蛻變，是社會事業的成立

期」，擔任此一要角的則是佛教，尤其是淨土宗（吉田久一，一九九八）。其中，又以渡邊海旭（一八七二—一九三三）、矢吹慶輝（一八七九—一九三九）、長谷川良信（一八九〇—一九六六）為核心人物。自明治至大正時代，公共空間推行的社會活動，逐漸成為佛教社會事業（現今佛教社會福利事業）並予以制度化。

原本近代日本的佛教人士所組成的社會福利事業，是從明治維新時期發展的濟貧活動、災害救助、兒童保護、醫療保護、監獄教誨、社會教化為開端（吉田久一，一九六四）。歷經中日甲午、日俄戰爭之後，明治四十一年（一九〇八）則以日本政府主辦的感化救濟事業講習會為契機，組成佛教感化救濟事業。這些活動是以傳統教團為中心，例如淨土宗慈善會（一九〇〇）、淨土真宗本願寺派的大日本佛教慈善會財團（一九〇一）、天台宗（一九〇八）、曹洞宗（一九一〇）、真宗大谷派的大谷派慈善協會（一九一一）、同年的日蓮宗（一九一一）、真言宗豐山派（一九一二）等，各宗紛紛發起成立感化救濟事業團體。此外，在佛教全體組織方面，更分別由明治三十三年（一九〇〇）組成的日本大菩提會、佛教徒同盟會、佛教慈善財團，明治四十一年（一九〇八）組成中央慈善協會、翌年組成佛教徒同志會。

佛教社會福利事業如此透過佛教界全體來共襄盛舉，自明治時代末期之後，則由（前述的）渡邊海旭、矢吹慶輝、長谷川良信等人所組成的「淨土宗社會派」人士（藤吉慈海，一九七九）擔任核心角色。在此筆者想關注渡邊海旭所從事的活動。

渡邊海旭於明治五年（一八七二）生於東京淺草，十三歲時於淨土宗剃度出家，二十三歲畢業於淨土宗教學本校全科。在擔任淨土宗第一教校教師之際，亦參與新佛教運動。此外，海旭曾擔任《淨土教報》主筆，青壯時期就已成為教團核心人物。明治三十三年（一九〇〇），曾以淨土宗第一期海外留學生的身分遠渡德國，在史特拉斯堡大學從事佛教研究。在歷經十年留學生活之後，返國擔任宗教大學（今大正大學）、東洋大學的教授。海旭在留學時見聞的歐洲社會運動及對於社會事業的經驗，成為其推展佛教社會事業的根柢。

原本最初使用「佛教社會事業」一詞的人物，就是渡邊海旭，該詞彙用於大正十二年（一九二三）六月二十二日刊行的《淨土教報》第一五四四號（芹川博通，一九七八）。據芹川所述，海旭的「佛教社會事業思想之特色，是由近代歐洲的社會思想、社會事業思想，以及其所述說的大乘佛教思想、大乘佛教精神所成立」（同前）。例如，「從現代的慈善精神中，吾等可發現大乘佛教思想已宏偉復甦」（〈現代感化救濟事業の五大方針〉，一九一六）（壺月全集刊行會編，一九三一）。如其文中所言，「大乘佛教亦有勞動問題、社會問題，救世利人者皆為佛教。即使在鐵鎚聲、鐵鏟聲、穿著沾滿油汙工作服的工作過程中，亦有大乘佛教存在」（〈大乘佛教の精神〉，一九二一）（同前），是以實踐根植於大乘佛教思想為根本的佛教社會事業。

渡邊海旭的活動不僅是筆耕方面，更試圖積極參與現實生活，率先引領發展佛教社會事業。明治四十四年（一九一一）三月，海旭於東京設立淨土宗勞動共濟會，翌年與居於東京、在推動佛教社會事業上獲得成功的志同道合者組成佛教徒社會事業研究會，著手進行社會事業研究及調查。更於大正三年（一九一四）六月十三至十五日，在東京的丸之內保險協會會館召開首屆全國佛教徒社會事業大會。同月十三日召集三百餘名參加者，引介大隈重信內務大臣、久保田政周東京府知事致辭，並由大內青巒、村上專精、本多日生舉行演講。

此外，佛教徒社會事業研究會於大正九年（一九二〇）出版《佛教徒社會事業大觀》，內容為彙整當時的佛教徒社會事業概要。在此介紹的活動為：1. 統一援助研究事業、2. 貧民救助事業、3. 養老救助事業、4. 救療事業、5. 育兒事業、6. 感化教育事業、7. 盲啞教育事業、8. 貧童教育事業、9. 輔導因照顧幼兒失學的育童事業、10. 幼保事業、11. 身心障礙者職業介紹及住宿保護事業、12. 更生保護事業，總計三百八十七項事業，以及由各傳統教團、各宗合作機構、在佛教全體內的各團體所進行的活動。佛教社會事業（不僅止於「狹義近代佛教」）在公共空間之中，被組織為佛教教團的社會活動，並成為現今的佛教社會福利事業來延續傳承（長谷川匡俊編，二〇〇七）。

四、廣岡智教的黑衣同盟

首屆全國佛教徒社會事業大會在第一次世界大戰即將爆發之前召開，但在歷經大戰之後，在日本資本主義發展下，逐漸改變日本社會的產業構造。造成第二、第三產業發展，都市人口集中、勞動人口漸增。都市出現身處於惡劣勞動條件之下的中、小型工廠勞動者，或都市的無產階級大眾所引發的勞動爭議，在一九二〇年代急遽增加。另一方面，農村因大戰造成景氣低迷所產生的米價、肥料價格高漲，以致於發展出寄生地主制（編案：由地主將農地租借於佃農，使其耕作並徵收農作物的制度）、佃農貧困化、勞動力流入都市的情況逐漸造成問題，屢次產生租佃爭議。

勞動爭議或租佃爭議的產生導致社會秩序動搖，尤其是大正七年（一九一八）發生搶米暴動之後，以普選運動或社會主義運動為開端，包括勞動運動、農民運動、部落解放運動、婦女解放運動、學生運動、市民運動、民族獨立運動等，各種社會運動逐漸推展。如同雜誌《改造》或《解放》創刊（一九一九）所象徵般，「改造」成為當時的流行語。

在此時代狀況下，是由廣岡智教（一八八八—一九四九）所組成的黑衣同盟，從佛教人士的立場來投入與部落解放運動（水平運動）相互響應的活動。渡邊海旭的情況是投入社會事業，但在參與社會運動的實例方面，則有黑衣同盟所從事的活動。

廣岡智教的活動是以水平社的部落解放運動為前提。水平社創立於大正十一年（一九二二）三月三日，地點為京都的岡崎公會堂，在創立當時，除了制定「綱領」來強調盼能將遭到歧視的部落民及其個人行動予以「絕對解放」，或訴求「給予人世熱忱／給予人間光明」的「宣言」之外，更決議聆聽東、西本願寺針對水平運動的意見。在其背景因素中，存在著東、西本願寺與被歧視部落之間的關係，而其門徒中約有八成是被歧視的部落民（柏原祐泉，一九九一；藤野豐，一九八九）。此外，例如水平社的宣言起草人西光萬吉（淨土真宗本願寺派的西光寺出身）、和歌山的栗須七郎等人，在這些水平社的指導者之中出現親鸞的信仰者，形成（他宗所未見的）真宗與水平運動之間的強烈繫絆（雀部倉平，一九七二；藤野，同前；赤松徹真，一九九二）。

水平社舉行創立大會後的翌日，南梅吉中央執行委員長、阪本清一郎、西光萬吉、駒井喜作等人造訪東、西本願寺並提出決議，雖出現贊否兩方追究水平社的創立意義，最終會議卻在沒有交集的情況下告終。水平社為此於四月十四日告知東、西本願寺，發起拒絕募款活動。在此時期，真宗藉由翌年即將立教開宗七百年，另行要求有別於一般募款的紀念募款，此舉造成被歧視部落門徒的重大負擔。此後，全國水平社在召開全國大會之際，不斷針對東、西本願寺進行決議及議案提議，並揭示針對兩本願寺的批判及要求。

為了響應水平社拒絕募款活動，在該社創立約七個月後的大正十一年（一九二二）十月十九日，奈良的本願寺派寺院明西寺的廣岡智教宣言將設立黑衣同盟（雀部倉平，一九七二；林久良，一九七七；廣岡祐涉，二〇〇七）。廣岡在組成黑衣同盟之前，曾組織以兒童為對象的少年教會，以及以一般門徒或信徒為中心的獲信會、已未婦人會、明西寺愛聖處女會等，並以明西寺為基礎來進行活絡的地區活動（廣岡祐涉，同前），由此可知原本就已實踐在地區穩定發展社會活動。

黑衣同盟的創立宣言之中，有內容如下：

> 捨色衣（編案：墨染之外的各色僧服）而改著黑衣（編案：經由墨染的僧服）之時已來，吾等歸信親鸞之時已來。吾等同族拒絕募款，此為解放之最初。吾等捨棄金襴袈裟或堂班階級，成為非僧之愚禿親鸞（《大阪時事新報》一九二二年十一月二十三日）。
> （淨土真宗本願寺派同朋運動變遷史編纂委員會編，一九八三）

拒絕募款、廢除東、西本願寺的堂班（教團內的身分制度）、強調將做為堂班象徵的色衣予以黑衣化。尤其值得關注的是，穿著黑衣被詮釋為歸信親鸞。有關此點，在廣岡遺留的手稿中記載「黑衣同盟是還歸聖親鸞精神之象徵，最終前進至俗衣同盟之道程」（廣岡祐涉，同前），由此闡明是以教團內連續運作不止、包含俗人在內的活動為目標。

西本願寺阿彌陀堂（出處：Shutterstock／達志影像）

黑衣同盟的存在，在一般報紙或宗教報紙《中外日報》等刊物中予以介紹，導致教團內、外形成餘波蕩漾。自翌年大正十二年（一九二三）四月十五日起的七日間，在西本願寺舉行立教開宗七百年的紀念法會，正值法會舉行期間的同月十七日，黑衣同盟成員聚集在日蓮宗寺院的本圀寺，決議針對本願寺當局提出批判。進而在五月一日，甚至組成本派本願寺有志革新團。其綱領明確記載了試圖透過本願寺教團的徹底革新，樹立「近代的合理教團」，在樹立僧俗不二的教團過程中，期待完成黑衣同盟並體現其精神、打破過去寺檀關係的因習並確立「合理的寺檀制度」，隨著水平運動逐漸發展來促進各寺院的自我覺醒及準備面對社會狀況。這項革新運動擴展至兵庫、岡山、和歌山，大約聚集一百座寺院的住持來共襄盛舉，顯示出在某種程度上的廣布成效。

透過響應水平運動所推動的黑衣同盟，就此發展為本派本願寺有志革新團，不僅拒絕募款，甚至發展成教團改革運動。廣岡智教的宗教活動，可視為具有自覺意識判斷的社會實踐慣習所形成的「狹義近代佛教」社會活動。

五、重新審視的近代佛教研究

以上是針對目前「近代佛教」研究的問題點來進行探討，並在提示日本佛教的類型之餘，考察自明治時代中期至大正時代的「近代佛教」（筆者所謂的「狹義近代佛教」）形成及發展過程。由其結果可知「近代佛教」的成立（佛教近代化）指標——是如同吉田久一指示般，顯然是確立個人的內在信仰與公共空間的社會活動發展。此外，也可知「近代佛教」是重視一種信念，亦即根植於受到西洋新教影響之下所形成的「宗教」概念，以及伴隨著自明治維新以來的佛教發展樣貌逐漸明確化，而其樣貌則是教理、實踐、組織合理化的傾向十分顯著。若關注近代佛教的推動者，則是以佛教系知識分子（尤其是在帝國大學、或宗門系統的大學接受高等教育的佛教系青年知識分了）的在家信徒（或屬於革新派的出家人或還俗者）為中心，透過針對傳統佛教的改革運動，並藉由建構集體意識型態的集團來負責此項任務。就此意味來說，是屬於傳統教團之外的運動，或既非教團之內或核心部分，而是屬於周圍動向，此點亦成為其特徵（但亦有如同在亞洲太平洋戰爭之後，由真宗大谷派推動的同朋會運動一般，對教團整體造成影響）。

此外，「近代佛教」重視信念的傾向，與佛教近代化的兩項指標又有何關聯？重視信念是與個人內在信仰成為一體兩面，基於與信念相隨的信仰為基礎，在公共空間發展社會活動。此外，強調信念雖會批判包括儀禮等在內的非語言習慣行為所形成的慣習，但透過本章亦闡明「近代佛教」具有獨特的慣習。這是從參與社會事業或社會運動中所發現的、猶如社會活動般具有自覺性判斷的社會實踐之慣習。這種慣習當然是以信念為基礎，在經由正當化的過程之後得以實踐。

然而，從構造方面來掌握整體的日本近代佛教（筆者所謂的「廣義近代佛教」）之際，最重要的莫過於對「狹義近代佛教」、傳統教團、佛教系新宗教、民俗佛教共同並存而有所認知，不應以享有特權般的立場來評價「狹義近代佛教」。擔任推動「狹義近代佛教」的當事者，以及進行研究的研究者逐漸注重的「佛教」概念，是以近代「宗教」概念為基準的信念重視。然而，在我們生存的現今時代，則是將之視為對象，重新探問其制約為何。此外，藉由佛教近代化的兩項指標，在評價「廣義近代佛教」的近代性，並認為理當如此之際，更應謹慎給予評價才是。

換言之，在近代佛教研究方面，除了認知必須重新審查「佛教」概念與「近代化」概念之外，難道不該實際進行今後的近代佛教研究？筆者認為近代佛教研究的可能性仍有開拓之餘地。

專欄二

日本的護法尊者（達摩波羅）

佐藤哲朗（宗教法人日本上座部佛教協會事務局長）

阿那伽里迦・達摩波羅（Anagārika Dhammapāla，一八六四—一九三三）是生於斯里蘭卡（曾為英屬錫蘭）的佛教徒。阿那伽里迦原本是指「出家者」之意，但他未曾受過正式的剃度儀式，而是以蓄髮之姿穿著黃色袈裟，遵守禁欲清淨之行，從事弘通佛法及社會實踐。斯里蘭卡是恪守比丘戒傳統的上座部佛教（他鞞羅部佛教）之國，達摩波羅至晚年為止，是以非僧非俗的「破格佛教者」身分而東西奔逐，不斷鼓舞遭受西歐列強統治，以及在近代化的扭曲世界中喪失自信的海內、外佛教徒。

達摩波羅揭示的標語是「佛教世界聯合會（United Buddhist World）」，他畢生對於日本超越其他佛教國家且率先達成近代化的過程懷著強烈期許。達摩波羅四度訪日，與平井金三、高楠順次郎、釋雲照、釋宗演、鈴木大拙、田中智學等多位日本佛教人士進行交流。此外，亦曾出現與日本佛教人士共同奮鬥的時期，就是向印度教徒要求返還被其管理的釋尊成道之聖地菩提伽耶。

明治二十二年（一八八九）二月，達摩波羅跟隨神智學協會會長亨利・斯太爾・奧爾科特（Henry Steel Olcott）上校，在野口復堂（善四郎）陪同之下初次訪日。神智學協會支持復興遭受基督教壓迫的斯里蘭卡佛教，並獲得卓越成效。奧爾科特的名聲遠颺東瀛，是由包括平井金三等人在內的佛教徒所組成的團體招聘其訪日，他們同樣對基督教徒的傳教攻勢感到危機重重。在京都的知恩院，奧爾科特面對座無虛席的觀眾，以巴利語朗聲倡說三皈依與五戒，眾人對這位白色人種的佛教徒感到震驚莫名。奧爾科特在全國三十三座都市之中，舉行多達七十六次的公開演講會，總計動員將近二十萬人。奧爾科特攜帶斯曼伽羅（Sumaṅgala）大長老的親筆書信，其身分為斯里蘭卡佛教的官方使節團員，此次訪日之行促使南、北佛教展開正式交流。另一方面，達摩波羅因受風寒而罹患神經痛，導致長期臥病在床。其中有一名青年佛教徒高楠順次郎（當時的澤井洵）熱心為其看護，兩人成為畢生的莫逆之交。達摩波羅體況恢復穩定之後，數次出席演講會，訴說佛教徒在殖民統治下的生活窘況，復興佛教將可恢復僧伽羅民族的尊嚴，並宣言應實踐從英國統治之下獲得解放，博得滿場聽眾的同情及喝采。

第二次訪日是明治二十六年（一八九三）十月，是在達摩波羅參與美國芝加哥召開的萬國宗教會議（同年九月）之後的歸途中。達摩波羅與釋宗演、土宜法龍、野口復堂等日本代表團相偕同行，藉由在美國「初轉法輪」成功之餘勢，訴求協助奪回與「摩訶菩提會（Maha Bodhi Society）」相關的菩提伽耶聖地。達摩波羅所攜帶的菩提伽耶石佛，在位於東京芝的天德寺公開接受參拜，聚集許多參詣者蜂擁而至。此外為了促使彼此理解南、北佛教，而與村上專精、織田得能等人舉行討論會。達摩波羅在訪日之際，由天德寺住持致贈的阿彌陀如來坐像，則成為要求返還菩提伽耶運動之象徵。他將「日本佛像」安奉在菩提伽耶之際，遭到印度教徒們的妨害，這項消息導致日本佛教徒群情激憤，亦成為外交問題。

明治三十五年（一九〇二）四月，第三度訪日的達摩波羅提倡「活動佛教」，批判因以出家人為主體而導致佛教發展停滯，並敦促在家信徒或青年佛教徒奮發圖強。因以達摩波羅訪日為契機，於同年五月在東京的高輪佛教大學創立「萬國佛教青年聯合會」。更致力於與平井金三、櫻井義肇等人共同設立「日印協會」，扮演民間外交使節的角色，試圖促進日本與印度文化圈的關係。達摩波羅於同年二月提及日、英兩國締結同盟一事，並表述盼能「以此事件為契機，去除歐美人士之間依舊固存的種族嫌忌之念。另一方面，從如此不幸之中拯救亞洲同胞，這豈非稱霸太平洋的日出帝國之任務？」（《中央公論》明治三十五年六月號）。達摩波羅進而與國柱會的創立者田中智學長時會晤，彼此從正面角度率直表達個人的佛教觀，互相述說應如何透過佛法興隆來達成解放印度及世界統一的目標。達摩波羅為了追求從英國統治中邁向自立，促使宗教運動不斷激進化，故而強調斯里蘭卡的多數派僧伽羅族所具有的意識型態與佛教互不可分，此後更將此意識型態稱為「僧伽羅佛教的民族主義」。

達摩波羅於大正二年（一九一三）四月最終訪日，卻遭到日本佛教界的冷漠對應。明治時代後期的佛教革新運動在進入大正時代為止之前，幾乎悉數已遭廢除，他在日本佛教界已無容身之地。當時的佛教報界蓄意描寫有關復興菩提伽耶的募款醜聞，攻擊達摩波羅為「世界詐欺師、佛教破壞者」（《中外日報》五月九日號）。達摩波羅與其說是以佛教徒身分，毋寧說是以訴求解放亞洲的「印度志士」而受到接待。他在各地演講，激烈批判歐美的排日風潮或黃禍論横行，亦前往日本統治下的朝鮮及滿州進行視察，稱揚其發展狀況。達摩波羅基於「泛雅利安主義」的文明觀立場，甚至表示「日本之所以能引導亞洲人種的命運，正因其處於優勢地位，故而被完全正當化」（*Maha Bodhi Journal*, 1913. 9, Vol.21 No.9）。

兩年後，達摩波羅以煽動斯里蘭卡暴動事件（錫蘭暴動）之嫌疑，被軟禁於當地長達五年，其胞弟死於獄中。他在晚年與病苦纏鬥的情況則更為加劇。

昭和六年（一九三一）十一月，達摩波羅於釋尊初轉法輪之地鹿野苑建造根本香室精舍，將摩訶菩提會的佛傳壁畫交由日本畫家繪作。昭和七年（一九三二）十一月，當赴印度的野生司香雪在終於繪成〈降魔成道圖〉之際，據傳達摩波羅曾表示「啊——，就此宿願已了」。昭和八年（一九三三）四月二十九日，達摩波羅在祈念來世亦為佛教而生之中，客逝於印度。

文獻介紹

金漢益（原著、翻譯），《キリスト教か仏教か　歴史の証言》，山喜房佛書林，一九九五年。

リチャード・F・ゴンブリッチ，《インド・スリランカ上座仏教史——テーラワーダの社会》，春秋社，二〇〇五年。

佐藤哲朗，《大アジア思想活劇　仏教が結んだもうひとつの近代史》，サンガ，二〇〇八年。

藤吉慈海，《インド・タイの仏教》，大東出版，一九九一年（收錄サンガラクシタ〈ダルマパーラの生涯〉）。

ヘレナ・P・ブラヴァツキー，《インド幻想紀行　ヒンドスタンの石窟とジャングルから》上、下冊，ちくま学芸文庫，二〇〇三年。

第三章

佛教人士前往海外

藤井健志

東京學藝大學教授

第一節　前往海外的動機與佛教觀

一、戰前前往海外諸況

自明治時代之後，許多日本的佛教人士前往海外，在各處遺留大量的活動痕跡。例如日本人認為理當如此的，就是禪是以日語「Zen」的發音普及世間，這正是由於日本人在戰前就已前往海外發展所造成。禪的近代中文發音是「Chan」，故以此發音在世界中普及，並不足以為奇。如後文所述般，禪的英語發音並非「Chan」，而是以「Zen」的方式成為英語，其背景因素正是基於日本佛教人士推行活動所致。

此外，在臺北市內有一座稱為臺北天后宮的民間信仰廟宇，供奉起源於中國華南地區的女神媽祖。在幾乎沒有日本人知曉的媽祖廟內，亦供奉真言宗的開祖空海像。許多信奉媽祖的臺灣信眾對空海像虔誠捻香祈福，這與日本佛教在戰前滲透臺灣的因素有關（藤井健志，二〇〇八）。

此外，令人感到意外的是乳酸菌飲料可爾必思（Calpis），與佛教人士前往海外發展有關。創始者三島海雲（一八七八—一九七四）出身於淨土真宗本願寺派（以下略稱為本願寺派）的寺院，他透過與該派所設學校相關的人際網絡，於明治三十五年（一九〇二）渡華。此後在前往內蒙古之際，接觸到傳統的乳酸飲料，海雲以此為創意發想，重新自製新乳酸飲料，並以可爾必思做為飲料名稱販售。可爾必思之名，則是取自鈣質（calcium）與梵文的熟酥（salpis，梵文的五味之一）（塩瀨隆之、高山秀嗣，二〇一〇）。

縱使從前述的僅少例子中，亦可窺知戰前有許多日本佛教人士前往海外。本章將針對戰前的佛教人士前往海外發展的情況做一概觀，除了探討其動機及成果之外，更以闡明做為其基礎的佛教觀為目的。思考這項課題的意義，就在於

臺北天后宮（鄧博仁攝）

近代以來的日本佛教發展樣貌，與日本佛教人士前往海外有密切關聯。日本佛教人士遠赴亞洲或歐美地區，邂逅了與個人佛教觀不同的各種佛教發展型態及印象，在彼此對峙之下，吸收並促使日本佛教產生變化。在成立近代日本佛教的背景中，蘊涵各種政治及社會要素，而日本佛教人士前往海外亦是重要因素。如同理查．亞菲（Richard. M. Jaffee）所指出，透過與亞洲其他國家的佛教或與歐美佛教研究者的接觸，「促使日本佛教人士在泛亞洲的佛教普及化之中，重新思惟自國佛教的獨特性」（Jaffee. R，二〇〇二）。筆者認為在思考日本佛教人士前往海外發展之際，其重要性就在於此點。

二、前往海外的諸相

成為本章探討對象的佛教人士，主要是傳統佛教教團及其僧侶或信徒。原本針對佛教人士一詞有更廣義的詮釋，應涵括佛教系新宗教或與佛教有關的在家信徒來進行考察，但礙於篇幅有限，不得不限定其內容。然而，佛教研究者則認為在探論日本佛教徒赴海外發展之際，身為在家信徒這項課題亦顯得十分重要，故而筆者會有所述及。此外，如同本門佛立宗般的佛教系新宗教，或包括藤井日達等與傳統教團具有不同背景的人士，將在筆者認為有必要探討的部分略做說明。

在結束近世的鎖國體制、進入明治時代之後，佛教人士獲得各種前往海外的機會。他們前往的目的地主要分為兩類，其中之一是日本周圍的東亞地區，包括臺灣、朝鮮半島等殖民地在內的地區，從明治時代初年至亞洲太平洋戰爭末期之間，逐漸被編入日本的軍政勢力範圍。日本佛教進入這些地區發展，有時亦稱為「殖民地布教」（菱木政晴，一九九三），與日本的軍、政統治關係十分密切。

日本佛教人士前往的另一區域，則是歐美地區。但若從佛教人士前往海外的視角來看，歐美地區具有兩種意涵：其一是做為近代產業、技術、文化及佛教研究發展之先進地區的歐美（以西歐為主），另一則是以日本移民居住的美利堅合眾國（以下簡稱美國）為中心的移民區北美（包括夏威夷）與南美地區。

本章是針對日本佛教人士前往這兩個地區的發展做一說明。這兩個地區在歷史、社會、文化方面具有截然不同的背景，日本政府所採取的方針亦有顯著差異。但若從佛教人士前往海外發展的觀點來看，佛教徒前往兩地區的發展彼此密切關聯，佛教人士在分別前往兩地區的動機方面則未必有所不同。筆者甚至認為無論是前往其中哪一方的佛教人士，皆共同擁有當時日本佛教的獨特佛教觀。筆者想藉由同時處理兩個地區，來探討他們所共有的觀點。至於探討對象的時間點是自明治初年，至日本在亞洲太平洋戰爭之中面臨敗戰的昭和二十年（一九四五）為止。日本佛教人士因受戰敗影響，其周遭環境產生重大變化，在此僅針對戰前來做探論。

即使限定於戰前，仍有各種佛教人士因各種動機或原由而遠赴海外。其動機可大致分為三類型，第一類型是以攝取西歐的近代文化為目標而前往海外。乍看之下，這項動機被認為是會促使所有的佛教人士前往西歐，但其實亦有為了攝取西歐近代文化的情況，而促使佛教人士前來亞洲。

第二類型是基於佛教信仰而前往海外。基於信仰因素而遠赴海外，這不僅是為了強化信仰而遠赴佛教故地印度或鄰國的佛教圈，另一方面則是為了以信仰為基礎的弘教，促使他們前往亞洲或歐美。必須留意的是，在佛教圈或基督教圈皆有進行弘教活動。

第三類型是與國家合作，為了保護日本人免受基督教所感化，並試圖保護日本國內免受基督教國家的侵略而前往海外。身為佛教徒的共同點，就在於對基督教抱持懷疑及抗衡意識。原本是以起源於幕末、維新時期的對外意識而形成的抗衡意識，易與民族主義形成連結，有時引發佛教徒參與協助發動戰爭。然而，不應全由此觀點來掌握佛教人士前往海外，尤其是前往東亞發展的情況，如此並非妥當。

這三項動機，可從大方向來彙整為「近代志向」、「信仰志向」、「國家志向」。這些志向是以極為複雜的方式複合而成，促使各類佛教人士前往海外。筆者認為這三項動機可透過其複合方式而形成各種變化。

以上動機雖有各種變化，但對於當時前往海外發展的佛教人士而言，筆者認為應是共同擁有日本佛教的獨特佛教觀。其中之一是日本佛教才是最正統的觀念。換言之，這種觀念就是在與「小乘佛教」（今日應稱為上座部佛教，戰前一般是採用「小乘佛教」）相較之下，大乘佛教顯得更為優秀，其中又以日本佛教最為優秀。日本佛教是最正統佛教的佛教觀，這種觀念在明治初年的階段尚未明確化，但隨著佛教圈內其他國家佛教發展情況逐漸明朗化，以及同時摸索該如何與基督教對抗的過程中逐漸形成。

此外，筆者認為佛教人士所共有的佛教觀中，亦出現有別於前述觀念的情況，亦即認為佛教是與社會或國家密切結合之存在。佛教方面為了抵抗自近世後期愈漸強化的排佛論，故而形成佛教具有社會功能的主張，這種主張在某一方面是促使佛教參與社會，對日本佛教的近代化發揮了重要作用。但在另一方面，佛教內部深植了應成為對國家有所貢獻的宗教，如此觀念產生的結果，導致佛教與民族主義形成連結。

筆者認為日本佛教人士是基於以上動機與佛教觀而前往海外發展。以下則是將這些人士的動機予以分類並做一概觀，來針對前述的課題進行探討。

第二節 以攝取西歐近代文化為目標

一、明治初年遠渡西歐的情況

明治五年（一八七二），真宗的東、西本願寺同時派遣數名僧侶前往西歐從事西洋文化研究，並視察當地的宗教發展狀況。其背景因素所具有的涵義，就在於針對明治初年發生的廢佛毀釋等佛教界的危機，來摸索如何解決之道。其中最著名的人物，分別是本願寺派的島地默雷、赤松連城等人。尤其是島地默雷（一八三八—一九一一）曾在西歐學習基督教的發展情況及其宗教，並以此為基礎，在返國後以主張政教分離與信教自由而為人所知。真宗大谷派（以下略稱大谷派）亦有其法嗣大谷光瑩、石川舜台、松本白華等人走訪歐美。在明治時代前期是由佛教人士積極介紹西歐思想及文化，並從事各種啟蒙活動，遠渡海外的僧侶則成為推動這些活動的有力人士（柏原祐泉，一九九〇）。當時的佛教人士渴求攝取西洋文化，以及積極因應日本近代化，首先是基於如同前述般的期盼，在居於危機意識的情況下推動教團近代化，其次是根據對基督教懷有抗衡意識或該如何排除該教的意識所形成。尤其是後者的意識與近代民族主義關係密切，在日本開國這種轉變成新時代的時代背景下，從佛教人士中亦產生這種意識。

大谷派於明治八年（一八七五）設立育英教校，本願寺派則於明治十八年（一八八五）在設立的普通教校之內教授英語等科目，由此可知佛教教團試圖積極推動攝取西歐近代文化。這些舉動當然不僅限於佛教教團，毋寧說是當時的一般風潮，在此風潮之中衍生出赴海外發展的佛教人士。高楠順次郎是正值普通教校創校之際入學，今村惠猛亦是普通教校出身。前文述及的三島海雲是文學寮（前身為普通教校）出身。至於釋宗演，亦非出身於佛教系統的學校，而是就讀慶應義塾，並在校內閱讀英文書籍，試圖為佛教增添足以抗衡西洋哲學或基督教的力量。釋宗演身為純粹的臨濟僧，其對於基督教的關心，則成為重要課題（井上禪定，二〇〇〇）。此外，曹洞宗的忽滑谷快天和今村惠猛亦是慶應義塾出身。在當時的優秀佛教徒之中，開始出現敏感察覺到時代背景變化而步入新歷程的人士。

島地默雷等人於明治初年遠渡西歐，除了進行啟蒙活動之外，亦為前往海外的佛教人士開拓幾種發展之道。島地於明治六年（一八七三）從西歐返國途中，順道造訪印度的佛教遺蹟。此事與當時前往西歐的航路是取道於印度或錫蘭（今斯里蘭卡）有所關聯，這種西歐體驗自動促成他前往亞洲其他國家的體驗（山口輝臣，二〇一〇）。雖從前近代就已得知印度佛教早已廢絕，但從島地默雷的行動來看，可知其自明治初年就已對佛教遺蹟抱持關心。島地在返國後，強調自身目睹的佛教遺蹟是「古今無比之偉業」（小山聰子，二〇一〇）。巡禮佛蹟約從此時開始具有重大價值。身為佛教徒而關心佛教遺蹟乃是理所當然之事，但在前近代的日本佛教，對於釋尊的畢生事蹟並不太關心。在島地遠赴印度的十年後，本願寺派的北畠道龍（一八二〇—一九〇七）自西歐返國途中，造訪印度的菩提伽耶，並將該地遺蹟誤認為是釋尊之墓而感動莫名，故而建立石碑。此事顯示道龍誤解釋尊寂滅之地，藉此可知其並未詳細了解釋尊的畢生事蹟（Jaffee. R，前揭論文）。但在此同時，這項例子顯示出日本人開始強烈意識到釋尊在佛教史上的重要性，或印度此地的重要性。藉由這些造訪印度的佛教人士，促使過去以漢譯佛典為基礎的日本人所抱持的佛教觀開始產生變化。

這項趨勢連帶影響到創立「印度佛蹟興復會」，該會是以復興菩提伽耶為目標，並於明治二十四年（一八九一）在日本設立。其活動雖與英國殖民當局的政策相抵觸而觸礁（佐藤哲朗，二〇〇八），卻顯示日本人對釋尊的行跡開始表以關心。此外，所謂的大谷探險隊亦尋訪佛教史上的遺蹟，試圖收集相關資料。本願寺派的大谷光瑞（一八七六—一九四八，一九〇三—一四為西本願寺門主），於明治三十二年（一八九九）巡禮印度佛蹟之際，在此後遠赴歐洲的歸途中，試圖探尋佛教傳播的軌跡。其探險是自明治三十五年（一九〇二）至大正三年（一九一四）為止，為期三次進行（柴田幹夫編，二〇一〇）。

此外，由此可知巡禮佛蹟與遠渡西洋堪稱是所謂的組合行程。

日本人對佛教的關心，是隨著佛教人士前往海外發展而逐漸超越宗派藩籬，遍及自印度至日本的佛教整體流脈。將這種佛教觀的變化以其他形式來促進的，就是將在次小節說明的與西歐佛教學之間的邂逅過程。

二、與西歐佛教學的接觸及其影響

前文述及的大谷光瑩（大谷派）於明治五、六年遠赴西歐時，據傳曾在法國圖書館目睹梵文經書，故命令隨行的石川舜台研究梵文（南條文雄，一九七九）。明治初年的佛教人士前往海外，就是藉此形式拓展其道，將日本佛教徒與在西歐逐漸盛行的近代佛教研究予以連結。

西歐的佛教研究自十九世紀後大幅發展，基本上是做為古印度文化研究之一環來進行。故以梵文或巴利文研究為基礎，除佛教之外，亦將神話或吠陀文學、《羅摩衍那》等敘事詩做為研究對象。十九世紀後期的佛教、梵文研究之泰斗馬克斯・繆勒（Friedrich Max Müller，當時任職於牛津大學），亦是比較語言學、比較神話學、比較宗教學之權威，絕佳提示了當時在西歐進行佛教研究的型態。馬克斯・繆勒的研究被廣泛定位在印度學或比較文化學之中（前嶋信次，一九八五）。

在此同時，中國與日本的傳統佛教研究在當時甚少被納入西歐研究者的視野中。但在所謂的岩倉使節團造訪英國之際，曾致贈漢譯《黃檗版一切經》，並收藏於倫敦的印度總督府圖書館。其他亦有旅居日本的英國牧師所提供的報告等資料，至十九世紀後期，漸可明確得知極東地區擁有過去在西歐未知的佛典。在此情況下，若有具備漢譯佛典的相關知識，又能通曉英語的年輕研究者從日本前往西歐，則可說是理所當然備受歡迎（前嶋，前揭書）。

大谷派基於前述情況，為求研究梵文佛典而於明治九年（一八七六）派遣南條文雄、笠原研壽遠赴英國，兩者皆是大谷派寺院出身的僧侶。此外，日本仍處於研究尚未成熟的時期，僧侶成為佛教研究的主要擔任者。其中，南條文雄（一八四九—一九二七）在英國學習英語，明治十二年（一八七九）在遇見馬克斯．繆勒後，隨其學習梵文等領域，吸取西歐的近代佛教研究。四年後，他將前文所述的漢譯一切經英文目錄（日語名稱為《大明三藏聖教目錄》，通稱「南條目錄」）在英國出版。該英文目錄在印度文化史、思想史方面發揮了為佛教定位的功能，日後成為西歐從事印度研究不可或缺的文獻（前嶋，前揭書）。在此時期前往西歐留學並從事佛教研究的日本僧侶，尚有藤枝澤通、藤島了穩、菅了法等人（柏原，前揭書），南條的研究成果則是出類拔萃。過去參與歐美佛教研究界的日本佛教人士之中，最先留下重要功績的正是南條文雄。

高楠順次郎（一八六六—一九四五）則是比南條文雄略晚師事馬克斯．繆勒，他並非僧侶身分，卻是出生於廣島縣本願寺派的虔誠信徒家庭之內，隨著本願寺派開創普通教校之際而入學就讀（明治十八年）。明治二十三年（一八九〇）留學英國，不僅向馬克斯・繆勒學習，亦與在當時身為西歐佛教研究之翹楚的西爾萬・萊維（Sylvain Lévi）有所交流。若從參與西歐佛教學的觀點來看，高楠順次郎是與南條文雄並駕齊驅的重要佛教人士。此後，高楠與西爾萬・萊維共同編纂法譯佛教辭典《法寶義林》（昭和四至六年），並將過去在歐美學界以巴利文或漢文表現的佛教術語改為日語發音。有關於此，高楠順次郎表示「我是既以大乘佛教為學問，亦以其為信仰而生，主張若不將佛教術語還原成佛教研究之中最完整的日語表現，則無法製作真正的佛教辭典」（鷹谷俊之，一九五七）。有關於此，是與本章開頭所述的日語發音在世界普及化的情況亦有關聯，筆者認為十分重要。乍見之下雖是細微之事，卻顯示當時的日本佛教研究者的想法，他們認為日本佛教比其他佛教圈內的佛教勢力更能與西洋對峙，這堪稱是蘊涵日本佛教為正統佛教的主張。

前述的南條文雄自返國後，在當時的東京帝國大學講授梵文課程（明治十八至二十四年），這是日本最初以學術領域來正式進行的梵文授課。高楠順次郎於明治三十年（一八九七）自歐洲返國後，亦在該校教授梵文及巴利文，更於四年後設置梵文學講座，高楠則成為首位主講教授。兩者堪稱是在日本學術領域中，確立將佛教研究視為印度學研究的領域之一。

日本佛教人士前往西歐發展，不僅在西歐佛教研究上留下重大功績，另一方面則將成果一併帶回日本，促使國內佛教研究大幅進展。將近代佛教研究導入日本，在隨著學術領域並行發展趨於成熟的同時，亦促使在日本逐漸成立了與宗派或僧侶互為切割的新佛教研究。若從形式來看，是從信仰內分歧而出的研究，但光就此點來說，被稱為近代學問乃是實至名歸。此後為了學習西歐佛教研究而留學當地的日本人，變成主要是出自學術領域，而負責新佛教研究的人士則逐漸登場。

若從內容來看，做為宗教的佛教是在印度產生、在亞洲傳揚，若基於此觀點開始發展研究，則是以過去的漢譯佛典為基礎的佛教研究來轉變佛教觀。此後的學術性佛教研究則需學習梵文和巴利文，並發展成為印度學領域之一。這種佛教建立的形象，不僅止於學術領域而已。例如，高楠順次郎亦熱衷於教育，曾創設數間學校（高山秀嗣，二〇〇九b），新佛教觀在透過這些教育之下，在日本社會中傳揚流布並逐漸穩定發展。

新佛教的形象，即使透過視覺上的寺院建築亦能傳揚流布。在時代略晚的昭和九年（一九三四）竣工的本願寺派築地別院，予人一種印度式形象的佛教建築物，與傳統寺院型態大異其趣。設計築地別院的伊東忠太（一八六七—一九五四），另有建造稱為「犍陀羅式」的佛教建築物，是藉由近似佛教根源的印度式樣來嘗試建造佛教建築。伊東忠太亦曾受到大谷光瑞所影響，嘗試反映出曾受日本佛教人士攝取西歐近代文化的結果所引起的

本願寺派築地別院（出處：Shutterstock／達志影像）

各種反應表現（Jaffee. R，二〇〇八）。

佛教人士前往西歐的結果，是以攝取近代文化、近代學問為基礎，亦將新佛教觀導入日本。然而「做為亞洲宗教的佛教」，如此形象必須值得留意。如同在探討高楠順次郎該部分所見般，其中蘊涵某種意識，亦即「做為亞洲宗教的佛教」最具有正統性的擔當者，正是日本佛教，伊東忠太似乎見解一致（Jaffee. R，前揭論文）。最近則有研究指出南條文雄、高楠順次郎當是近代學術的推動者，亦是日本佛教的弘傳者（小川原正道編，二〇一〇）。在接納西洋近代文化的過程中，其實具有與日本民族主義密切關聯的部分。

第三節　追求佛教的原相

一、前往亞洲

佛教人士前往海外發展的目的地不僅是西歐而已，亦有日本佛教徒前往同樣是佛教圈的中國、東南亞、南亞。某些佛教人士已接觸到巡禮佛蹟，其中多是在遠赴西洋的途中順便造訪。至於其他情況，則是許多佛教人士為了前往中國、印度、錫蘭、西藏而遠赴海外，也有極多佛教人士是隨著日本政軍勢力擴大的步調而前往亞洲。然而，亦有不少僧侶是為了志求研究佛教或探求佛典而渡往亞洲。與其說這些僧侶中少有在返國後活躍於學術領域之例，毋寧說是以佛教徒身分從事宗教活動的情況較多。這並非意指他們的研究水準較低，而是其行動與佛教信仰十分密切所致。自古日本僧侶為了求法而遠赴中土，所謂的求法是信仰與研究尚未分化並呈現一體化的狀況，他們追求的是如何深化及發展信仰。如同隨後提到般，無法將這些佛教人士遠渡海外的事蹟與傳統式的求法視為同樣。但如今佛教成為他們的信仰，或前往佛教以各種遺跡形式留存的佛教圈，這堪稱是與在將佛教和信仰予以分化的西歐，試圖進行純粹研究的意願是有所相異的。本節針對此課題，筆者想以

「為了追求佛教原貌而前往海外發展」的方式來予以表現。

雖說如此，這種動向與前述的佛教觀變化具有密切關係。傳統的佛教學主要在宗派領域內，以漢譯佛典為基礎，若沒有透過佛教徒前往西方發展，並在某種程度上顯示兩者彼此形成對比的情況下，則姑且不論中國，甚至連更遙遠的印度等地，皆難有人士願意前往。就此意味來說，這些佛教人士與傳統式的求法截然不同。此外，以跨國佛教徒之間的合作為目標，受到以來自海外各種訊息為基礎的新佛教學所影響，關於此點，筆者則必須表示這些動向無疑就是一種近代化的表現。

身為大谷派僧侶的小栗栖香頂（一八三一——一九〇五）於明治六年（一八七三）渡華（時為清代），成為近代以來最早從事日、中兩國佛教交流的人物。此外，小栗栖的訪華之行，是參考自歐洲返國的石川舜台所提出的構想（辻村志のぶ，二〇〇七）。在此趟渡華行程中，亦受到明治初年的佛教人士遠渡西歐所影響。有關小栗栖香頂的事蹟，陳繼東曾從事詳細研究（陳繼東，二〇〇三），小栗栖所追求之目的，與其說是中國佛教研究，毋寧說是為了與基督教相抗衡，而以締結日、中、印三國的佛教同盟為目標。況且小栗栖在中國留滯一年期間，判斷中國佛教漸趨式微，反而企圖在中國傳揚日本佛教（其弘揚的教派是淨土真宗）。小栗栖對中國的佛教觀，是能相當正確地掌握當時中國佛教的一般狀況，亦即在清朝壓抑佛教的體制下，高僧既少，佛學亦衰。在此同時，透過小栗栖將此現象的消息傳回日本，造成此後日本佛教人士對中國佛教產生鄙視之端倪。有關小栗栖香頂的事蹟，若從文後內容述及其所從事的弘教觀點來看，則顯得十分妥切。

另外，前述的南條文雄與楊文會私交甚篤，楊在當時致力於復興在清末中國聲勢漸衰的佛教，南條則從日本寄贈在中國早已失傳的佛書（反之楊文會曾回贈在日本未見收藏的佛教著作）。南條文雄舉出清末佛教的優、缺點，但在基本上仍為佛教的衰敗情況感嘆不已（陳，前揭書）。不僅是佛教的慘況，當時中國亦遭到歐美列強（後為日本）所侵略，對日本佛教人士而言，中國並非可前往習佛之地。故自近代之後，日本佛教人士入華的動機，逐漸成為是以布教或政治因素為主。

二、錫蘭與西藏

相對於此，對當時的佛教人士而言，錫蘭與西藏是修習佛教或尋求佛典之地。錫蘭（尤其是可倫坡）是位於前往西歐的航路途中，對當時的日本人而言，令人感到意外的是十分容易前往的地點。在日本，錫蘭被認為是「小乘佛教」的核心地，故而並未受到注重大乘佛教價值的佛教徒所重視。然而如前文略述，赤松連城在赴歐之際取道於錫蘭，並與當地僧侶會面，或是笠原研壽在返國之時順道前往錫蘭，並以在歐洲學習的知識為基礎，盼求錫蘭僧侶能為日本僧侶教授上座部佛教或巴利文（佐藤，前揭書）。此點反映出日本佛教人士與西洋邂逅的情況，並以此為契機，錫蘭與印度不久即成為日本佛教人士在學習上座部佛教及巴利文的場域。

釋興然（一八四九—一九二四）是遠渡錫蘭最重要的佛教人士。興然本為真言宗僧，因接受同為真言宗僧的釋雲照（興然為雲照之甥）所託而前往錫蘭，而雲照則是聽從赤松連城之言而遠赴該地。此外，他在前往錫蘭之前，曾向南條文雄學習梵文。就某種意味而言，興然前往錫蘭，堪稱是日本佛教與西歐邂逅的準備階段。但在前往錫蘭後，釋興然與其說是純粹投入佛教學術研究，毋寧說是逐漸成為錫蘭的上座部僧侶。他於明治十九至二十六年（一八八六—九三）為止滯留錫蘭，並繼續學習佛教研究及巴利文。明治二十三年（一八九〇），興然以上座部佛教僧侶的身分受戒，同時亦參與菩提伽耶復興運動。進而在返國後設立釋尊正風會，欲在日本宣揚上座部佛教（佐藤，前揭書；Jaffee. R，二〇〇二）。釋興然具有優秀的巴利文能力，河口慧海（一八六六—一九四五）曾向其學習該語，卻因逼迫原本信奉大乘佛教的河口改信上座部佛教，導致河口逃之夭夭。據說當時興然曾試圖向河口曉諭上座部佛教才是「純粹佛教」（河口慧海，一九七八）。這段軼事充分顯示了釋興然與其說是研究者，更可說是信仰者，由此可知興然是試圖鑽研原始佛教的上座部佛教。實際上在佛教誕生之地，針對當地佛教徒來從事佛教研究的日本佛教人士，曾受到如此的信仰層面所影響。

但在另一方面，曾赴錫蘭的釋宗演（一八五九—一九一九）是臨濟宗僧，自明治二十年（一八八七）起，以為期兩年的時間在錫蘭修習上座部佛教及巴利文，卻不曾改變大乘佛教信仰（井上禪定，前揭書；山口輝臣，前揭論文）。然而，宗演與錫蘭的關係略顯混沌未明。如同山口輝臣所指出般，宗演在事前並未有準備周到之跡象，自返國後亦不太述及錫蘭之事。原本釋宗演曾於慶應義塾閱讀英文版的西洋哲學著作，其決定前往錫蘭的具體原委雖未必明確，但至少抱存著試圖遏止日本佛教因面臨近代化或基督教入侵而導致衰退的想法，此為毋庸置疑之事。就此點來看，釋宗演亦是信仰者，但不同於釋興然，他是在思考上座部佛教與大乘佛教所構成的佛教整體形象。宗演進而思考禪的意義，此為上座部佛教所欠缺的觀念（山口，前揭論文），此點反映出後述的釋宗演與美國之間的關係。

此外，在探討日本佛教人士與錫蘭的關係之際，就不能忽視神智學協會之存在。西元一八七五年，海倫娜．布拉瓦茨基（Helena Petrovna Blavatsky）、亨利．斯太爾．奧爾科特（Henry Steel Olcott）於紐約成立的神智學協會，原本是心靈研究團體，卻對印度教及佛教表以關注。該協會於明治十三年（一八八〇）遷至錫蘭做為根據地，漸與佛教增強連結。翌年，奧爾科特出版英文版的 *Buddhist Catechism*（日譯書名《佛教問答》），在日、美兩國皆獲好評（佐藤，前揭書；エック、D．L．，二〇〇五）。日本人之所以關注奧爾科特，其背景因素就是理解到他身為白種人佛教徒，並對基督教懷有抗衡意識所致。當時前往錫蘭的日本佛教人士幾乎皆與奧爾科特會晤，至少曾前往神智學協會，在在說明奧爾科特的名聲如此遠播，釋宗演亦曾閱讀奧爾科特的英文版著作。

此外，奧爾科特與當時錫蘭的佛教改革派一同訴求全世界的佛教連結，明治二十二年（一八八九）赴日之際，他曾攜帶錫蘭僧人的信函，呼籲佛教徒彼此合作及前往錫蘭留學。許多日本僧侶受此影響，被派遣至錫蘭（石井公成，二〇〇八）。值得關注的是日本佛教人士前往錫蘭發展，其背景因素是對基督教懷有抗衡意識，或是基於佛教國家之間的合作關係。若與前往西歐的佛教人士相較之下，其態度是以更強烈的佛教價值觀做為前提。

有關西藏佛教方面，小栗栖香頂基於在中國研究所獲得的成果，於明治十年（一八七七）撰寫《喇嘛教沿革》。然而西藏有別於錫蘭，無論在地理或政治因素上皆是難以涉入的領域，故而日本佛教徒略晚進入西藏。明治三十年（一八九七）前後，河口慧海（黃檗宗）、寺本婉雅和能海寬（皆是大谷派）陸續為了入藏而啟程。河口慧海是最初得以進入西藏核心區的人物，並在明治三十四年（一九〇一）抵達拉薩。河口原為黃檗僧，此後再度還俗，是人生經歷略為複雜的人物。其遠赴西藏的動機是「欲向社會提供淺顯易懂的佛教經文」，並以此為目的蒐集佛典，雖說攜歸大量佛典，但與其說是進行研究，反倒是更關心弘傳佛法。這項行動，亦在河口返國之後熱心提倡在家佛教的行動之中顯現（河口慧海，前揭書）。

高木康子針對僧侶前往西藏之事，認為是與當時盛行「大乘佛教非佛說」之論大為盛行有關。據傳當時因受此論影響，導致大乘佛教的佛教正統性備受質疑，遠赴西藏的僧侶發現自印度直接傳入藏地的佛典，故而試圖證明大乘佛教之正統性（高木康子，二〇一〇）。河口慧海為求更接近原典的經文而前往西藏之事，亦與此事有關（河口，前揭書）。無論如何，日本的佛教人士前往西藏發展，應可認為是為求佛教原貌所採取的行動，這是基於佛教價值觀或大乘佛教的正統性思想為前提，方才遠赴當地發展。

如前所述，前往錫蘭或西藏的佛教人士是以佛教的宗教價值做為前提，但耐人尋味的是，有數名僧侶在返國後否定傳統的日本佛教，並提倡上座部佛教或在家佛教這種新佛教的型態，其中則懷有「追求佛教原貌」的動機，筆者認為如此亦能顯示是與信仰產生深厚連結。故而他們前往海外發展，終究是與在日本國內的布教有所牽繫。

第四節　以海外布教為目標

一、布教的構造

因前往海外發展而引導出在日本國內布教的例子，已如前文所述。相對於此，筆者其次想探討前往海外發展所衍生出在當地弘揚佛教之例。一般而言，所謂的布教應是針對自身宗教的普遍有效性所形成的信念（對任何人皆可達成救濟之信念）為基礎，在此稱之為普遍主義。當遇到其他宗教時，堪稱是懷著自身宗教不同於該宗教的差別意識，再加上基於自身宗教更優於對方宗教（或無宗教）的優越意識來開始弘布教法。誠然，實際上的布教是受到時代背景或社會狀況、教團內部各種事情等因素所影響，並歷經極為複雜的過程。但筆者認為在基本上可說是以普遍主義的信念，以及是以差異性、優越性的意識為基礎來弘教。這是筆者幾經思索所形成的布教構造。

這是想當然爾之事，布教就是基於如此信仰的行為。之所以刻意執著此項課題的原因，是由於在戰前的海外布教過程中，出現了未必是基於信仰的布教行為所致。

此外，亦有議論針對佛教人士在探討日本佛教的海外布教之際，偏好使用「開教」一詞，而此詞彙用法是否恰切的問題。至今佛教教團仍屢次使用「海外開教」一詞，一般所謂「海外開教」之中，有相當多的部分是以遷居海外的日本人為對象。戰前許多日本人移民東亞地區，以及夏威夷或南、北美洲，這兩大區域的社會、文化背景迥然相異，但有關佛教教團的「開教」行動，實際情況幾乎一致。雖說前往海外，卻已將與佛教有關的日本人視為對象來進行活動。研究者屢次指出，就此意味來說，這並非「開教」，而無非是在追逐日本人前往海外的「追教」（木場明志，一九九五）？即使多數例子是「追教」，但由此議論中，很難發現曾出現值得採用「開教」（「是指初次在宗教尚未普及的土地弘教之意」，中村元，一九七五）一詞的布教活動，故而筆者認為如此用法並不適切。

此外，筆者認為「追教」一詞，會導致對於日本佛教在海外發展的評價自然貶低的情況。至於針對日本佛教在做為特殊族群祈求場域所發揮的功能給予過小評價，此點亦非恰當。不僅是日本佛教，在隨同移民海外的國民共赴海外，並發揮重要功能的宗教實例，在基督教或伊斯蘭教方面皆非罕見。「開教」一詞是以基督教在全球傳教為模式而創造，至於對此提出批判的研究者亦同樣鄭重思考此事，促使宗教功能更為多元化（藤井健志，二〇〇一）。根據如此狀況下，本章在外交方面亦使用「布教權」等用詞，至於其他領域（例如新宗教研究）則使用「布教」一詞，並做為一般語彙使用（藤井健志，一九九九）。

二、向佛教圈布教

就此意味而言，近代的佛教海外布教又是如何進行？從日本的地理、歷史背景中，佛教首先是在東亞進行布教。所謂的對佛教圈弘布佛教這種說法十分奇特，但就各種意味來看，日本佛教甚至與中國佛教相異，若是意識到兩者的差異性，就有可能進行佛教布教。此外，過去的日本近代佛教史研究中，對於「向佛教圈布教」一事不甚關心。這是基於以東亞為中心的佛教圈，同時亦是戰前日本的政治、軍事勢力圈，與其說布教活動是「向佛教圈布教」，毋寧說是從「向勢力圈布教」的角度來予以掌握。但若從前述的角度來看，則需考量日本佛教對於佛教圈的布教。

就上述意味而言，這種布教方式已可見於小栗栖香頂的傳法活動中。以下是根據陳繼東的研究，略為詳細探討小栗栖向佛教圈的布教構造（陳，前揭書）。如前所述，小栗栖懷有某種想法，試圖透過與中國佛教合作來防範基督教入侵東亞。在此必須事先留意的是，小栗栖香頂起初並未如此強烈意識到兩國之間的差異，這是基於他認為兩者「同樣是佛教」的意識所致。但在與中國僧侶反覆討論的過程中，小栗栖察覺到中、日佛教無論是在教義或儀禮、組織層面上，皆出現各種差異，故而萌生兩者相異的意識。

此外，小栗栖香頂觀察中國佛教正步向衰退的過程，在此出現了認為日本佛教更優於中國佛教的優越意識，逐漸產生代表大乘佛教的就是日本佛教的意識。若基於當時日本僧侶所共有的思考方式，亦即大乘佛教優於「小乘佛教」的觀念，則日本佛教才是最正統的佛教。小栗栖未必如此明確主張，卻顯然將日本佛教、尤其是淨土真宗的教義視為正統佛教發展的結果。倘若如此，小栗栖的優越意識姑且是針對佛教圈內的其他佛教勢力，而未必是針對一切宗教。針對此點，必須對其所提出的普遍主義設定某種程度的限制才行。

進而必須留意的是，小栗栖香頂所具有的優越意識性格。這不僅是以佛教本體的比較為發端，更是源自於與國家「文明開化」的高低程度進行比較。小栗栖的構想認為歷經「文明開化」的日本，應協助發展遲緩的中國進行「開化」。今後亦將導入真宗對中國布教之必要性，但其中融混了日本佛教是否具有正統性的宗教問題，以及日本國本身的先進程度如何的世俗問題。這種發生混入世俗問題的原因，就在於小栗栖認為佛教與國家具有密切關係所致。

小栗栖香頂對於基督教所抱持的抗衡意識，原本就蘊涵政治意識，亦即藉由佛教做為手段，來阻止基督教與基督教國家的歐美諸國入侵日本。在其著作《真宗教旨》（明治九年）之中主張「忠孝報國」，這堪稱是以佛教應為國效力來做為前提。筆者認為應予以留意的是，這種思考方式可能造成輕易就與民族主義連結，並阻礙及妨害佛教發展的普遍性。

此外，也須留意小栗栖香頂所假設的布教對象。基本上他對於基督教懷有強烈的抗衡意識，從當初就已設想將與佛教界合作來防禦基督教，如此想法未曾改變。但因其對中國佛教感到失望，毋寧說是試圖在中國弘揚淨土真宗，並藉此達成最初目的。就此意味而言，小栗栖對於包括歐美西方在內的全世界，並未積極宣揚淨土真宗的普遍性。毋寧說是對於發展遲緩的其他國家佛教徒，試圖對其弘揚既先進又具有正統性的日本佛教。在此必須考量到小栗栖香頂的布教對象雖超越日本國內，但在基本上仍局限於亞洲。就此意味而言，小栗栖的普遍主義亦是有其限度。

小栗栖香頂接著撰寫《真宗教旨》來做為布教之用，此書是以漢文撰成，分贈給中國僧侶及一般民眾。對於將教義譯成當地語言，對身處近世的僧侶小栗栖來說，以漢文記述真宗教義應非難事。就此點來看，小栗栖的行動是以前近代的東亞文化圈所共有的知識為基礎，無法說是徹底進入異質文化圈來進行布教。

以上是筆者認為小栗栖香頂在布教上的特徵，此後日本佛教在亞洲傳布的過程中，或多或少是根據這項構造來推動。筆者認為小栗栖的情況是從布教過程中發現其基本型態，故而略為詳細針對他的意識構造來做說明。小栗栖香頂並非針對日本人，而是以中國人為對象，即使教義未能完整，仍以漢文書寫，並採用中文來弘揚日本佛教，此點堪稱是在從事海外布教。此外，小栗栖以真誠態度與中國人士（楊文會）進行佛教論爭（陳，前揭書），筆者認為應可從中發現小栗栖香頂呈現的弘教者姿態。

然而在此同時，仍不免從小栗栖香頂的普遍主義中發現之前所述的限度，不得不說佛教觀在與國家連結之下，最終奠定了佛教人士前往海外發展，是與日本民族主義互為連結的基礎。前往海外發展的佛教人士相信日本佛教所具有的正統性及優越性，只要對日本佛教與日本國家之間的連結未存懷疑，最終將會被逐漸捲入自身國家侵略亞洲的漩渦中，這堪稱是理所當然之事。實際上，自中日甲午、日俄戰爭之後，日本以國家立場涉入東亞政治或軍事的情況變本加厲，移民東亞地區的日本人急遽增加，佛教在海外變質成了替日本、日本人而布教。

就此意味來看，中日甲午戰爭（明治二十七年，一八九四）、日俄戰爭（明治三十七年，一九〇四）對於在佛教圈布教而言，成為具有重要的劃時代意義，以及顯示昔日向佛教圈的布教情況十分低調。小栗栖香頂與五名僧侶於明治九年（一八七六）在上海建立大谷派別院，開始對中國人士進行布教。在此亦針對日本僧侶進行中文訓練，並以此為基礎，試圖前往北京發展。然而，大谷派在中國的弘傳活動並未長久，明治十六年（一八八三）決定停止「支那布教」。這與教團內部的人際關係或財政問題有所關聯，當時日本政府並未積極支持大谷派亦成為重要因素（辻村，前揭論文；木場明志、桂華惇祥，一九八七）。筆者認為這種布教的脆弱情況，毋寧說是顯示佛教布教與國家之間出現顯著差異。

同樣的動向，亦可見於大谷派僧侶奧村圓心（一八四三—一九一三）於明治十年（一八七七）所建立的本願寺釜山別院。奧村將小栗栖香頂撰寫的《真宗教旨》做為向當地人士的傳法用書，亦讓日本僧侶學習朝鮮語。此外，日本在朝鮮半島尚未伸張政治或軍事勢力之前，奧村在某種程度上是受到歡迎。雖說如此，奧村圓心在日俄戰爭之前的布教活動並沒有顯著成果。此外，奧村曾於明治三十二年（一八九九）前往千島列島進行「開教」（川瀨貴也，二〇〇九）。

東亞在日俄戰爭發生之前最值得關注的布教活動，大概僅有前述的大谷派而已。日蓮宗僧侶於明治一〇年代在朝鮮進行活動（安中尚史，二〇〇〇），本願寺亦派遣僧侶前往俄羅斯領屬的海參崴（小島勝，二〇〇一），皆是以日本移民為傳法對象。遷居當地的日本人為數不多，無法進行大規模的布教活動。

歷經中日甲午、日俄戰爭之後，日本一旦在東亞確立勢力圈，布教情勢就此逐漸轉變。如同後述般以從軍布教為契機，在形式上許多宗派紛紛大量派遣僧侶，多數日本佛寺在當地推展建寺，但這些弘教活動多無法稱說是以信仰為基礎。已如前文所述般，這種變化是根據海外布教發生變質所造成。

但在此後，雖說日本佛教與民族主義形成複合型態，卻沒有斷絕布教的意圖。例如，本願寺派於明治二十八年（一八九五）設立清韓語學研究所，試圖培養具有語學能力的弘教人士（高山秀嗣，二〇〇九a）。這些嘗試受到海外布教發生困境所影響而一時受挫，此後大谷光瑞於明治四十五年（一九一二）開設清國語學研究所。大谷在成為本願寺門主之前，就已積極在海外弘教，據推測他應曾以基督教的傳教方式為模式來構思海外布教（柴田編，前揭書）。

時代略晚之後，日本山妙法寺的藤井日達（一八八五—一九八五）在中國各地建造日本山妙法寺，昭和五年（一九三〇）為求「西天開教」而行旅印度。藤井的開教是意識到「為了再次在印度弘通曾於當地創立及倡導、況且一時遭致滅絕的佛法」（藤井日達，一九九二）。必須說明的是，在這種意識根柢之下所抱持的想法，就是日本佛教才是在印度誕生的佛教正統子嗣。結果藤井在與各種軍人進行交流之下，其根本畢竟仍是一名布教者之姿。這些人士的動向雖助長民族主義推展，卻不該輕忽其重要性。

三、向基督教圈布教

如前所述，日本佛教人士在東亞佛教圈的布教是始於明治初年，相對之下，在歐美基督教圈的布教則是從略晚時期開始。有關本願寺派方面，在前述的普通教校內設置的反省會，則於明治二十一年（一八八八）設立海外宣教會，同時發行英文雜誌 *Bijou of Asia*（日文題名《亞細亞之寶珠》）與日文雜誌《海外佛教事情》（高山秀嗣，二〇〇九

a）。高楠順次郎在學生時期曾參與該雜誌的編撰工作（鷹谷，前揭書）。對於歐美弘教的意識，堪稱是在當時年輕佛教人士之間開始擴大。

最早實際推動布教的人士，應是平井金三（一八五九—一九一六）。至於姊崎正治曾教授英文，是以東京帝國大學宗教學講座的首任教授而為人所知，另一身分則是在臨濟宗妙心寺派出家及剃度的僧侶。姊崎正治於明治二十五年（一八九二）單身赴美，在美國及加拿大各地以英語進行以日本佛教為題材的演講活動（佐藤，前揭書）。

日本佛教人士在歐美正式布教的發展契機，是明治二十六年（一八九三）在美國芝加哥召開的萬國宗教大會。該大會是藉由附屬於同年、同地舉行的萬國博覽會的形式召開。在此除了平井金三、自錫蘭返國的釋宗演（臨濟宗）之外，尚有蘆津實全（天台宗）、土宜法龍（真言宗）、八淵蟠龍（本願寺派），以及擔任口譯的野口善四郎、野村洋三共同參與。大會為期十七日，各國及各宗代表共兩百數十名，聽眾則約有五千七、八百名（佐藤，前揭書；鈴木範久，一九七九）。在佛教人士方面，除日本之外，則有錫蘭及泰國的參與人士（Kenneth Tanaka，二〇一〇），其中來自錫蘭的佛教人士與釋宗演十分熟識。

釋宗演為了出席萬國宗教大會而籌措資金，在其撰寫的旨趣書中，包括佛教並非僅屬於日本、中國、印度，若能在萬國宗教大會弘傳大乘佛教的教旨，或許歐美人士能成為佛教徒等內容（鈴木範久，前揭書）。在此堪稱是具備了前述的布教基本要素。總而言之，釋宗演宣言將在基督教圈弘傳佛教，原本曾在慶應義塾修習英文，在錫蘭則閱讀奧爾科特的英文著作 *Buddhist Catechism*（《佛教問答》），認為他若向歐美人士宣說佛教，應該不會過於排斥。山口輝臣更進一步探討宗演在錫蘭與奧爾科特等人接觸的過程裡，從佛教是屬於東洋這種想法中獲得某種程度的解放（山口，前揭論文）。如此一來，前往亞洲反而促使宗演關注於歐美西方。總而言之，釋宗演成為所謂在基督教圈弘傳佛教的關鍵人物，並將在錫蘭所獲得重視禪意義的佛教傳揚於歐美地區。最重要的是為了讓佛教傳布於基督教圈，必須克服如同小栗栖香頂般只限定在亞洲弘傳佛教的視角，宗演成功超越了此項限制。

但同時應該思考的，是此後日本佛教人士由於與基督教對峙，不論其自身是否意識到此，都會將日本佛教視為即是佛教本體。在基督教與佛教的對比構造中，日本佛教人士若提到佛教，則自然會表現出自身信奉的精神支柱日本佛教才是正統佛教，其所具備的特性即是佛教本體的特性。但其形成背景則如前述般，從日本佛教是正統佛教的想法在各種層面逐漸擴大，在基督教圈布教的日本佛教人士應不會對日本佛教的正統性有所質疑。筆者想關注的課題是，出席萬國宗教大會的蘆津實全認為日本是世界佛教的中心（鈴木範久，前揭書），向基督教圈布教的動機正是基於此佛教觀而進行。

這種情況並非不妥，但應審慎考量此舉將會阻礙與其他佛教圈的佛教人士合作。佛教在基督教圈的布教，是幾乎與中國佛教人士毫無合作的情況下進行。

此外，在萬國宗教大會中，亦分贈《真宗大意略說》、《大乘佛教大意》、《天台宗大意》、《日蓮宗大意》等英文宣傳小冊。前述的清澤滿之（一八六三—一九〇三，當時為德永滿之）曾為大谷派育英教校出身，其著作《宗教哲學骸骨》亦有英譯本（鈴木範久，前揭書）。至於大會當然採取英文方式，釋宗演的原稿則是由鈴木大拙擔任英譯。以此次大會為契機，日本佛教透過英語管道而在歐美獲得傳介。

此外，釋宗演與參加此次大會的保羅．卡魯斯（Paul Carus）十分意氣投合，並接受招待而造訪其家。卡魯斯是出生於德國的美籍人士，以結合科學與宗教視為目標，並經營公開法庭（Open Court）出版社，發行宗教雜誌。此外，卡魯斯於西元一八九四年出版的 *Gospel of the Buddha*（日譯書名為《佛陀の福音》）至今仍有販售，據稱累積銷售量為三百萬冊。卡魯斯以佛教才是不會與科學產生矛盾的宗教，而成為佛教的支持者（Kenneth Tanaka，前揭書）。

前述的鈴木大拙（一八七〇—一九六六），是以將日本佛教介紹給歐美而盛名遠播的人物。大拙原本與寺院並無因緣，明治二十四年（一八九一）至鎌倉的圓覺寺參禪，以此為機緣結識釋宗演，並受宗演請託而英譯原稿（大拙本身並未參與大會）。鈴木大拙在召開萬國宗教大會的翌年（明治二十七年），日譯卡魯斯致贈的《佛陀の福音》，並於明治二十八年（一八九五）出版。在此補充說明，大拙約於此時與河口慧海向釋興然學習巴利文（井上禪定，前揭書）。此外，大拙之妻碧翠絲・萊恩（Beatrice Erskine Lane）曾身為神智學協會的會員（Frédéric Lenoir，二〇一〇）。這段軼事明確顯示了前往海外發展的佛教人士彼此交錯的人際關係，亦顯示這些信徒為數不多，對佛教抱持關心的白種人亦占少數。

自明治三十年（一八九七）至四十一年（一九〇八）為止，鈴木大拙渡美之後，在卡魯斯的出版社從事與佛教相關的英譯工作（鈴木大拙，一九六一）。大拙撰有英文著作多達二十冊以上，大正十年（一九二一）創刊英文佛教雜誌 *The Eastern Buddhist*，他正式以「Zen」來表現禪，並使其成為英語中的固定用法。據傳鈴木的著作 *Essays on Zen Buddhism*（一九三〇—三四）在西方銷售數十萬冊，法譯本則售出四萬冊。大拙的著作對馬丁・海德格（Martin Heidegger）亦產生影響（Lenoir，前揭書），他雖非僧侶身分，卻虔誠皈依佛教，堪稱是透過著作而將自身信奉的佛教傳揚於歐美。

此外，與鈴木大拙有關的曹洞宗忽滑谷快天（一八六七—一九三四，後為駒澤大學首任校長），亦翻譯卡魯斯的 *Buddhism and its Christian Critics*（日譯書名《基督教徒と佛教》）。忽滑谷出身於慶應義塾大學，成為釋宗演的學弟，因其善通英文，明治二十九年（一八九六）撰寫英文著作 *Principles of Practice and Enlightenment of the Soto Sect*。此外，自明治四十四年（一九一一）至大正三年（一九一四）滯居歐美，目睹當地宗教發展狀況，並於當時在英國出版 *The Religion of the Samurai*（山內舜雄，二〇〇九；多田稔，一九九〇）。不太為人所知的是，忽滑谷快天與鈴木大拙在海外同樣是以日本佛教（尤其是禪）而享有盛名的人物。

釋宗演於明治三十八年（一九〇五）再度赴美，接受昔日曾在日本參禪的美籍人士邀請，透過鈴木大拙口譯，與西奧多．羅斯福（Theodore Roosevelt）總統晤談（井上禪定，前揭書）。但對本文而言，最重要的是釋宗演在滯留美國之際，僧侶千崎如幻（一八七六—一九五八）曾來造訪。原本千崎是在曹洞宗寺院得度，後於圓覺寺參禪並與宗演相遇，因尊仰其為師而渡美。此後，千崎輾轉從事各職，在各處借用場所，以白種人為對象講述佛教故事及教導坐禪，並將這些地點取名為「浮遊禪堂」。又於昭和三年（一九二八）在舊金山的固定地點初設禪堂「東漸禪窟」，主要以白種人為傳法對象。就此點來看，美國亦有以日系民眾為對象，但與其他日本佛寺迥然不同的型態。就嚴格來說，千崎雖非宗演法嗣，卻終生奉其為師。反言之，釋宗演的弟子則是採取不同於鈴木大拙的形式而在美國弘揚禪法（產經新聞〈日本人の足跡〉採訪組，二〇〇二）。

其他在美國推廣禪法的人士，則有於明治三十九年（一九〇六）渡美，後於昭和六年（一九三一）在紐約開設第一禪堂的佐佐木指月，此人與釋宗演亦有關聯，此外也有出自指月法系的美籍修禪者。至於真宗方面，在本願寺派的僧侶指導下，於舊金山設立白種人佛教團體的三寶興隆會（明治三十三年），但該組織較早面臨解散（多田，前揭書）。所認知。

如前所述般，透過日本佛教人士前往海外發展，日本佛教方能一點一滴受到歐美人士所認知。原本這些布教活動至戰後方才盛大綻放，但姑且不論鈴木大拙等人的著述活動，實際上在歐美地區為非日系民眾傳布佛教的情況較少。此外，為數甚多的日本人或日僑在戰前移民美國，儘管以他們為對象設置許多如同異民族教會般的日本佛寺，但在以白種人為對象的布教活動之中，日本佛教寺院幾乎沒有積極參與其中。即使將英語視為母語的日系二代逐漸增加，如此傾向卻不曾改變。不得不說這是基於發揮異民族教會般的功能所以理當如此，並顯示了日本佛教的普遍主義畢竟仍顯薄弱的情況。

此外，美國自十九世紀之後出現許多中國移民設立的寺院（Kenneth Tanaka，前揭書；Diana L. Eck，前揭書），卻幾乎不曾出現交流之例。乍見之下是由前述的非日本人、非日僑所開創的布教行動，並非是以白種人為主流。若就當時的社會來做考量的話畢竟有其難度，結果導致在這些將佛教視為普遍宗教的同修中，並沒有創造出信仰共同體。有關於此，筆者試圖慎重地針對這項課題來繼續探討。

第五節　為國家、為日本人

一、移民跟風

乍見之下，近代的日本移民會被認為是屬於例外的遷移者，但必須留意到曾有為數極多的日本人移民海外。據岡部牧夫所述，在日本周圍的東亞地區，日本人於昭和九年（一九三四）在朝鮮半島約有五十六萬人，昭和十五年在臺灣約有三十四萬人，昭和十六年在樺太（庫頁島）約有四十萬人。進而在「滿州」有五十萬名以上的日本人，倘若加上中國本土或「南洋」等地的日本人，實際上在亞洲太平洋戰爭末期，其實有超過兩百萬名日本人分布在亞洲各地（岡部牧夫，二〇〇二）。同樣根據岡部所述，戰前約有二十三萬名日本人前往夏威夷，赴美者約有十萬名，前往巴西者則有近十九萬名（同書）。這是前往海外者而非移民者人數，縱使難以替移民下定義，但其數目絕對十分可觀。岡部牧夫以此為根據，述說了「若忽略移民或移民的活動，將無法說明近代日本」（同書）。

日本佛教人士之中，尤其是佛教教團的布教者，亦前往日本人、日僑在東亞或南、北美（包括夏威夷）各地集體居住的地區。至於在各地建寺方面，其數量則是隨著當地的日本居民人數增多而增加。如此顯示佛教人士主要是以日本移民為活動對象，這種布教者被稱為開教師（使）。無法斷然否定的是，某些批判認為他們的弘教活動並非開教，只是一股追隨日本人跨足海外的移民跟風而已。

二、前往殖民地

有許多實例是在東亞參與中日甲午、日俄戰爭的從軍布教，成為促使佛教教團進入當地發展的契機。所謂的從軍布教，是讓僧侶與軍隊同行並宣說教法，或為陣亡者舉行喪儀或法會，針對敵國國民從事宣導及安撫工作（菱木，前揭論文）。亦有許多例子是參與從軍布教的僧侶在戰後依舊定居當地，以日本人為對象從事傳法活動。日本佛教在亞洲進行發展，與日本對外戰爭有深切關聯，至於被責難他們協助戰爭的理由，亦是基於此點。

以下是針對較具代表性的殖民地，亦即日本佛教在朝鮮半島與臺灣的發展來簡單進行探討。如前所述般，明治二十七—八年（一八九四—九五）中日甲午戰爭之前的朝鮮半島，大致上僅是關注大谷派與日蓮宗的活動。但在中日甲午戰爭之後，本願寺派、淨土宗前往當地發展，並以明治三十七—八年（一九〇四—〇五）日俄戰爭為契機，曹洞宗、真言宗、臨濟宗等亦逐漸進入當地發展（江田俊雄，一九七七）。大谷派在中日甲午戰爭之際已在釜山開設別院，並以別院做為軍隊的事務所或救護所來協助戰爭。在此時期前往朝鮮半島並定居當地的日本人數激增，多數為從商者，在朝鮮半島各地組成居留地會或商業會議所，試圖擴張個人的利益（木村健二，二〇〇一）。在兩次戰爭結束後，許多日本佛教教團前往朝鮮半島發展，他們布教的對象就是從事經商的日本人士，主要的佛教活動則是舉行喪儀或法會。

然而，本願寺派在此後逐漸以朝鮮人為對象熱心從事活動。此外，傳統的朝鮮佛寺開始「自主」歸屬於日本佛教教團，但其中應包括日本方面的強制要求，以及朝鮮佛教方面的功利考量，無法堪稱是日本佛教信仰已滲透朝鮮人之中（《淨土真宗本願寺派アジア開教史》，二〇〇八）。此外，應可由此舉動中，發現日本佛教人士對朝鮮佛教所抱持的蔑視心態。此後各宗寺院不斷增加，若觀察昭和十三年（一九三八）各教團的寺院或布教所數目，則分別是本願寺派一百三十四座（間）、曹洞宗一百一十七座（間）、大谷派九十座（間）、淨土宗五十六座（間）、日蓮宗四十八座（間）（川瀨，前揭書）。尤其是如前所述，其中亦包含原委不明的歸屬問題，其數量不可就此視為日本佛教的布教成果。

大正八年（一九一九）發生三．一獨立運動，朝鮮的殖民地當局期待佛教界能培育親日派。此後則如前文所略述般，佛教教團對此要求並未立即答覆，至昭和一〇年代後，則在創氏改名（編案：將朝鮮式的姓強制改為日本式的氏，改名則可任意選擇是否更改）等政策上提供協助。在其他方面，本願寺派曾經營日語學校等機構（《淨土真宗本願寺派アジア開教史》，二〇〇八）。

臺灣亦有類似情況，至中日甲午戰爭後成為日本殖民地（明治二十八年）之前，日本佛教幾乎未曾在臺灣發展。根據松金公正的研究所述，以中日甲午戰爭為契機，本願寺派、大谷派、日蓮宗、淨土宗、曹洞宗、真言宗開始在臺灣發展，起初因日本人數甚少，故以當地臺灣人（被稱為「本島人」的中國系居民）為布教對象。當在臺居住的日本人數增加之後，同樣發生「日日緊鑼密鼓舉行佛事、法會，遂擱置為本島人布教」的情況。雖說如此，在統計上是以臨濟宗、曹洞宗、本願寺派在臺灣的信徒較多（松金公正，一九九八）。

日本將臺灣視為殖民地的五十年間（明治二十八年—昭和二十年），日本佛教總計有八宗十四派在臺灣從事活動，在昭和十七年（一九四二）當時，其數量為寺院六十五座，說教所有一百四十八間（同論文）。雖說如此，在臺灣亦出現寺院歸屬問題，因出現臺灣既有的傳統寺院編入日本宗派之例，無法就此單純接受統計數據。就整體而言，本願寺派、臨濟宗、曹洞宗是屬於十分活絡的宗派。換言之，本章開頭所提及的臺北天后宮，在戰前曾是日本真言宗的寺院。

此外，本願寺派在臺灣不僅經營日語學校，亦形成佛教青年會、婦人會，並設立日曜學校。日語學校是以臺灣人為對象，日曜學校則是以在臺日本居民為對象。其他亦經營數教史》，二〇〇八）。

所學校，至昭和一〇年代之後，則與皇民化教育有所關聯（《淨土真宗本願寺派アジア開

三、前往移民地

另一方面，在夏威夷、北美、南美方面，亦有日本移民隨著日本佛教前往當地發展。日本人於明治元年（一八六八）開始移民夏威夷，正式移民則是在明治十八年（一八八五）之後。後至明治四十一年（一九〇八）為止，移民持續前往當地定居，同年新移民因〈紳士協約〉而遭限制移民。明治三十九年（一九〇六）則是日本人前往夏威夷人數最多的時期。另一方面，美國於明治十五年（一八八二）制定〈美國排華法案〉，期待單純只為從事勞動而赴美的日本人可取代中國人。故自明治二〇年代起，從夏威夷移民美國西海岸，或從日本直接移民美國的日本人開始增加。然而，美國方面亦開始逐漸排日，大正十三年（一九二四）頒布所謂的〈美國一九二四年移民法案〉之後，日本人無法移民美國。日本移民最初前往巴西的時間是明治四十一年，比前往夏威夷或美國更晚。但因受到美國限制移民的關係，此後許多日本人遠渡巴西（岡部，前揭書）。

此外，日本政府對於東亞方面雖獎勵移民，但對夏威夷或南、北美方面，卻為了避免與維繫關係的國家產生摩擦，故而顯得格外敏感（木村，前揭論文），此與日本佛教在這

些地區的發展稍有關聯。

日本佛教人士最初前往夏威夷發展的時間是明治二十二年（一八八九），是出於本願寺派的僧侶曜日蒼龍（一八五五—一九一七）以個人身分前往。蒼龍懷有危機意識，認為若不在夏威夷布教，日本移民將被迫成為基督教徒，況且基督教會透過移民在日本發展。蒼龍與前述的海外宣教會有所關聯，卻因該會得知其宣說阿彌陀佛與基督教之神同樣而飽受批評，故而放棄在夏威夷的弘教工作（常光浩然，一九六八）。此後，本願寺派於明治三十年（一八九七）正式派遣僧侶，並開設出張所（編案：國家或地方公共團體在各地區分設的機構總稱）。淨土宗則於明治二十七年（一八九四）正式派遣僧侶，其情況同樣是擔憂夏威夷移民成為基督教徒。其他如日蓮宗、曹洞宗，亦於明治三〇年代派遣布教師前往該地。至於真言宗的情況，則是在正式布教之前，已流行在夏威夷舉行大師講（編案：真言宗於每月二十一日舉行講會，以報答弘法大師空海），亦有通靈者從事活動。駐夏威夷的日本領事憂心此事，請求高野山與醍醐寺派遣正式監督前往當地。這些日本佛教的布教者雖說是進行弘教，主要是以日本移民為對象而從事活動，並舉行葬儀或經營日本學校（井上順孝，一九八八）。此外，因前往夏威夷的移民多為廣島縣出身，故而清一色多是具有強烈地盤意識的本願寺派寺院，如此顯示出移民地區與日本之間的強烈繫絆。

此後在夏威夷的本願寺派，則有今村惠猛（一八六六—一九三二）自明治三十三年

（一九〇〇）至昭和七年（一九三二）辭世為止，以布教監督的身分從事活動，試圖促使日本佛教適應於美國的風土人情。今村與高楠順次郎是在同一時期就讀本願寺派的普通教校，並與海外宣教會有所關聯。此外，今村在畢業後就讀慶應義塾，同窗則是忽滑谷快天（守屋友江，二〇〇一）。有關今村惠猛的思想變遷，則待後文說明。

因受到美國比夏威夷更早發生排日運動所影響，日本佛教前往美國發展的時間略為延遲。雖說如此，其中僅有本願寺派於明治三十一年（一八九八）為了前往北美視察而派遣僧侶，並以此為契機在舊金山設立佛教青年會。明治三十八年（一九〇五）將發展至今的組織予以整合，成為桑港佛教會。大正二年（一九一三）開設日曜學校，兩年後設立佛教少年會、少女會。此後在各地創建佛教會，擁有佛教婦人會與佛教青年會、日語學校等組織，多屬於一併開設教授茶道或花道的日本文化教室（葛野洋明，一九九四）。

日蓮宗於大正三年（一九一四）在洛杉磯設立「北米羅府日蓮宗教會」，正式進行活動（安中尚史，二〇〇八）。曹洞宗於大正十一年（一九二二）在洛杉磯設立禪宗寺，昭和九年（一九三四）在舊金山設立桑港寺，並以日本人、日僑為對象而從事活動（淺井宣亮，一九九六）。在美國的其他宗派則有大谷派、臨濟宗、真言宗等從事活動。

在巴西方面，日本政府其實是擔憂與當地的天主教勢力造成衝突，要求佛教各宗派避免從事布教活動。故而傳統佛教教團在戰前並未在當地從事正式的布教活動，但由本願寺派的信徒以私人方式進行活動。此外，在佛教系新宗教的本門佛立宗方面，茨木日水（一八八六—一九七一）於明治四十一年（一九〇八）前往巴西，後於昭和四年（一九二九）正式展開布教活動，其對象卻是日本移民。至於茨木所期盼的，則是治病或祈雨等現世方面的利益。此外，在日本佛教並未前往發展的地區，若有移民去世，則由會讀經的信徒代替僧侶誦經。有關巴西方面，日本佛教在戰後終於能大量前往當地發展（中牧弘允，一九八九、一九九一）。

四、佛教人士發揮的功能

如前所述，許多日本佛教人士在海外興建數量極多的佛寺，從事活動。但多數場合，始終是以日本人、日僑為對象，亦即針對日籍人士進行弘教的宗教活動，故而招致以真正海外布教為目標的佛教人士所批判。前述的藤井日達批判在中國的日本佛寺只為日本人舉行喪儀（藤井日達，前揭書），千崎如幻則記載美國的日本佛寺活動不啻是延續日本的寺檀關係而已（多田，前揭書）。此外，在臺灣亦如前述般，日本佛教是以居住當地的日本人為對象，「日日緊鑼密鼓在做佛事、辦法會」。無論是亞洲或北美地區，日本佛教人士的活動似乎與在日本國內同樣，多以舉行喪儀或法會為主。

然而，批判日本佛教只在辦理喪事亦未必恰當。如同巴西所示般，移民迫切需要喪儀，但有更多前往海外的教團開設學校或經營佛教青年會，並以當地的日本人、日僑為中心的例子甚多。其功能與在亞洲和南、北美這兩個區域同樣重要。無論是否屬於自身勢力範圍，日本佛教堪稱是同樣發揮異民族教會般的功能。即使難以說明是在弘教，但為了維持日本人在海外進行文化統合角色的功能，此為宗教的重要功能之一。就此意味而言，追隨日本人前往海外發展的佛教人士是在守護日本人。

其次是佛教人士與國家或日本人的關聯，堪稱是亞洲與南、北美之間並無明顯差異。小栗栖香頂曾是基於守護日本免遭基督教影響的意識下前往中國。此後，前往東亞的日本佛教人士或許未必意識到該區域是屬於日本勢力範圍，但其思想根柢應存有如此想法。另一方面，曜日蒼龍前往夏威夷即是典型之例，畢竟前往夏威夷或美國的佛教人士，強烈懷抱著守護日本人免受基督教所影響的意識。總而言之，在基於佛教是為了日本國而必須發揮一定功能的前提下，在佛教的普遍主義中隱含了民族主義。這種民族主義在東亞引發佛教協助戰爭，在夏威夷、美國則引發排日運動。

但在佛教人士的民族主義中，並非毫無萌生普遍主義之芽。今村惠猛自明治時代後期至昭和初期離世為止一直旅居夏威夷，強烈感受到日僑二代的發展變化。日本佛教人士試圖守護的恰是自身國人，至日僑二代時期，卻逐步傾向於美式風格，逐漸變質為非日本人。起初，今村試圖為這些日僑二代培植日本國民的自覺意識，不久卻開始思考應如何向美國社會傳布佛教。在摸索順應美國風土民情的新佛教發展方式之過程中，今村將佛教重新溯源至印度，思考各國所屬的自國佛教。這堪稱是將民族主義予以相對化，開始邁向普遍主義（守屋，前揭書）。

另一方面，東亞地區的民族主義又是對佛教造成何種影響？筆者為了思考此問題，想針對日本佛教協助戰爭的課題略做探討。若細觀之，被稱為協助戰爭的日本佛教活動，可發現是集中在中日甲午、日俄戰爭時期與昭和時期，尤其集中於昭和十年（一九三五）之後。誠然，問題就在於是基於何種理由而稱為協助戰爭，即使在前述時期之外，亦有從事監獄教化或壓制工廠勞動運動的開示教法等活動。雖說如此，除了前述時期之外，在從軍布教方面所描述的積極協助軍方的活動，並未活絡發展。筆者認為堪稱是追隨日本人前往海外發展的教團，並非如同該宗派的開教史所標榜的，或如同戰後研究者犀利批判般的與國家產生連結。

此外，如同前述的三．一獨立運動般，一旦發生對抗日本殖民統治的活動，國家（殖民當局）就期待佛教能培植親日派勢力。然而，佛教教團對此反應遲鈍，為了因應殖民當局的要求而提出數項方策。例如，大谷派於昭和二年（一九二七）發表的《朝鮮開教五十年誌》仍不斷提出反省，認為「遺憾的是現狀不啻是將日本寺院在朝鮮延續發展而已」（川瀨，前揭書），應該認為畢竟不如表面上顯示般的順應殖民當局所提出的要求。

這種情況在昭和十年之後產生變化，例如當時的文部省宗教局提出方針，為了針對中國文化進行同化工作，其重要環節是在昭和十三年（一九三八）派遣布教師前往中國各地，並分配進行中國人的宣撫工作（中濃教篤，一九七二）。自此時期之後，藉由明確的政策，日本佛教堪稱是真正展開，有時則是積極參與戰爭。日本佛教究竟對中國人進行何種程度的「布教」？更恰當的說法是並非從事真正的宗教活動，而是投入政治活動。

當在思考佛教協助戰爭的課題之際，必須分成數個時期進行檢討。如此即使在東亞地區，佛教人士前往發展與民族主義之間的關係仍堪稱並非固定。

筆者最終想說明，追隨日本人前往海外的佛教人士，其行動並非完全不值得稱為布教來結束此章。幾乎所有在臺日本人在敗戰後被迫返國，佛教人士亦是如此。日本佛教人士一旦離臺，戰後其實仍有臺灣人士持續自行推動淨土真宗或日本臨濟宗的活動，尤其是本願寺派的臺灣僧侶陳銘芳（一九一三—八二）在日本人返國後，獨自為臺灣人開示淨土真宗，昭和二十八年（一九五三）則於臺中獨自創建淨土真宗寺院，這是在日本人毫不知情的情況下所發生的事蹟。至於臨濟宗亦有類似之例，如此表示在戰前的殖民地仍有進行布教工作，並非完全沒有形成布教體系（藤井健志，二〇〇七）。

五、結語

筆者認為日本近代佛教追求「近代」、「信仰」、「國家」，從傳統的日本佛教中逐漸蛻變。佛教人士前往海外發展，亦是為了追求同樣課題而進行。

然而，佛教人士前往海外發展，則是基於極為複雜糾結的因素。以攝取西洋近代文化為目標的動向，最終導致回歸佛教本源的印度。這一方面是為了克服傳統的佛教觀，另一方面則是重新獲得相信日本佛教具有正統性的意識，準備與日本民族主義彼此維繫的途徑。

為了追求信仰而前往亞洲的動向，其實是以攝取西洋的近代佛教研究為基礎。除了一方面摸索與同樣從事佛教活動者之間的合作，另一方面卻導致蔑視他國佛教，日本佛教的普遍主義在此形成某種底限。此外，前往亞洲亦是為了放眼於西方國家。

前往海外的日本佛教人士，堪稱是以移民海外為目標的情況最多。但其思想根柢中卻懷有某種對基督教的抗衡意識，時而使其關注歐美，時而使其關注亞洲。藉由移民社會本身的變質，亦促使產生新普遍主義的志向。

若檢視佛教人士在海外發展，之所以會面臨如此複雜狀況，其原因可將他們的發展動機彙整為三大志向，亦即「近代」、「信仰」、「國家」。但這些因素複雜糾結，可形成各種變數。

此外，這些思想根柢是佛教人士確信日本佛教具有正統性，以及確信佛教與國家之間有所連結的情況，經常有如基調音（編案：如風聲、水聲等平時無意識聽到卻不曾留意的聲音）般流洩不已。就此點來看，東亞方面的活動與在北美或南美的活動並無顯著差異。這兩種確信，在一定程度上經常對日本佛教的普遍主義造成防礙。

筆者認為日本佛教人士是基於上述動機與佛教觀而前往海外發展，就此形成日本近代佛教。

專欄三

北海道的佛教

佐佐木馨（北海道教育大學教授）

自古津輕海峽並非阻擋行人，而是渡人運物的「鹹川」。道南與對岸的「陸奧」形成表異裡同的擦文文化（八─十三世紀）即是佐證。在擦文期的「陸奧」從八至十世紀之間，是由坂上田村麻呂、慈覺大師圓仁以天台宗為基礎，來嘗試推動「開拓」與「開教」。結果導致被中央視為「夷」的「陸奧」北方民族之間，萌生了為求自我克服「依附夷人」而產生追求「脫離夷人」的意識變革。這項變革亦成為判別自我為道南北方民族的民族分化行動，就此成立「陸奧」＝「和人地」（編案：意指除愛奴人之外的大和民族所居住的渡島半島南部地區）的立場。

經由「和人」化的「陸奧」北方民族以十世紀為契機，至鎌倉時期，受到幕府宗教界重用的臨濟禪與真言密教所構成的「禪密主義」所洗禮。若舉其例，就是身為執權的北條時賴曾將松島寺、立石寺等位於「陸奧」的古天台宗寺院改宗為臨濟禪。這項改宗行為，不啻是遵循幕府行使的「禪密主義」宗教祭祀權而已。

甘願承受此祭祀權的「陸奧」北方民族逐步推展「和人」化，毅然採取行動「轉夷」，將夷人意識轉嫁於道南的北方民族。有關將道南的北方民族視為「中世愛奴」的民族化就此成立一事，在此則不多做贅述。

若經思考推察，可發現道南的有珠善光寺所傳的圓仁開基傳說，或《地藏菩薩靈驗記》所傳的「建長寺地藏遊化夷島之事」的佛教說話故事，亦是根據「陸奧」與道南所共有，並基於在擦文期進行的「開拓」與「開教」為前提之下方才得以成立。

以擦文期的佛教傳播做為前史，若欲觀察中世的夷島如何正式傳播佛教文化的過程，則需參照其在隸屬於蠣崎政權（十五世紀）之下的發展。有關夷島的傳播實際情況，則如下表所示：

寺院名	宗派名	建立年代	開基名	本寺	備註
海渡山阿吽寺	真言宗	安東盛季（或康季）於永享五年（一四三三）（或嘉吉三年〔一四四三〕）	山王坊	清淨心院	茂邊地→遷至大館。

隨岸寺	不詳	「渡黨」？長祿三年（一四五九）之前	嘉峯	不詳	宇須岸→遷至大館，文明十八年（一四八六）焚毀。
華德山上國寺	淨土宗	武田信廣文正元年（一四六六）	秀延	智恩院	建立時為真言宗，後改宗為淨土宗
松前山法源寺	曹洞宗	武田信廣文明元年（一四六九）	隨芳	秋田山龍穩院	奥尻島→遷至德山，信廣、光廣的菩提寺。
淨願寺	淨土真宗	蠣崎光廣明應八年（一四九九）	弘賢	東本願寺	建立上之國後，遷至秋田。
永善坊	真言宗	蠣崎光廣文龜二年（一五〇二）	不詳	阿吽寺	建於大澤，永正十四年（一五一七）遷至德山，寺號壽養寺。昭和三年（一九二八）改號為慈眼寺，屬曹洞宗。
成翁山法華寺	日蓮宗	蠣崎義廣大永元年（一五二一）（或享祿二年（一五二九））	日尋	京都本滿寺	應參照日持傳說。亦有上之國的法華寺、石崎的妙應寺。

西立山專念寺	淨土真宗	蠣崎義廣天文五年（一五三六）	真德	東本願寺	
大洞山法幢寺	曹洞宗	蠣崎季廣中興政權天文十五年（一五四六）	宗源	秋田圓通寺	建於永正十年（一五一三）之前，自義廣之後成為蠣崎家菩提寺。
最勝院	真言宗	蠣崎季廣永祿五年（一五六二）	不詳	阿吽寺	
萬願寺	真言宗	蠣崎季廣永祿八年（一五六五）	不詳	阿吽寺	
護念山正行寺	淨土宗	蠣崎季廣永祿十年（一五六七）	岌西	智恩院	由丹下商人提出資金所建。
興法山西教寺	淨土真宗	蠣崎季廣文祿二年（一五九三）	教西	專念寺	

夷島的中世寺院

有關這十三座中世寺院，若關注其宗派名稱與建造年分，則可發現以下三項特徵。第一項是除了真言宗阿吽寺及其末寺之外，皆是鎌倉新佛教系統的寺院。故而第二項是對佛教採取寬容態度的蠣崎政權，在自身領主的主導下接受新佛教信仰。第三項是例如淨土真宗的淨願寺或專念寺等，是在應仁之亂以後，由蓮如率領的本願寺教團在北方傳道之際所建立的寺院，故有其他如曹洞宗的法源寺及法幢寺，進而由日蓮宗的法華寺、淨土宗的正行寺等，由中央教團基於在北方傳道的背景下建立的寺院。光就此點來看，若改為另一種說法，這堪稱是以實施中世的宗教殖民政策為基礎的夷島「開教」。由此我們可讀取並了解在「陸奧」萌生的「開拓」與「開教」所形成的風土民情。

那麼，在近世幕藩體制下位於日本最北端的松前藩，其主要財源並非採取標準稻米收成量來與愛奴民族進行交易，如此一來又該如何發展佛教？有關其要點，筆者將介紹如下。

理所當然，引領近世佛教的是自中世以來位於城下的古寺群，在近世前期（是以江戶幕府於西元一八〇〇年直接管轄蝦夷地做為分水嶺）興建六十三座寺院的末寺。至後期則包括位於箱館（函館）的有力寺院（例如曹洞宗的高龍寺、淨土宗的稱名寺、淨土真宗的淨玄寺、日蓮宗的實行寺等）和人地寺院，在蝦夷地建造六十九座寺院的末寺。就此點來看，松前藩是幕府破例容許可不受「禁止建立新寺」所限的特殊體系。

但在另一方面，松前藩與本州諸藩同樣，是以寺社町奉行為中心斷然執行寺請制，並致力於鎖國制的藩是（編案：表明全國政治與自藩關係的政治方針）。雖說如此，松前藩的情況是基於懷有俄國南下政策的外交課題所致，其中並存著與幕府直接管轄蝦夷地這種本州諸藩所未曾面臨的層面。

對城下町的寺院而言，最重要的不安要素莫過於松前藩政↓幕府直接管轄蝦夷地的「支配切割」。城下寺院的法源寺與龍雲院於安政四年（一八五七）呼籲江差的正覺院共同運作，必然導致提出在西蝦夷地以「建立新寺—形成村落」為核心的「開教論理」。有關城下寺院在窮途末路之下所提出的對策，亦即建造新寺的企畫，亦可從中觀察並理解到近世的「開拓」與「開教」情況。

在近世蝦夷地的佛教史上，另一項必須指出的，畢竟仍是幕府以直接管轄蝦夷地為契機所建立的「蝦夷三官寺」。箱館奉行所於文化元年（一八〇四）為了供養離鄉背井的和人勞工，以及遏止及防範基督教，故向寺社奉行（編案：室町時代至江戶時代，由武家政權或諸藩負責管理寺院及神社領地、僧侶、神官等事宜的宗教行政機構）中請建立三座寺院，亦即有珠善光寺（淨土宗）、樣似等澍院（天台宗）、厚岸國泰寺（臨濟宗）。寺社奉行自行毀棄「禁止建立新寺」的禁令並准許建寺，當地亦有如有珠善光寺的第三任住持弁瑞上人製作〈子引歌〉，積極實踐對愛奴的念佛弘教。這三座寺院的情況，亦成為推動「開拓」與「開教」的佳例。

有關北海道「開拓」與「開教」的典型之例，最後特別值得一提的，仍是阪本柴門、片岡政次共同著作的《北海道宗教殖民論》（明治二十五年）。其中，積極倡導身為移民可使其具有強盛護國精神的宗教是「無有如佛教者」。而此宗教殖民論的論調，才是達到彙集自古妝點北方區域的「開拓＝開教」論之目標。

文獻介紹

佐佐木馨，《アイヌと「日本」》，山川出版社，二〇〇一年。

佐佐木馨，《北海道仏教史の研究》，北海道大学図書刊行会，二〇〇四年。

第四章

國民國家日本的佛教

——「正法」復興運動與法華＝日蓮系在家主義佛教

島薗進

東京大學大學院教授

第一節　近代日本的佛教與諸宗教

一、法華＝日蓮系佛教勢力的抬頭

自明治維新之後至進入二十一世紀為止，若從宏觀的角度來探討這段時期的日本佛教之際，其最大的特徵就在於佛教從以寺院為中心蛻變成以在家信徒為中心來推動，以及轉變成積極投入社會關懷活動。這如同被稱為葬式佛教般（圭室諦成，一九六三）成為艱難的試煉，亦即佛寺與僧侶設法轉變這種在有限的儀禮空間內，扮演形式上之角色的傾向，並藉此挽回對一般社會的影響力。

另一方面，身為在家信徒的佛教人士或佛教護持者，有不少是在相對情況下脫離寺院組織而獨立，並將佛法根植於日常生活中，或試圖積極參與政治或社會生活的相關活動。其中最顯著的現象，是高揭在家主義的法華＝日蓮系新宗教勢力的抬頭。的確在參與政治方面，信奉法華＝日蓮系的佛教徒發揮極大功能。近代日本佛教團體的勢力圖，受到法華＝日蓮系佛教的勢力抬頭所影響，故而大為改寫發展過程。

毋庸置疑地，近代佛教試圖發展在家佛教，或在加強社會參與之下獲得成果非凡，這些實例不僅限於法華＝日蓮系新宗教。實際上，近代的在家佛教之中，出現如淨土真宗系或禪宗系等各種例子。在佛教參與社會方面，從參與政治至教育活動、社會事業的領域，其種類形形色色。縱覽這些活動或事業之下，必須檢討法華＝日蓮系佛教在近代日本佛教史上的定位。

二、佛教地位低微

自明治維新之後，江戶時代以檀家制度為基礎而穩固確立的葬祭佛教（所謂的「葬式佛教」，其實是包括葬儀之外的祭祖等多方領域，故今日以「葬祭佛教」為標準用語。參照伊藤唯真、藤井正雄，一九九七）雖蒙受神佛分離、廢佛毀釋等各種因素所打擊，依舊維持傳統佛教的基礎。就此意味而言，傳統佛教堪稱是繼續根植於庶民生活的基礎中。然而，儒學在江戶時代後期是以武士為中心逐漸滲透其階層中（多數藩校設立於十九世紀）。此外並發展國學，如同有「草莽國學」之稱般，滲透至富農或商人等階層。這種現象顯示出佛教地位在當時的知識整體布局中逐漸低微，儒教或神道的地位逐漸攀升，如此情況與佛教在各種社會活動領域中的地位愈漸低下有密切關聯。

江戶時代的佛教教團在某方面是備受禮遇，這是基於為了排除切支丹邪宗門而設置宗門改制，並強制國民成為佛教寺院的檀家信徒所致。但在整個江戶時代，身為支配階層的武士對於儒教，時而對於神道式的統治思想逐漸產生親近感，甚至影響到商人或農民。另一方面，多與日常生活的苦惱或幸福相關的神佛習合社寺或宗教人士，開始逐漸脫離傳統佛教教團的統治，轉變成由庶民構成的講集團（編案：舉行宗教講會或為求互助而形成的集會組織）。這與在如同山岳信仰般的神佛習合所形成的宗教領域中，神道要素的影響力逐漸增強有所關聯（Herman Ooms，一九九〇；島薗進，二〇〇一a、二〇〇四）。

明治維新與神佛分離、廢佛毀釋促使這些變化更為加速。隨著日本國民國家的形成，佛教的世界觀與佛教的知識，在社會生活中的地位迅速低落。這種變化可彙整為以下四大面向：（一）佛教從屬於國家神道；（二）近代學校教育的滲透；（三）儒教的發展遲緩與基督教的影響力增強；（四）神佛習合的宗教領域神道化與新宗教抬頭——筆者想針對前述的各種側面，依序進行概略說明。

（一）佛教從屬於國家神道

明治政府將國體論視為統合理念，對於執行神道儀式的天皇表以崇敬的這種行為，被視為確立國家精神骨幹的方針，並為此提出各種方策。至於神佛分離、廢佛毀釋則是該方策的出發點。將記紀神話（編案：由《古事記》、《日本書紀》記載的天皇家事蹟或祭祀傳承，加上相關的地方神話所構成）視為其發展淵源，試圖在國家神道（祭、政、教一致體制）之下統合所有國民，而國家神道則是崇敬將伊勢神宮奉為祖神的天皇。然而，究竟是採取何種制度來實踐新體制？其過程迂迴曲折，至〈教育敕語〉（編案：明治天皇針對道德根本及教育基本理念所發布的敕言）於明治二十三年（一八九〇）頒布之際，幾乎逐漸確定形式。在此過程中，佛教教團的影響力被排除在國家中樞之外，佛教不僅接受國家神道，更在此有限範圍中縮減活動領域。原本大致上應根據憲法保障「信仰自由」，卻遭受以崇敬「神聖天皇」為首的各種框限所束縛。該如何在沒有矛盾的範圍下參與社會（如何保持並擴大在世俗生活中的影響力），則成為重大課題。

（二）近代學校教育的滲透

為了提高識字率，故而學習以近代科學或近代社會制度為首的新知識體系，在此同時，對於與西洋列強為伍的帝國日本，學校教育在做為培育國民的場域方面得以迅速普及化。在新學校教育，尤其是初等、中等教育之中，佛教幾乎毫無任何地位可言，國家神道與西洋傳入的近代知識，成為學校教育的主要構成要素。至今佛教教團儲存的知識資源，被迫壓縮在有限、狹隘的社會生活領域中。儒學早已在江戶時代滲透日本，佛教在世界觀與知識領域上的地位不斷降低，況且在歷經近代學校教育的普及化之下，其地位更是明顯低落。在沿襲新近代世界觀或近代學問及知識的過程中，必須強化佛教世界觀及知識方面的因應能力，但此非易事。傳統佛教教團在學習西洋文獻學的過程中，試圖恢復在文獻學方面的知識權威，但在做為挽回佛教教團的社會地位低微之策，其效果則十分有限。

（三）儒教的發展遲緩與基督教的影響力增強

隨著西方各國施壓，日本解除對切支丹邪宗門的禁止及壓迫，在此同時，做為支持近代文明發展及人類進化的宗教而博得敬畏之念的天主教就此傳入日本。另一方面，至江戶時代後期之前，儒教原本成為武士在知識層面上形成自我的主軸，卻迅速喪失其影響力。如項目（二）所述，學校教育這種培育新知識分子的系統形成後，對佛教而言是一種打擊。然而，佛教的情況是佛教教團不斷延續，故可維持獨特的人格形成系統。儒教歷經儒學教育系統衰退，導致人力、組織基礎大幅喪失，取而代之出現的，則是近代學校教育所教導的知識體系，就多方面來看，可被接納的是這些知識體系與天主教具有密切關聯。如此情況下，在具有儒學素養的舊武士階層中，有為數不少的青年武士信奉天主教，故而近代日本的天主教蘊涵著濃厚的菁英階層所具備的宗教特性（島薗進，二〇〇一b）。「近代佛教思想」將大量心力傾注在與天主教對抗的知識活動中。若將庶民牽涉其中並予以教化此點來看，並無法獲得卓越成果。

（四）神佛習合的宗教領域神道化與新宗教抬頭

神佛習合的宗教領域，是最強烈受到神佛分離、廢佛毀釋所影響。例如，至今修驗道或稻荷信仰主要是由佛寺組織所管轄，在此同時，尊奉與自身親近的神靈之力並具有廣泛影響力的民間宗教人士，則以此為契機，就此脫離佛教教團的束縛（島薗進，二〇〇四）。早已進行神佛習合的宗教領域，其神道化更為快速。如此不斷擴大的民間神道團體，多屬於教派神道（編案：由明治政府公認的神道系教團之總稱，明治時代末期主要是以出雲大社教、黑住教、神道修成派等神道十三派所構成）的各種教團。

但在教派神道之中，亦有在教祖指導下透過新救濟信仰來形成團結一致的宗教團體。例如，黑住教、禊教、天理教、金光教、丸山教等，統括為習合神道系的新宗教。光就從事與庶民生活息息相關的宗教活動此點來看，這些教派神道的各種團體與佛教教團逐漸成為競爭關係。自明治維新之後在各方面皆逐漸大眾化，宗教團體的大眾化多伴隨著信仰活動逐漸神道化。教派神道在做為宗教集團方面出現兩種情況，皆促使傳統佛教的影響力逐漸式微。其一就是不僅取代佛式喪儀，經營廉價且具有親近感的喪葬儀式，另一方面，則是與具有祈求作用的寺院相抗衡，擔任可促使獲得現世利益的信仰。

佛教相關人士，對於日本宗教地形（宗教情勢）發生大幅變動，佛教教團地基逐漸脆弱的現象，被迫懷著危機意識接納如此事實。明治維新之後的佛教教團或佛教指導者、知識分子等人士，在前述的嚴酷環境下摸索該如何挽回頹勢，並在近代社會中維持及擴充影響力。其中意識到極為重要的課題，就是可超越以寺院與僧侶為中心的葬祭佛教，並朝向世俗社會展開活動。近代佛教的歷史，可從追求向世俗社會顯示其存在意義的佛教發展方式這種角度來予以檢視。實際上，多是藉此觀點來進行研究或考察（有關佛教在明治時期恢復失土及邁向蛻變的各種動向，可參照以下各種研究：辻善之助，一九四九；池田英俊，一九七六a、一九七六b；柏原祐泉，一九八九；James E. Ketelaar，二〇〇六）。

本章同樣繼續採用此項觀點。在此筆者想由此動向中，將重點置於積極投入與世俗社會產生關聯的法華＝日蓮系佛教運動來進行說明。這是基於筆者認為配合國民國家形成的步調，來強勁推展佛教運動的正是該佛教系統，法華＝日蓮系佛教運動在豪華絢麗下的發展，是國民國家日本的佛教所呈現出最顯著的特徵。就時期而言，自明治時代後期至昭和時代前期是焦點時期。雖說如此，並不能完全忽視其他系統的佛教運動。在某種程度上，筆者試圖留意觀察日本佛教的整體動向。

第二節　居士佛教與戒律復興運動

一、三種新活動型態

的確，自明治時代之後，佛教教團與佛教人士不斷致力於恢復佛教在社會上愈漸喪失的存在感。尤其成為課題的是在葬祭佛教的基礎上，將主要是以僧侶發展的傳統佛教為核心的同時，亦為了該如何超越這種狹隘的活動領域，故而將在家信徒牽涉其中，並產生對世俗社會造成顯著影響的佛教活動型態。

為了因應此課題所進行的嘗試，大致分為三種型態。第一類型是以傳統佛教的權威體系為前提，試圖在其體系周圍產生在家信徒參與的活動型態，筆者將之試稱為「居士佛教」。就廣義而言雖是「在家佛教」，但為了不與後述的「在家主義佛教」互為混淆，故而採取「居士佛教」一詞（「在家佛教」或「居士佛教」的用語在學術領域中並未確立，在此是由筆者獨自設定的用語，並參照以下文獻：西山茂，一九九五；島薗進，二〇〇六）。第二類型是以佛教思想為依據，致力於推展政治或社會活動，故可稱為「佛教的政治、社會活動」。第三類型是脫離傳統佛教教團而採取獨立方式，並以在家信徒為主要擔任者所發展的宗教運動，可稱之為「在家主義佛教」。

這三種型態中最成功的莫過於第三類型，亦即「在家主義佛教」。第二類型是自明治時代末期至昭和時代初期，在某種程度上具有影響力，至第二次世界大戰後仍透過改變形式而維持其力。第二類型之所以能在戰後明顯擴大其勢，多數情況則是基於與第三類型相互融合所致。

在此值得關注的事實，是在第二、第三類型的主要集團或指導者中，多隸屬於法華＝日蓮佛教的系統。換言之，就是尊崇唱誦「南無妙法蓮華經」的唱題行（編案：透過冥想的方式，不斷反覆唱念題目「南無妙法蓮華經」的修行方法）。尤其是第三類型，幾乎清一色是屬於法華＝日蓮佛教系譜。如此觀察之下，向世俗社會擴大活動領域的日本近代佛教所背負的課題，在相當程度上，堪稱是藉由繼承法華＝日蓮佛教傳統的民眾或推展各種運動來予以達成。

二、居士佛教的嘗試

有關第二、第三類型，分別在第四節、第五節（第二類型），以及第三節與第六節（第三類型）予以詳述。在此針對第一類型進行說明。明治維新之後的佛教界，積極摸索在家信徒可實踐的佛教信仰方式。池田英俊針對明治時期眾人嘗試推行佛教的近代化深表關心，並舉出許多資料。以下主要是根據池田的研究來進行闡述（池田英俊，一九七六a、一九七六b）。

池田英俊說明「自明治一〇年代至明治二〇年代，居士論之所以能興盛至極的原因，是來自於這些提論者，在歷經廢佛毀釋所導致佛教步向衰微一途的情況下，他們為了求取佛教復興，與其說期待既有教團的僧侶，不如說更殷切寄望於道心堅固的在家信眾或還俗佛教徒所從事的積極活動」（池田英俊，一九七六a）。例如，境野黃洋（一八七一——一九三三）是主張合理主義的「新佛教」運動主導者之一，他甚至在西元一九〇〇年提出以下說明：「對現代而言，最必要者並非僧侶之佛教，而是社會化之俗人佛教。若言觀音三十三身普門示現，應以居士身得度者，即現居士身而為說法，是以此為底蘊之佛教。」（《護法》，池田英俊，一九七六b，一七四頁）。

這種藉由促使居士佛教興隆為目標而從事活動的代表指導者，則是大內青巒（一八四五——一九一八）。青巒曾為曹洞宗僧，之後還俗，於明治二十年（一八八七）組成曹洞扶宗會，編纂在家信徒宜誦的典籍《洞上在家修證義》（簡稱《修證義》）。光就《修證義》是道元法語選粹此點來看，可知是以曹洞宗信徒為對象，但其選粹內容則是跨佛教整體的領域。

實際上，青巒是以涵蓋佛教整體的活動型態為目標，故而嘗試製作《信行綱領》。此外，扶宗會揭示的活動，包括「慰問災民、救療貧病者、嘉獎孝子貞婦義僕、勸導及獎勵貧困子弟就學」等項目。

在促成在家信徒參與的同時，並未否定是以出家人為主導的傳統佛教型態，反倒是將維持這種型態的佛教表現方式稱之為「居士佛教」，並與「在家主義佛教」做為區別，後者是從出家型態中獲得獨立，追求以在家信徒為主導的宗教活動形式。至於大內青巒的情況，其特徵在於維持與曹洞宗之間的聯繫，並超越該宗框架，試圖發展居士佛教。

大內青巒在推動上述佛教活動之前的時期，傾服於慈雲飲光（一七一八－一八〇四）、福田行誡（一八〇九－八八）的思想，對於戒律復興運動產生共鳴。例如，曾出現述說「惟慈雲尊者實是末世之金剛薩埵，其撰述之《十善法語》，既久行於世，尤為我輩常尊信誦持，且謂力挽頹瀾，興復正法，再使佛日光耀於五大洲中」（《明教新誌》六一〇號，明治十一年；池田英俊，一九七六 a，九十二頁）等內容的時期。當時不僅是僧侶遵守戒律，慈雲針對在家信徒，亦透過實踐以淺顯方式呈現「為人之道」的十善戒，來構想達成「戒律復興＝佛教復興」。

如此藉由遵守戒律來實踐佛教整體，將在家信徒亦納入復興戒律的佛教這種想法，是繼承慈雲飲光在江戶時代推行的運動，故在明治維新之後的挽回佛教勢力運動（護法運動）方面獲得許多支持者。釋雲照（一八二七－一九〇九）在受此機緣影響之下，使其發展成具有思想性的活絡運動型態。身為新義真言宗僧的釋雲照於明治時代初期，就以重視僧侶戒律來復興正法為目標，並在宗門內、外主張此訴求，然而皆無法獲得廣大支持。雲照最終脫離宗門，基於自由立場發起培育新僧侶，以及為了在家信徒而發起戒律運動、十善戒宗運動（有關「正法」理念的重要性，可參照中村元，一九五九；島薗進，二〇〇八—二〇一〇）。

釋雲照在獲得山岡鐵舟（一八三六—八八）等人的支持後，於明治十六年（一八八三）在東京湯島，翌年則在京都創立十善會。明治十九年（一八八六）將本會遷至目白的新長谷寺，此後為培育持守淨戒的僧侶而建立目白僧園。十善會在各地設立支部，約於明治三十年（一八九七）盛極一時，據稱約有多達七千名會員。池田英俊將這項傳法運動的主旨摘要如下：

「以雲照的戒律主義為基礎的民眾教化，是根據『世人信仰日漸薄弱，社會道德從而敗壞』之主旨，『庶民皆護十善戒，緇素（僧俗）皆歸正法正儀』（《十善法語》三十四輯），進而不僅止於個人的道德及安心，而是朝著『與防止不禪之惡共進，高揚積善功德，常關注社會問題』（《十善法語》三十七輯）的方向前進。」（池田英俊，一九七六a，六一頁）

然而，這些在明治時代中期盛極一時的佛教運動並未長久延續。從脫離傳統宗派獨立，抱持涵蓋佛教全體的志向，在以認同僧侶存在的前提下，試圖由在家信徒擔任此任務而發展的居士佛教運動，並未獲得穩固的組織基礎，故而無法達到穩定發展。而其重大理由，則在於原本是以戒律為標竿，高揭由正信佛教來指導社會的正法，並不適用於以國家神道為主導精神原理的明治國家來發展。

三、居士禪運動與聞法活動

相對之下，居士佛教（在家佛教）並非高揭戒律復興，而是透過與宗派連結而發展，雖以各種形式不斷變化，但自明治時代至大正、昭和時代為止，可繼續維持某種程度的勢力。至於引人注目的活動，則是由居士禪運動或以淨土真宗信仰為基礎的信徒（除僧侶之外）推展的聞法活動。

例如，釋宗活隸屬於鎌倉圓覺寺的今北洪川法系，他在谷中經營的兩忘庵（一九一五）提倡「居士禪」運動，至大正十四年（一九二五）從兩忘會發展為兩忘協會。其規模之盛，在西元一九三〇年代甚至約有三千名入門會員，坐禪會員則約有三萬名。該會於西元一九四〇年代改名為兩忘禪協會，後於昭和二十二年（一九四七）解散。此後，藉由立田英山於昭和二十四年（一九四九）設立，並重新獨自發展的人間禪教團，則於平成二十年（二〇〇八）在全國擁有十七間坐禪會場並推展活動（人間禪教團三十年史編纂委員會編，一九七八；人間禪教團網頁：http://www.ningenzen.org/）。居士禪運動對於大學的坐禪社團等組織亦有影響及關聯，在文化方面則對近代知識分子造成深遠影響。

淨土真宗以在家信徒為中心的團體出現各種發展，若追溯其歷史並非易事。自江戶時代後期至明治時代初期，在試圖積極促使在家信徒涉入宗派活動之下所進行的活動，就是刊行《妙好人傳》（編案：江戶時代所編纂的佛教著作，記錄商人或農民等淨土教信徒的事蹟，妙好人意指篤信淨土真宗的信眾）。《妙好人傳》與宗門相關人士或學者有關，內容為描繪在家信徒足以成為楷模的形象，堪稱是促使充滿熱忱的門徒自行投入活動的紀錄。此外，淨土真宗為了培育區域社會的門徒信仰，故而形成私塾或學寮傳統。在此試舉本願寺派的例子。

真田增丸（一八七七—一九二六）於大正三年（一九一四）設立大日本佛教濟世軍，雖出身於福岡縣本願寺派的寺院，卻前往大分縣宇佐的西光寺，就讀於該寺所屬的知名私塾東陽學寮，並在此感受到皈依真宗的佛道體驗（藤井健志，一九八八）。此後，從宗門獨立至自行發起運動，並稱之為大日本佛教濟世軍。據稱至大正末年，該團體在全國擁有超過一百五十處支部，獲得數萬至數十萬名支持者，其活動型態是繼承真宗教團的私塾、學寮傳統。真田增丸推行的運動，是繼承私塾、學寮傳統，並順應新時代潮流促進發展（藤井健志，一九八六）。

自第二次世界大戰後，高揭「在家佛教」旗幟並活絡展開活動的人物，則是隸屬化學工業的協和發酵工業株式會社之創業者加藤辨三郎（一八九九—一九八三）（加藤辨三郎，二〇〇二）。加藤是在就讀第三高等學校之際，受到倉田百三、西田天香所影響，繼而在就讀京都帝國大學工學部之時，聽聞真宗大谷派的金子大榮進行演講，故而對佛教產生強烈興趣。至於對佛教深感傾服，則是在進入社會後歷經工作二十載，受到篤信佛教並勸勉公司員工聽聞佛法的協和化學工業董事長野口喜一郎所感化。昭和十七年（一九四二），因松原致遠以《觀無量壽經》為題材所述說的說話故事「下品下生」而深受感動，此後尊仰金子大榮為人生之師。加藤辨三郎於昭和二十七年（一九五二）組織在家佛教會，並在協和發酵工業株式會社內提供一室做為事務室，設立財團法人在家佛教協會。其主要活動是舉辦演講會及發行雜誌《在家佛教》。

這些佛教運動在極為豐富多元的近代居士佛教運動之中，僅是寥寥數例而已，描繪近代居士佛教運動的整體樣貌並非易事。然而，透過將重點置於是由在家信徒自動參與而形成的信仰活動，同時亦肯定僧侶指導，對於以傳統佛教具有新發展為目標的佛教運動，則能試圖掌握其大致的輪廓方向。無論從任何角度來說明，這些運動皆是由知識分子或菁英階層擔任主要推手，並與近代教養文化的發展具有密切關聯。

然而，這些居士佛教運動並非是由一般民眾擔任推手。故而從政治的影響力或社會運動的推行力來看，無法說是具有明顯成效。相對於此，下節即將探討的在家主義佛教運動，雖在當時被視為在社會角落發展、不足為道的現象，但在透過發展成由多元社會階層來擔任推手的大眾運動之時，不久即在政治、社會層面造成巨大影響。

第三節　在家主義形成與國家神道的融合

一、在家主義佛教的系統

明治時代初期，不僅是為喪葬儀禮日夜奔波的僧團，而是能促使在家信徒廣泛參與宗教活動，同時亦試圖積極倡導復興佛教的構想（而其構想就在於提昇佛教教團在社會或國家方面的存在感），以及朝著透過可稱之為居士佛教（伴隨著宗派色彩）的方向來穩定發展。至少當初促進在家信徒參與活動，卻蘊涵是由僧侶為主軸來擔任復興正法的構想，具有提昇僧侶權威之效，有不少情況則是與出家人在復興戒律的理念上形成連結。雖說是在家信徒，卻是以出家人為優勢的信仰型態為前提，如此稱之為居士佛教。

居士佛教的系統在當初是高揭「正法」，試圖從國家層級的立場來擔任指導，約在發布〈教育敕語〉的明治二十三年（一八九〇）逐漸確立國家神道之後，如同是以真宗系統的居士佛教運動為代表般，在支持國家神道的同時，其宗教運動逐漸演變成促使佛教居於更退讓的立場。在僧侶指導下，做為以個人悟道或修養為目標的運動方面之特性逐漸鮮明。這亦成為近代在家佛教具有影響力的型態之一，對於原本做為指導者的出家佛教懷有深厚敬意，針對宗教教理的內涵則是基於「遵從指導者」的立場，而就此點來看，在家信徒應扮演的角色遭到抑制。此外，增進宗教與世俗社會的合作關係，光就強化佛教對政治、社會的影響力此點來看，在家信徒所應扮演的角色並不太受重視。

另一方面，在本節探討法華＝日蓮系的「在家主義佛教」系統，則是在發展現代的新佛教方面，在家信徒才是擔任原有功能，出家僧團雖受到崇敬，但他們的實質活動所發揮的功能，僅被定位為從屬於在家信徒集團而已。在家佛教被賦予的正是如此崇高的價值。這種在家主義佛教的發展型態，在世界佛教史中亦屬特例，堪稱是近代日本別具特色的佛教發展型態。

本節首先探討的是，明治時代主張在家信徒應積極發揮功能的在家主義思想是如何形成。有關於此，西山茂的研究提供了研究指南（西山茂，一九九〇、一九九一、一九九五）。有關西山所矚目的長松日扇、田中智學這兩位指導者是如何形成在家主義思想，筆者則在其他著作中另行彙整（島薗進，二〇〇六ａ），在此則提出要點予以概述。

二、長松日扇與本門佛立講

長松日扇（一八一七—九〇）自行脫離日蓮宗的寺院組織，設立在家講（編案：由在家信徒構成的講會）的本門佛立講，發展成為大規模運動（村上重良，一九七六）。在此過程中，日扇不僅強烈推出在家主義的理念，並構築以在家信徒為中心的信仰活動型態。本門佛立講的最初發展，原本是由日隆（一三八五—一四六四）門流的日蓮宗八品派（本門法華宗）所形成的在家信徒組織。八品派的名稱由來，是源自於特別強調在《妙法蓮華經》二十八章（二十八品）之中最核心的八章（八品）所蘊涵之意義。若光就其信仰對象與救濟手段具有排他性且批判他宗此點來看，這項特點成為八品派在行動上的一大動力來源。

長松日扇出身於京都商家，是多才多藝的文人，亦修習國學及儒學，善歌道及書道。日扇曾於嘉永元年（一八四八）出家，安政二年（一八五五）還俗，後於安政四年（一八五七）開講本門佛立講（當時為花洛講），此為無僧無寺的在家講。日扇的講會集團跨越了宗門框架，雖屢遭嚴格取締，信徒卻有增無減，發展成獨立的宗教教團。佛立講並未變更日蓮宗八品派的教義框架，卻強調現證利益或易行，否定僧侶權威並強力推出其獨特性，強化在家信徒的主導權。本門佛立講的支持者是以現證利益為契機而入信，同時獲得熟悉在家主義活動型態之後成為指導階層的人士，並藉此逐漸發展。

長松日扇於嘉永五年（一八五二）決意不出家且組織在家講，並在還俗後的安政三年（一八五六），立即記錄其個人主張應調換出家與在家的位階順序。據日扇所述，從外型來區分出家或在家眾並非本來理應如此。此外，是否能透過書籍來精修教義及解說，此事亦非真正重要。至於是否能覺悟可堅決維持真實信仰，徹底唱念「南無妙法蓮華經」的題目才是重要。出家人若不能堅信此點，就不如擁有堅定信心並能實踐的在家信徒。日扇試圖徹底維持傳統的排他主義教學，在描述之際並非針對在家主義是採取新教義的形式，尤其是並未提出正因為具有在家信徒的身分才應該實踐信仰的這種觀念。

此外，長松日扇的教法言論是集中關注於日蓮宗內部，就此意味而言，是將近代的新世界納入視野，並非對外廣開宗門外的環境，幾乎沒有針對在家信徒所置身的世俗社會或國家來積極從事弘教工作。日扇早年娶妻，雖成為有如確信犯般的在家主義者，但在針對出家或戒律、娶妻的是非與否，則未提出完備的議論。日扇雖在還俗後開始推展宗教運動，後來面臨變局又再度出家。此外，本門佛立講在日扇示寂後，雖曾透過在家信徒積極推廣活動而發展，卻逐漸轉變成以僧侶為主導的教團體制。如此顯示日扇提倡的在家主義，是藉由在近代化初期具有特殊分派傾向的宗教團體做為媒介來獲得導引發展，而非在一般世俗社會中廣泛追求及發現共鳴者。

三、田中智學與國柱會

再者，針對田中智學（一八六一—一九三九）與國柱會來進行探討（大谷榮一，二〇〇一）。其父多田玄龍早逝，曾是江戶日蓮宗的在家講虔誠信徒，智學於虛歲十歲即剃度，卻對當時的宗門型態及教學傾向產生疏離感，十九歲即還俗。此後組織在家信徒團體的蓮華會（一八八〇）、立正安國會（一八八四），不僅致力於鑽研教學，並逐漸落實促使在家信徒推行日蓮佛教運動的構想。

田中智學在開始推動佛教運動的早期階段，立即探論出家戒律的問題，主張以在家信徒為主體的佛教才符合新時代。首先在《佛教夫婦論》（一八八六）之中，論及佛教在針對夫婦倫理關係（「夫婦倫道」）方面，應積極從事教化，並應該藉此對國家倫理秩序的形成有所貢獻。原本夫婦關係是國家社會繁榮之基礎，宗教原本的功能就是為國家社會的秩序形成有所貢獻。佛教不應將遠離國家社會的厭世態度視為合宜，應積極關懷並參與優良社會的應有型態，佛教徒之所以娶妻的積極意義正在於此。

此外，《佛教僧侶肉妻論》（一八八九）探論除了認同應該支持佛教倫理性的戒律十分重要之外，反倒是更需要在處於末法時代的當時，應破除食葷娶妻的戒律。除經典有此記載之外，並基於現代佛教應積極關懷並參與俗世之事。在以這種佛教發展方式為目標之際，與其脫離俗世守「戒」，更應以屹立不搖的「信念」來參與俗世方為重要。

田中智學基於如此思考方式而提倡「日蓮主義」，此非以狹義方式來局限於「宗教」之內，而是顯示日蓮佛教漸能積極參與國家社會問題、文化文明問題的表現方式。然而，智學並非忽視由僧侶掌握主導權的宗門，反倒是對其進行改革，並賦予力量使其重生成為強大的宗教團體來指導國家社會。《宗門之維新》（一九〇一）就是基於如此思考方式所撰成，描繪烏托邦式的未來景象，主張建造日蓮宗的「國立戒壇」來拯救日本國，進而救濟全球人類。智學在被視為日蓮遺文的〈三大秘法抄〉（有關其內容，將於第六節說明）之中，將未來寄託於「本門戒壇」，並以應在現代達成的具體課題來予以描繪。他在此提示的未來構想，亦即日蓮＝法華佛教對於救濟國家、進而統一世界的展望，對日後的日蓮主義或法華＝日蓮系在家主義運動造成巨大影響。

然而，為了讓田中智學提倡的日蓮主義，與在家主義佛教提出的方針如實發揮巨大影響力，則需另一項轉換，就是促使高揭國體論的國家神道納入日蓮佛教的領域中。明治三十五年（一九〇二），智學將教學體系化進行組合，彙整為「本化妙宗式目」（《本化妙宗式目講義錄》全五卷，一九〇四—一三；《日蓮主義教學大

《宗門之維新》部分內容（出處：田中智学著『宗門之維新』,師子王文庫,明34.9. 国立国会図書館デジタルコレクションhttps://dl.ndl.go.jp/pid/823695(参照 2023-01-18)）

觀》，一九一五），智學在此著作中倡導「法國冥合」（編案：以佛教的立場來推行政教一致），並探論「國體自覺」。在明治三十七年（一九〇四）的《世界統一の天業》之中，甚至主張日本國才是體現佛教的理想之國，並透過擁有萬世一系天皇的日本所獨具的國體來實現世界統一。這是藉由與構成國家神道實際教義的國體論合為一體，在日蓮主義遵循現存政治體制之下所嘗試體制變革的思想，則含帶熠熠生輝的魅力。在如此蘊涵濃厚國家主義色彩的階段，智學將原本的團體名稱立正安國會改名為國柱會（一九一四）。

田中智學高揭獨自提倡的國體論，認為當今正是完成「世界統一」的時機，倡導千年王國末日預言式的構想，並提出統一世界應以道義為基礎。此外，他表示世界統一需有宗教指導及政治實踐者，指導者是日蓮，實踐者則是天皇。這是將〈三大秘法抄〉的濟世構想，與國家神道的帝國主義版本在論理上互為銜接而成的奇妙構想。智學在此階段並未將日本國體的神聖性，直接求諸於天皇乃是天照大神後裔的天孫降臨神話，而是將神武天皇在橿原即位之際宣示的理念，亦即從《日本書紀》之中擷取「養正」與「重暉」之詞，將詞彙中提示的德治理想予以繼承，故而尊崇萬世一系的天皇統治。在持續採用《日本書紀》的語彙之時，亦在當時創造「八紘一宇」一詞。

四、政治變革與信仰共同體

長松日扇或田中智學皆對於傳統佛教是以出家主義為中心的佛教觀表示異議，提出在家主義的思考方式，試圖予以形塑，具體化為新信仰活動或教團組織。然而，兩者的發展方向形成顯著差異。智學在自行經營在家主義教團的同時，不僅止於發展而已，更是以推展日蓮佛教在整體上成為國家社會引導者的運動為目標。對田中智學而言，包括政治、經濟、教育、藝術等方面，日蓮佛教在國家社會各方面的活動領域上，逐漸發揮指導理念的功能，這意味著佛教是以在家主義方式發展。日蓮主義一詞就是運用在此涵義上，尤其是達成由日蓮主義促成的政治變革，被視為實踐佛教復興、佛教理想的終極目標。

另一方面，對長松日扇而言，盡可能促使更多庶民信奉日蓮佛教，並由在家信徒擴展其信仰共同體的圈子，如此則被視為符合時代發展的佛法興隆。日扇自在運用各種方便之法，致力於促進庶民加入日蓮佛教的信仰圈，而重視「現證利益」則是最淺顯易懂的型態。誠然，藉由唱念題目（編案：經題）來做為解決治療疾病等苦難為目標，並從早期就開始分發有「煎餅題目」之稱、印有題目的瓦片煎餅。此後在寶前（佛前）供奉並服用淨水，稱之為「御供水」，成為治療疾病的實修要行之一。此外，制定有「妙講一座」之稱的簡便敬拜儀式，逐漸整備成為團體共同禮敬的形式。進而以在家信徒居於指導地位為目標，逐漸形成可讓彼此切磋琢磨的講會組織。這種促使產生庶民信仰共同體的團結一致，以及逐漸擴大的信仰生活形式，是長松日扇獨有的考量方式，對於此後的法華＝日蓮系新宗教的在家主義佛教造成莫大影響。

第四節　國家神道體制下的佛教政治運動

一、日蓮主義與國體論的結合

明治時代初期的佛教指導者們構思是由「正法」來實踐理想的國家社會，其目標是發展適合這種新國家社會的佛教教團，試圖提出復興佛教的未來構想。但自明治時代中期至後期（一八九〇年代至一九〇〇年代），這種構想變得難以提倡，原因就在於彼此相關的兩項因素逐漸明顯。其中之一是透徹了解佛教教團在近代國家形成的過程中並未發揮顯著功效，教團缺乏可積極發揮功能的潛力。另一方面，則是高揭對於具有神之系統的神聖天皇所表示的崇敬，如此由國家神道推行的新國民統合型態逐漸明確，至於直接反對國家社會構想的概念，則變得難以獲得支持。

取而代之的是，對於期待佛教在做為「宗教」，或做為知性體系的優越性表以期待的言論逐漸發展。提倡「新佛教」或「新宗教」的言論，雖在教養階層方面頗具魅力，但並未與廣大的社會現實形成連結。

在此趨勢下，依舊積極提倡普濟眾人的佛教，卻對國家社會的廣泛現實所具備的影響力及參與力，甚至繼續提示指導理念的可能性皆遭到限制。然而，田中智學的日蓮主義在選擇與國體論結合之際，其發展的可能性變得更為廣泛。田中智學的國柱會運動，以及出口王仁三郎的大本教運動形成有如雙璧般的宗教運動，促使了高揭普遍主義式救濟的宗教運動與國家神道合而為一，人類的宗教救濟與以天皇制國家為基礎的國家救濟互為結合。這兩大運動在西元一九〇〇年代前期重新掌握大方向，並藉此與國家神道合為一體，造成對於日後的日本政治運動、大眾運動、國家體制的發展型態產生不少影響（島薗進，二〇〇二），逐漸推展以積極提倡崇敬天皇、對於既存社會體制強行採取反對理論的運動。

原本在佛教界，就並非是由田中智學獨力開拓的領域。西元一八九〇年代之後，國家神道確立，民族主義在知識分子之間的運勢逐漸高漲，對日蓮表以崇敬，在高倡國民理想的同時，並試圖獲得實存主義式信念的人才輩出。日蓮的畢生及其教義，充分具備國家神道所欠缺的教義體系及生死觀、實存的領域。這種順應透過宗教性來形成個人意識型態的探究，況且提示了救濟國家、甚至救濟世界的崇高理想，如此擁有輝煌形象的日蓮就此現身。

二、醉心於日蓮思想的人士

在此發展動向中，日蓮宗的顯本法華宗（妙滿寺派）的僧侶本多日生（一八六七—

一九三一）籌組具有影響力的佛教運動。日生在投入宗門改革運動的過程中，逐漸企盼統一日蓮宗門、統一佛教，進而促使國家與佛教合為一體，不久與田中智學一致倡說日蓮主義。日生於明治二十九年（一八九六）組成的統一團，藉此超越宗門框限，形成參與世俗社會的據點，其核心設施則是統一閣（一九一二）。自一九〇〇年代之後，對於一名野心勃勃、為自我應朝何處發展而感到苦惱的青年而言，國柱會與統一團的出現，彷彿成為照亮輝煌前程的組織。

日蓮在克服實際存在之苦惱的同時，又能毅然面對國家社會的困局，其身為愛國者的形象廣泛獲得了知識分子及文學家的關注（戶頃重基，一九七二）。真宗大谷派的井上圓了從佛教整體觀的立場設立哲學館（後為東洋大學），並向基督教說明佛教位居優勢，他在《日宗哲學序論》之中對於日蓮提出的「哲學」表示關注，其時間點在於明治二十八年（一八九五）。至於文學家高山樗牛深受思想家日蓮所吸引的時期，則是約在明治三十三年（一九〇〇）前後。樗牛對於日蓮所表達的禮贊，促使其摯友，亦即身為日本宗教學開拓者的姊崎正治熱衷於研究日蓮思想。甚至連身為基督教徒的內村鑑三般的國家神道批判者，亦於明治四十一年（一九〇八）刊行的《代表的日本人》之中，在列舉西鄉隆盛、上杉鷹山、二宮尊德、中江藤樹之外，亦舉出日蓮並表明給予高度評價。

三、日蓮主義的影響力

自〈教育敕語〉發布十年後的明治三十三年（一九〇〇），國家神道已確立正統意識型態的地位。其中，佛教在國家神道保證下的政治、社會體制中，在私人信仰般的領域內發揮有限功能，並採取與國家神道體制合作的立場。這種推廣〈教育敕語〉內容的國民道德論就此成形，國家神道成為國民應遵從的規範，逐漸凌駕各宗教之上，佛教則難以抵抗如此情勢。自大逆事件發生後的明治四十五年（一九一二），在內務省居中費心調解下，舉行由佛教、神道、基督教的代表人士齊聚一堂的三教會同，決議將「試圖扶翼皇道，益發振興國民道德」。

自此時期之後，在宗教信仰與國家社會的發展、變革構想互為結合的情況下，與國家神道的教義（國體論）進行連結成為不可或缺。至於積極實踐此課題，為了形成巨大政治宗教勢力而有所貢獻的宗教人士，則是田中智學與出口王仁三郎，他們推行宗教政治的思想運動是日蓮主義與皇道大本。就佛教立場來看，日本近代佛教若與國家社會的發展、變革這些構想來連結，並發揮強大影響力此點來看，日蓮主義運動顯得格外醒目。日蓮主義的思想範疇，在田中智學於西元一九〇〇年代將〈三大秘法抄〉的千年王國構想與國體論相結合之際已進行開拓。

這種情況，可在昭和前期積極提倡崇敬天皇的超國家主義式的變革運動（「國家改造」）之中，由許多指導者受到日蓮主義所影響的事實來獲得支持。這些指導者之中因與日蓮主義有關而廣為人知者，照出生年份來看，依序是北一輝（一八八三—一九三七）、井上日召（一八八六—一九六七）、石原莞爾（一八八九—一九四九）。此外，雖深受本多日生所影響，卻未積極提倡崇敬天皇，而是對社會主義懷有親近感，發展出新興佛教青年同盟運動的妹尾義郎（一八八九—一九六一），以及試圖透過崇敬天皇及日蓮佛教來救濟國家，並連帶解放亞洲的藤井日達（一八八五—一九八五）般的人士亦紛紛出現，說明了日蓮主義具有如此強大的影響力。

四、石原莞爾、井上日召、北一輝

石原莞爾身為日本陸軍的菁英人士，並藉由關東軍副參謀長的身分謀畫九一八事變，其身分亦是國柱會成員，全面接受田中智學所提倡之國體論的日蓮主義（藤村安芸子，二〇〇七）。青年時期的石原做為高級士官，指揮士兵冒生命危險身赴戰場，其終日求道尋求宗教信念的支持，並曾在某段時期試圖依隨筧克彥所提出的「隨神之道（編案：自神代以來，由神意指引而非人為所成之道）」思想。然而，石原莞爾逐漸感到國家至上主義的局限，並轉向由信仰日蓮佛教統一世界，最終於大正九年（一九二〇）全心投入國柱會。石原相信日蓮才是闡明真正的國體論，今上天皇與日蓮正是末法的上行菩薩。

另一方面，石原莞爾透過在德國鑽研的軍事史研究，確信藉由日蓮預言即將來臨的「世界最終戰爭」，將在不久之後可實踐世界統一。昭和六年（一九三一）爆發九一八事變之際，實施具有謀略性的軍事政策立案，而其軍事政策則是以支持田中智學教學的日蓮主義式信念為基礎。但在此後，石原反對擴大戰線政策，在退役後組織東亞聯盟，試圖摸索與亞洲各國國民之間的合作關係，敗戰後則提倡絕對和平主義。此外，在持續推動政治活動的同時，繼續修習日蓮佛教，試圖深化信仰。

井上日召畢業於前橋中學校後，暫時就讀於早稻田大學預科、東洋協會專門學校（後為拓殖大學），明治四十三年（一九一〇）遠渡滿州，此後歷經十載以上輾轉於中國各地，從事改革活動或傳遞情資活動（井上日召，一九七二：岡村青，一九八九）。大正十年（一九二一）返國後，在故鄉群馬縣的川場深居坐禪，親近佛教。在此期間，日召受到各種神祕體驗的感召，據傳曾於大正十二年（一九二三）聽見「你是救世主！」的呼喊。此後，日召屢次參加國柱會及統一閣的講習聚會，逐漸對日蓮主義產生親近感。昭和三年（一九二八）於茨城縣的大洗興建立正護國堂，試圖邀集當地青年，培育以日蓮佛教為基礎的國家改造運動。在此過程中，日召卻認識到田中智學的日蓮主義是未落實於行動的空泛理論。

井上日召當時發起大眾運動，試圖實踐以對天皇絕對效忠為基礎的國家改造活動，並於昭和五年（一九三〇）左右，與海軍將校（編案：廣義是指少尉以上的士官）藤井齊等人相識，以及與推行各種國家改造運動的團體有所接觸。此外，隨著對於情勢的認知逐漸轉變，日召甚至認為發動政變或恐怖主義是無可避免之事。更於昭和七年（一九三二）積極提倡「一人一殺」，與追隨的青年共組有血盟團之稱的組織，陸續暗殺前大藏大臣井上準之介、三井財閥的魁首團琢磨，日召本身遭到逮捕。他的暗殺行動影響到之後，海軍將校決意發動的五．一五事件。然而，日召在策動地區青年的時期與日蓮信仰漸行漸遠，逐漸顯露對天皇的絕對崇敬。日召於昭和十五年（一九四〇）因大赦令而出獄，此後再度親近禪法。

至於北一輝的情況，則是從十餘歲時就被「國家改造」思想所魅惑，幾乎對天皇毫無抱持任何宗教式的崇敬之心（宮本盛太郎，一九七五）。此外，北一輝於佐渡書寫的文章中，以〈國民對皇室的歷史の觀察（所謂國體論の打破）〉（一九〇三）為題，述說日本的君民關係與中國或西洋諸國並無顯著差異，國體論乃是妄論（宮本盛太郎，一九七五，二十九頁；松本健一，二〇〇四）。北一輝的最初著作《國體論及び純正社會主義》（一九〇六）隨即遭到禁止出版，雖沒有明目張膽撰寫，卻被視為是威脅國體的著作。

對於以大正時代末期至昭和時代初期的「國家改造」運動為目標的人士，即使他們奉為指針的著作《國家改造案原理大綱》（一九一九，自一九二三年之後以《日本改造法案大綱》為題出版）之中，亦沒有將天皇視為神聖之存在。在公開場合中，北一輝的發言雖肯定國體論並視天皇為神聖之存在，但可推測此舉僅是配合情勢而已。但在二・二六事件之中，對於試圖實踐北一輝理論的年輕行動主義者而言，天皇則是神聖之存在。誠然，北一輝亦透徹明瞭此事。

另一方面，北一輝對於法華＝日蓮佛教的信仰十分強烈（宮本盛太郎，一九七六；藤卷一保，二〇〇五），其《法華經》信仰是始於大正五年（一九一六）與法華行者永福寅造相識而來。這名法華行者不僅明瞭《法華經》內容及日蓮教學，更說明自身能透過唱題或誦讀《法華經》而與靈界交流，藉此獲得神祕的預知能力。此後，北一輝自行讀經，其妻すゞ子則能述說靈言，並以此形式逐漸深入信仰。另一方面，北一輝在針對《法華經》信仰的知識層面，幾乎是憑藉自學而成，不曾受到日蓮主義所影響。對他而言，《法華經》信仰是基於信念來推行改革體制運動，對於個體實存領域方面提供強而有力的支持，並非與國家統一原理或即將來臨的理想世界構想有所連結。

五、妹尾義郎與新興佛教青年同盟

以上是法華＝日蓮系運動如何試圖透過採取國家神道來「改造」國家社會。至於妹尾義郎創始的新興佛教青年同盟，雖與日蓮主義運動有關，卻並未親近國體論或天皇崇敬思想，而是朝著批判資本主義對社會造成非公正現象的方向來發展在家主義運動，是屬於罕見的運動型態（稻垣真美，一九七四）。妹尾義郎出身於廣島縣的釀酒之家，明治四十二年（一九〇九）在成為一高生時罹患肺結核，不久被迫退學。此時，他透過岡山縣總社市的僧侶釋日研而得以親近日蓮佛教，日研在當地為在家信徒設立佛教設施，並經營孤兒院。妹尾在歷經母逝後，大正七年（一九一八）前往東京，最初造訪國柱會未能產生共鳴，卻與本多日生會晤，受其勸導應以在家佛教徒的身分從事活動，故而加入統一閣。大正八年（一九一九）以統一閣的各大學學生為中心，組成人日本日蓮主義青年團。

妹尾義郎在統一閣時期的活動，雖不曾響應本多日生順應國家神道的面向，但對於本多以超越宗派的佛教統一為目標的精神，表示大感認同。此外，妹尾強化批判有關資本主義造成貧困及榨取、歧視，並以透過佛教精神來改革社會為目標。在飽受世間抗拒之下，妹尾於昭和六年（一九三一）開創以佛教全體為目標的嶄新團體，亦即新興佛教青年同盟。當時大約兩千名大日本日蓮主義青年團員，約有五、六百名加入新興佛青（略稱），亦有由其他宗派加入的新成員。

新興佛教青年同盟在皈依釋教的同時，亦以無我愛為基礎而重視現世的共同生活，在基於這種高揭在家主義式的佛教型態上，促成了獨自的運動型態。該組織主張積極參與社會問題，對無產運動或勞動運動產生共鳴，亦訴說反戰思想。因具有批判性的政治特質，故被當局視為危險對象。包括妹尾義郎在內的指導者於昭和十一年（一九三六）遭到逮捕，其宗教運動就此落幕。如同前述般，這項運動為期短促，但在日蓮主義系統中曾出現如此反體制的運動，其歷史意義非同反響。

六、藤井日達與日本山妙法寺

不可輕忘的是積極展開活動的僧侶藤井日達，比妹尾義郎更為疏遠日蓮主義，但其影響力不容小覷。日達開創日本山妙法寺，雖未發起政治運動，卻高倡日蓮佛教，試圖發起具有政治影響力的宗教運動。日達出生於阿蘇山麓的農村，在臼杵的農學校就讀之際，因憧憬日蓮思想，於十九歲時在臼杵的法音寺出家（山折哲雄，一九九二；Robet Kisala，一九九七）。大正二年（一九一三），日達在瀑布修行的過程中獲得靈感，決心以「擊鼓宣令」（以擊法鼓化導末世）的修行做為主軸，並在中國以西的亞洲地區，尤其是在印度傾注熱情弘揚佛教，隻身前往各地布教。大正七年（一九一八）在日俄戰爭的戰場遼陽建立首座寺院，取名為日本山妙法寺。但因發生關東大震災，日達以此為契機，在面臨《立正安國論》所顯示的亡國危機而試求突破，故而轉為回到國內開教。大正十三年（一九二四），在富士山麓興建國內最初的日本山妙法寺，這是基於日達懷有信念，認為富士山麓是救濟日本的核心地，與〈三大秘法抄〉的信仰世界彼此維繫之故。

昭和五年（一九三〇）日達於母逝後，再度以「西天開教」為志向，遠赴印度、錫蘭、中國，前往各地建立日本山妙法寺或佛舍利塔，在印度則與甘地（Mohandas Karamchand Gandhi）會晤。日達的這項行動，是藉由將日蓮佛教廣布於民眾之中並與亞洲結合，試圖從西洋的物質主義或殖民主義的壓抑中獲得解放，並試圖防止日本亡國。在此之際，日達認為佛教與天皇崇敬毫無矛盾之處。此外，與其反對日本擴張軍勢，毋寧說是提供協助的機會增多。昭和十二年（一九三七）發生南京事件（南京城攻擊）之際，曾有三名日本山妙法寺僧侶率先參與。此外，日達自昭和十三年（一九三八）返國之後，將佛舍利獻給與陸、海軍有關的將領及近衛文麿。

如前所述，許多知識分子或僧侶試圖採納法華＝日蓮佛教之力，來進行「改造國家」或招請正法世界，並投入各式各樣的政治活動或改革運動。然而，這些皆非以組織民眾為目標。故而在第二次世界大戰終結後，政治環境一旦大為變遷，這種政治活動或政治運動逐漸無法產生重大的影響力。但對於具有在家主義，況且是以日蓮主義為志向的新宗教而言，則非如此情況。這些促使大量民眾涉入發展的宗教運動，早在第二次世界大戰發生前就已形成，在戰爭期間或戰後時期大為成長，至西元一九六〇年代發展成為一大宗教勢力或政治勢力。第六節將針對這些新宗教進行說明，在此之前，筆者想先探討佛教的社會活動。

第五節　社會活動與在家佛教

一、日本佛教與社會事業

明治維新之後的佛教界在一般社會中發揮作用之際，被研究者認為其能與政治活動並駕齊驅，並發揮廣大可能性的就是社會活動。大內青巒於明治二十年（一八八七）設立的曹洞扶宗會，其目標為「慰問災民、救療貧病者、嘉勉孝子貞婦義僕、勸勉及獎勵貧困子弟就學」（池田英俊，一九七六a，一〇二頁）。然而，佛教界在此之前早已參與各種社會活動。吉田久一試舉明治時代初期之例，例如明治二年（一八六九）在中泉普濟院（遠江）開始推動「濟貧活動」，明治十三年（一八八〇）以福田會育兒院（東京）為代表的「兒童保護」，明治五年（一八七二）設立京都療病院等「醫療保護」，約自明治三年（一八七〇）起則開始推行「監獄教誨」等活動（吉田久一，一九九一）。

眾所周知的是，日本佛教自奈良時代就已廣泛與「社會事業」進行合作。若依照豐田武整理的史料來看，可分類為「救貧施療」、「改善交通設施」、「產業開發」、「社會教育」四大面向（豐田武，一九八二）。若與其他分類項目相較之下，社會教育究竟意指為何，則令人略感難解，但其主要的關注點則在於青少年教育。自奈良時代以來，日本佛教廣泛與這些社會事業產生關聯。至江戶時代，幕藩政府的力量獲得強化，逐漸進行宗教管制，故而社會事業推行略顯低調。儘管如此，仍可發現許多實例。此外，亦有如寺子屋（編案：以庶民兒童為對象，教導讀書、習字、算數等私設教育機構）般，在整個江戶時代的活動明顯大量增加。

在這些實例中，對於造橋鋪路或從事修繕工程的「改善交通設施」，以及對於治水、灌溉或振興農業有所貢獻的所謂「產業開發」方面，在明治時代初期是以「北海道開拓」、「士族授產（編案：明治政府為挽救喪失職守的舊士族所推行的救濟政策）」（吉田久一，前揭書）的形式來進行，此後卻不再推行，其原因在於已改由國家或產業界負責處理。然而，佛教有可能參與「救貧施療」與「社會教育」的相關領域，有時則成為由國家社會請託參與的領域，較過去顯得意義更為深重，如此亦可能成為在家佛教發展的新領域。

二、醫療設施、福祉設施、學校

若回顧自明治維新以來發展至今的一百四十年間，則有何成果發展？在此試舉簡明之例，來探討佛教體系的醫療設施或福祉設施、學校來進行探討。佛教體系的醫療設施、福祉設施為數不多，社會福祉法人あそか會是由西本願寺的九條武子（一八八七—一九二八）等人竭盡心力所設置，分別在幾處地點經營あそか醫院、特別養老院、高齡者居家服務中心。其他尚有數間同樣規模的佛教體系醫療設施或福祉設施，即使將這些機構全部聚集，或許仍無法擁有如同恩賜財團濟生會般的規模。濟生會是根據明治四十四年（一九一一）由明治天皇頒布的〈濟生敕語〉而來，並彙集皇室的賜金及朝野捐款而設立。截至平成二十年（二〇〇八）為止，在四十一個都道府縣內，設有八十二間醫院及十二間診療所，共有二萬三千一百零一張病床，二十四間兒童福祉設施、五十五間老人福祉設施、六間身障者福祉設施、六間知能障礙者福祉設施等（http://www.saiseikai.or.jp/ saiseikai/）。佛教體系的醫療設施、福祉設施為數極少。此外，在數量甚少的佛教體系醫療設施之中，例如附屬神職人員等具有宗教性質、或靈性照顧的職務分配，則是顯得十分稀少。至於與附屬神職人員具有同等功能的職務，則是監獄的教誨師，僅有這部分的人員積極發展（德岡秀雄，二〇〇六）。佛教式的靈性照顧在醫療設施、福祉設施之中十分罕見，這項職務僅設置在國家的矯正設施（編案：包括監獄、少年監獄、拘留所等設施）之中。

至於教育設施方面又是如何發展？國學院大學日本文化研究所編輯的《宗教教育資料集》（一九九三）之中，列舉了當時日本國內各大學（包括短大在內）、高等學校、中學校、小學校皆網羅在內。若彙整其數量，則如下表所示：

宗教體系的教育設施

	大學（二二七）	高等學校（三五八）	中學校（二三七）	小學校（九十九）
天主教體系	四十五	一一九	九十八	五十五
新教體系	九十九	九十九	七十六	三十
佛教體系	七十五	一一七	四十六	十
神社神道體系	四	五	三	○
新宗教體系（包括教派神道體系、佛教體系）	四	十八	十四	四

若將佛教與基督徒或基督教教會互做比較，則顯示佛教徒或檀家、佛寺的數量凌駕基督教甚多，但依此情況來看，佛教體系的學校數目則可說是極為稀少。

三、佛教體系社會事業發展不振的理由

那麼，近代日本的佛教體系所推動的「社會事業」，亦即醫療活動、社會福祉活動、學校教育等方面，為何出現發展不振的情況？在明治時代前期的佛教界具有行動力的人

才，是以大內青巒為代表，他對於社會福祉或教育等社會活動，顯示出積極投入的意願。自明治時代中期之後，佛教界受到基督教體系設立學校或社會福祉活動所刺激，而以設立佛教體系學校或充實發展社會福祉活動為目標。

日俄戰爭之後，都市貧困階層的困境逐漸顯著，政府向宗教界尋求協助促使民眾福祉獲得充實（感化救濟事業）。這種具有政策性、基於意識型態的動機，確實對於佛教參與社會福祉活動或學校教育有正向幫助。在大正時期，即使是社會福祉或學校教育，佛教界亦較為積極參與。

然而，佛教界參與社會福祉活動或學校教育，亦出現幾項負面因素（中西直樹，二〇〇〇、二〇〇四）。其理由之一是佛教界透過宗派或門派造成多種分歧，以致無法集結分散的力量。研究者指出，佛教勢力集中於支持宗派寺院的僧侶培育機構，導致為了建構培植信徒或一般國民教育機構的力量就此削弱（谷川穰，二〇〇八）。

此外，由國家或皇室、財政界及官僚界的指導階層來掌控主導權的傾向逐漸強烈，此亦成為重大要因。在醫療設施或福祉設施的領域中，恩賜財團濟生會居於優勢地位就是最佳之例。此外，負責靈性照顧的教誨師在受到國家管制力滲透之下，其身分逐漸引人注目，這亦是由國家主導的另一項例子（德岡秀雄，二〇〇六）。

在教育領域方面，〈教育敕語〉在面對基督教滲透之下而具有精神防衛之意，規定該敕語應成為精神教育的主調，此亦成為重要因素。〈教育敕語〉對基督教發揮最嚴厲的功效，佛教亦受其波及，成為抑制佛教參與學校教育的要因。自從發生內村鑑三不敬事件（編案：鑑三在〈教育敕語〉奉讀儀式中，拒絕向天皇的親筆署名行最敬禮，以致遭到該校師生責難並成為社會事件）之後，井上哲次郎在〈教育と宗教の衝突〉（一八九三）一文中所設的論點，長久以來對後世造成深遠影響。

明治三十二年（一八九九），〈文部省訓令〉第十二號「將宗教獨立於一般教育之外」，此後禁止高等學校以下的所有學校推行宗教教育。這是對佛教體系的教育機構採取通融化的運用方式，後於昭和七年（一九三二）出現准許推行「宗教情操教育」等情況，或修正立場改為容許的方針。但不容否認的是，在對於限制私立學校推行宗教教育方面，發揮了抑制成立佛教體系學校的效果（中西直樹，二〇〇〇；林淳，二〇〇八）。

抑制效果十分顯著的，應是日本在亞洲太平洋戰爭時期出現全國總動員的局面，以及戰敗後的高度經濟成長與福利國家體制所造成的影響。在此時期，公立醫療、福祉、教育機構顯著發展，但就相對程度來看，在私立方面，尤其是與佛教相關的私立醫療、福祉、教育機構的成長勢力逐漸削弱。日本的學校教育或社會事業是由國家主導的傾向十分強烈，在佛教界中雖有許多試圖積極推動的人士，但其發展難免受到限制。

四、佛教感化救濟會（日蓮宗法音寺）

在此情況下特別值得一提的，就是在以佛教為基礎推行的社會事業運動中，出現了佛教感化救濟會，亦即此後的日蓮宗法音寺。佛教感化救濟會是由美濃笠松（岐阜縣羽島郡）出身的杉山辰子（一八六八—一九三二）所創立的在家主義佛教運動，與本門佛立講、靈友會、創價學會等組織同樣屬於法華＝日蓮系的新宗教團體（大乘教教學部，一九六七；法音寺廣報委員會，一九七八、一九九六；西山茂等，二〇〇五；Ranjana Mukhopadhyaya，二〇〇五）。辰子於十六歲時，與大垣的女法華經行者鈴木キセ相識，開始實踐法華信仰。キセ屬於日蓮宗寺院寶光寺，注重神通力及累積德行，不顧自身境遇坎坷，仍施食於貧困者，並為旅行者提供住宿。

杉山辰子或許是受到昔日追隨鈴木キセ實踐信仰的經驗所影響，此後在名古屋為生活困頓的民眾提供實質上的協助，並結合宗教救濟，不斷摸索法華＝日蓮系的信仰活動方式。此外，辰子與受其化導的醫師村上齋（一八五六—一九四七）自明治三十六年（一九〇三）起，在三河山區的白川村進行結合醫療工作的信仰活動，並獲得成效。辰子順應自明治四十一年（一九〇八）以來透過國策推行的感化救濟事業潮流，在隔年於名古屋開始推展佛教感化救濟會。此外，辰子亦受到日蓮主義藉由正法國家來推行救濟人類的理念所影響（西山茂等，二〇〇五，四十六頁）。

此後，杉山辰子與村上齋，以及鈴木修學（一九〇二—六二，其與辰子姊姊的養女結婚，並繼承辰子之志）推展在家主義式的佛教運動，其目的在於促進一般在家信徒積極參與信仰及弘教活動。另一方面，亦投入包括救援災害、貧童、孤兒、受虐兒、智能障礙者等的保護養育工作，以及對於痲瘋病患的救援等活動，戰後則設立並著手營運為了推行社會福祉教育的高等教育機構（中部社會事業短期大學，後為日本福祉大學）。其宗教活動在戰爭期間遭受限制，戰後則分裂為隸屬於日蓮宗的法音寺，以及大乘教、法公會、真生會等新宗教教團。至於對外公稱的信徒數量，光是法音寺即有三十萬名，整體上多達七十萬名。

在近代佛教教團的社會活動中，法音寺的顯著特點，就在於是以一般信徒的信仰為基礎，並在獲得積極支持下推行活動，亦即具有濃厚的大眾運動性質。法音寺是以《法華經》與日蓮教理為根本，積極勸導實踐「慈悲、至誠、堪忍」，相當於實踐六波羅蜜中的布施、持戒、忍辱三德。此外，述說以三德為基礎的利他行為「積德」，達到實現自身或家人的幸福。社會事業獲得基層的強大支持，故在宗教活動明顯遭到限制的戰爭期間，法音寺仍可繼續從事以社會事業為中心的活動。自昭和九年（一九三四）以來，法音寺所採取的形式，在宗教層面上是由大乘修養團、在社會事業層面上是由大乘報恩會來分別掌管，但實際上兩者的關係密不可分。修養團的活動雖遭禁止，並受限於報恩會管轄，但其宗教活動仍有可能進行。

佛教感化救濟會在昭和二十年（一九四五）之前發展的日本佛教中，是以推展獲得眾多在家信徒積極參與的社會活動，而值得備受關注。自第二次世界大戰後，透過包括創價學會、靈友會系統的各種教團在內的法華＝日蓮系新宗教教團，是由許多在家信徒來擔任，並推行試圖積極加入一般市民的教育活動、社會活動或和平運動。

自西元一九〇〇年代至昭和二十年，佛教社會活動十分多元化，當國家在戰爭期間及戰後擁有強大主導權的情況下，佛教感化救濟會正因具有民眾基礎，故能促使社會活動維持長期發展，至於其所隸屬於法華＝日蓮系的傳統應非偶然。如同在第二節所述般，戰後佛教式的政治、社會活動之所以能強力發展，主要是由於在家主義式的法華＝日蓮系佛教團體所支持的教團存在才得以如此。

第六節　法華系新宗教的興盛

一、西田無學與佛所護念會

在田中智學的國柱會、長松日扇的本門佛立講成為先驅之後，在家主義佛教運動的重要實例，則是佛教感化救濟會（此後是以法音寺為最初，並由各教團發展宗教運動）。然而卻沒有其他顯著之例，是與佛教感化救濟會同時期成立，並發展為大規模在家主義佛教運動。新興在家主義佛教運動得以迅速發展，則是在時代略晚的昭和時期之後。自第二次世界大戰後，這些在家主義佛教運動盛大發展，甚至促使日本佛教勢力版圖煥然一新，並成為佛教系新宗教的主要勢力。以下針對靈友會與創價學會進行說明。

西田無學（一八五〇—一九一八，本名利藏）開創的佛所護念會，是更早於靈友會在推行宗教運動之前，就已形成其信仰世界的原型（由木義文，一九八四；靈友會史編纂委員會編，一九九二、一九九六）。西田無學出身於伊勢松坂，三十餘歲居於橫須賀，隨後遷居橫濱，曾從事多種職業。其子延吉在雜貨屋當傭工，十二歲時罹患肺病，無學在此因緣際會之下開始親近佛教。無學又因胞弟榮藏有聾啞之疾，故而逐漸虔信《法華經》，此後在橫濱以製作「槙肌」而事業有成。附帶一提，槙肌是指為防止舟船等用品漏水的填充材料。

明治三十六年（一九〇三），西田無學因延吉離世而更為篤信《法華經》，三年後發起救度眾生之大願，倡說以《法華經》供養先祖，自稱為常不輕無學。此外，並創設由同樣信奉者集團所構成的佛所護念會，並以橫濱及東京為中心，藉由辻說法（編案：在街頭或街角、寺院等處宣講佛法）等方式進行弘教。此外，無學前往墳地為無人祭祀者清洗墓碑，並為其取法名，供奉於自家佛壇。西田無學於大正七年（一九一八）撰寫「告白書」，發送於政府當局、府縣知事、貴族院、眾議院議員等人士。其內容是透過遵照〈教育敕語〉的聖旨制定法律，並以促使國民實踐供養先祖的方式，來讓日本有可能成為主導統一世界。

二、久保角太郎與靈友會

西田無學的佛所護念會僅止於小型宗教運動而已。然而，久保角太郎（一八九二—一九四四）受到西田所影響，創造獨特的佛法實修型態，此後創立靈友會，該組織推行幾項規模龐大的宗教運動。角太郎出身於千葉縣安房小湊，為松鷹家四男，其家是以經營船宿及批發魚貨給零售商為業。角太郎自高等小學校畢業後，在小湊修習三年木匠工作，又於東京從事木工，並就讀夜校學習建築學，其建築才能獲得認可。約於大正八年（一九一九），角太郎成為仙石家（舊大名，子爵）的家令（編案：其職為負責管理貴族或公卿的家務或家計）久保家之養子。

久保角太郎因在久保家深受養母志ん所罹患的「神經衰弱」所苦，開始接觸西田無學的教法。此後，角太郎虔信西田教法，投入修習《法華經》，另一方面則與通靈人士若月チセ有所接觸，逐漸深入靈信仰。角太郎在與若月チセ交流下，於大正十四年（一九二五）感悟到向祖靈說法的「教菩薩法」教理，深信已在西田教法中加入重大革新。角太郎與在若月チセ之處結識的戶次貞雄進行合作，企盼組成新宗教團體。當時如同早已採用「靈友會」之名而為人所知般，靈友會約於此時成立雛形。

當時，久保角太郎試圖為新宗教團體推舉具有通靈能力的指導者，亦即胞兄小谷安吉之妻喜美。小谷喜美（一九〇一—七一）出身於神奈川三浦郡南下浦村的貧農飯田家，就讀至小學校五年級即輟學，主要在東京奉職女僕等工作，後與年長十五歲的小谷安吉結婚，安吉則於大正十四年前往東京，在共同宿舍擔任廚師。豈知安吉在婚後深受腰痛之苦，另一方面，喜美則受到小叔久保角太郎的積極勸誘下，小谷夫妻遂相偕投入角太郎的信仰世界。昭和三年（一九二八）組成最初的信眾團體，小谷夫妻全心投入於信仰生活中。西元一九三〇年代在青山會館舉行靈友會總會，相當於今日的靈友會教團開幕典禮。

當時逐漸確立的靈友會信仰型態，除了在各家庭懸掛稱為總戒名的特殊尊軸，並以親戚或姻親為首，盡量為愈多亡者取戒名並記載於靈鑑（過去帳）內，也從《法華經》之中選粹經文來為其誦經。所謂的總戒名，是為了供養夫妻各自家族的所有先祖，並列記雙方先祖之名。初期的靈友會是在丈夫誦經之時，由神靈附於妻身並給予各種指導，如此信仰型態十分普及化。其目標在於各家庭是藉由《法華經》來供養先祖，並蒙受神佛的加持及庇佑，排除魔等邪惡作用，並帶來幸福。在此同時，透過實踐這種信仰型態來冀求皇國安泰，並期盼漸能救濟世界。

自靈友會開創初期以來，其信仰活動的顯著特徵，在於不僅是所有在家信徒以虔誠信仰的方式度日，更能促使他們積極參與教團活動（島薗進，一九八八）。信徒勸誘熟識者（稱為「御引導」），透過小團體進行家庭聚會，並期待盡可能出現成為引導眾多人士入信的主導者。許多接受引導的信徒成為支部長，支部逐漸增加，成為信仰團體的具體目標。家庭聚會（稱之為「供養會」、「法座」等）參與者彼此紛紛表達自身的嚴重苦惱及信仰體驗，即使是規模略大的「說法會」等，亦有包括剛入信的信徒在內，在修法壇上述說體驗。「崇拜祖先，在家信徒之呼喚」被設為口號，強烈顯示在家信徒擁有自覺，亦即認為自身成為新興佛教教團之主體。

靈友會及早就已積極為國家與社會貢獻力量。昭和七年（一九三二）組成婦人修養會，進行皇軍慰問資金的街頭募款或捐獻、國防捐款、捐獻軍人撫卹金等，戰後則以國友婦人會的形式，首先推行以向日本紅十字捐款為開端的社會事業貢獻活動。至於會員人數，公稱昭和十二年（一九三七）是二十萬人，昭和二十四年（一九四九）則多達一百八十萬人。從靈友會出現為數極多的團體並分派獨立，其中包括孝道教團（一九三五）、立正佼成會（一九三八）、妙智會教團（一九五〇）、佛所護念會教團（一九五〇）等。

三、牧口常三郎與創價學會

其次是針對創價學會進行說明。創價學會是由在家信徒組成的教團，在平成三年（一九九一）與日蓮正宗陷入無可挽回的對立情勢，在自主脫離為止之前，一直是屬於該宗的傳統佛教教團（宗門）的日蓮正宗（村上重良，一九六七）。創價學會的創立時間，可追溯至牧口常三郎（一八七一—一九四四）於昭和五年（一九三〇）出版《創價教育學體系》第一卷之際，將出版社命名為創價教育學會的時期。故而創價學會歷經六十餘載，一直屬於日蓮正宗內部，成為在教育或政治等世俗生活各方面息息相關的教團組織。如同後述般，日蓮正宗的歷史發展悠久，但創價學會的活動內容，自始就已凌駕日蓮正宗的教義或實踐型態的架構。此點成為創價學會脫離日蓮正宗的遠因，故將創價學會稱為「新宗教」的說法十分適切。

日蓮正宗的門流是屬於日蓮親自指名為後繼者的嫡傳弟子，亦即「六老僧」之一的日興（一二四六—一三三三）法系，其中將大石寺奉為本山，並有富士門流或大石寺派之稱的教團，自明治維新之後的明治四十五年（一九一二）出現日蓮正宗的稱謂方式（以下主要參照村上重良，一九六七）。日蓮示寂後，日興與以身延山為根據地的其他弟子分道揚鑣，並於富士山麓建立大石寺。日興及其弟子認為應顯示自身流派才是日蓮佛法的主流，故而高揭幾種內容殊異的教說，例如「大御本尊論」、「富士戒壇說」、「日蓮本佛論」等。

首先是闡述「大御本尊論」，亦即針對有板曼荼羅之稱的大御本尊具有絕對至上的意義。據傳板曼荼羅是在楠木板上書寫《妙法蓮華經》的題目，以及諸佛菩薩及諸神的尊名等，而此木板是從身延山的水池中撈取而來，並以日蓮親撰的曼荼羅為底本雕刻，隨著日興離開身延山之際而移奉於大石寺。這幅曼荼羅在日蓮親筆書寫、為數有限的曼荼羅中被賦予特殊意義，大石寺派提倡其為日蓮為全人類遺留的絕對唯一本尊。

其次是「富士戒壇說」，此為日蓮在〈三大秘法抄〉之中與「本門題目」、「本門本尊」同時列舉。原本「本門戒壇」應成為日本或世界佛教教團的核心，富士大石寺則被指定為其所在之處。今後若由國家認定大石寺為本門戒壇之際，天皇敕使將前來奉請御本尊入宮內祭祀。大石寺至今仍有迎接敕使的「敕使門」（通稱為不開門）。筆者認為應予以

大石寺是日蓮正宗總本山，其中奉安堂為奉安本門戒壇之大御本尊。（出處：Shutterstock／達志影像）

留意的，是富士戒壇說在重視「本門戒壇」此點上，與提倡國立戒壇的田中智學思想互為呼應。此外，牧口常三郎曾於西元一九一〇年代數次參加智學的演講。

最後是「日蓮本佛論」，此為釋迦佛在末法時代已成為僅是脫佛（形同虛殼之佛），日蓮才是本佛。《妙法蓮華經》、天台智顗和最澄所傳揚的《法華經》已是過去較劣的教理，日蓮的題目才是最殊勝的《法華經》精髓。日蓮本佛論將釋尊與《妙法蓮華經》的權威降低，日蓮與題目才是最高權威。

大石寺派就佛教方面或日蓮門流方面，皆是以極為特殊的教義來發展其流脈，具有強烈的異端集團特性。然而，其門流的在家信徒在江戶時代自行組織講會，十分積極從事活動，透過堅固信念來進行折服（主張堅信正統教義來說服對方入信）的行動則成為規範，卻因絲毫不肯妥協而屢遭彈壓。然而，自明治維新之後未見顯著發展，至昭和五年（一九三〇）末的階段，僅成為檀家信徒人數只有八萬餘名的小宗派。創價教育學會的創始者牧口常三郎於昭和三年（一九二八）入信日蓮正宗，繼而長期追隨牧口推行教育運動的戶田城聖（一九〇〇—五八）亦隨之入信。

牧口常三郎與戶田城聖皆從北陸移居北海道，牧口為新潟縣出身，戶田則出身於石川縣的農漁村。牧口歷經寒窗苦讀，就讀於札幌師範學校，在擔任小學校教師的同時，致力於鑽研教育學及地理學（聖教新聞社，一九七二）。明治三十四年（一九〇一），牧口常三郎攜帶自身書寫的地理書原稿遠赴東京，書稿內容是以其獨到的地理學見解為基礎，他在從事出版等工作的同時，亦出版《人生地理學》。該書在當時獲得佳評如潮，牧口卻難以學者身分立身處世，故自明治四十二年（一九〇九）起重返教員生活，在東京都內的小學校擔任校長，繼續鑽研教育學。在面臨教育行政所造成的障壁之際，致力於實踐小學校的教育改革，不斷修正及改革教育理論的應有型態。此外。並以兒童自身在日常生活中學習的生活智能為基礎，藉由探求如何透過個人意願來努力學習的教育方式，認為「價值論」才是至要，並構思以「價值論」為倚柱的《創價教育學體系》（島薗進，一九九二）。

在此過程中，戶田城聖在成為協助牧口常三郎的立場上，發揮了重要角色。戶田同樣遠渡北海道並成為小學校教員，大正九年（一九二〇）為投靠牧口而前往東京，在牧口任職校長的情況下，擔任臨時代課老師（日隈威德，一九七一）。戶田就讀於夜校，對牧口思想十分傾服，當他向制度僵化的公立學校辭去教員之職後，在目黑開設以小學生為對象的學習塾，亦即時習學館，試圖落實牧口的教育思想。戶田於大正十五年（一九二六）自費出版的《推理式指導算術》，在數年間銷售突破一百萬冊。

豈料在此期間，牧口常三郎與戶田城聖的周遭接連發生不幸事件。牧口的次男於大正十三年（一九二四）、四男於昭和三年（一九二八）、長男於昭和四年（一九二九）相繼離世。戶田於大正十二年（一九二三）喪失長女、翌年喪妻，自身亦深受肺結核所苦。在此過程中，牧口於昭和三年受到研心學園（後為目白學園）的校長三谷素啓所指引而入信日蓮正宗，並與繼而入信的戶田一同鼓勵志同道合者加入，首先採取的形式是由實踐教育學的教員共組團體。牧口約於昭和七年（一九三二）追隨日蓮正宗的僧侶堀米泰榮修習該宗教學，並以時習學館等處做為會場展開座談會。

座談會中交錯著兩種課題，亦即透過「實驗證明」來切身學習如何革新教育法，以及實踐以日蓮正宗的信仰為基礎的「大善生活法」，至於在限定「教育」方面的情況減少，並逐漸以後者為重點。這就是初期創價教育學會在昭和七年之後的發展過程。毋庸置疑地，「座談會」在此時期獲得成效，這種促請來自基層參與的家庭聚會模式，當第二次世界大戰之後改稱為創價學會，並進入即將蓬勃發展時期的活動型態。

昭和十八年（一九四三），創價教育學會因拒絕奉拜伊勢神宮的大麻（編案：即神札，書有「天照皇大神宮」的神符）而遭到譴責，並受到特別高等警察取締（島薗進，二〇〇六b）。牧口常三郎與戶田城聖紛紛入獄，牧口於昭和十九年（一九四四）在獄中辭世，時齡七十三歲，戶田於翌年獲得保釋出獄。西元一九四〇年代初期，估計約有數千名會員在遭到取締之後紛紛離散。戶田在戰後立即重新高揭創價學會之名，重啟弘教運動。據資料報告所示，昭和二十六年（一九五一）春季的公稱入信人數約有三千戶，在戶田城聖辭世四個月前的昭和三十二年（一九五七）末則達到七十五萬戶，至昭和四十五年（一九七〇）一月，更達到七百五十萬戶。西元一九五〇、六〇年代，日本國內的創價學會出現極度蓬勃發展的擴張期。此外，創價學會與靈友會系各教團有志一同，促使日本的法華＝日蓮系在家大眾運動達至絕頂期。

靈友會與創價學會是自第二次世界大戰之後，在發展龐大宗教運動的法華＝日蓮系教團之中最具代表性的團體。創價學會的推展是始於教育運動，之後發展為政治運動，如同靈友會系統的各教團，大致上是積極參與和平運動或社會奉獻活動般，在此時期的法華＝日蓮系在家大眾運動，則是包含近代日本佛教的世俗社會參與這種第二類型的特性，亦即在大致上是採取佛教式的政治、社會活動。如同許多明治時代初期的佛教指導者所期盼般，近代佛教在社會上的存在感得以擴充，堪稱是恰由這些宗教運動來予以實踐的成果。然而被視為目標的「正法」，與其說是成為佛教在整體上的共通教理，或是將根本佛教視為其基礎，倒不如說若從世界佛教的觀點來看是屬於特殊的，並以《法華經》在日本發展的系統為基礎的，某種宗派主義式的統一構想來做為主調。

第七節　昭和時代在家主義運動與日本佛教變遷

一、復興正法與社會影響力

以上是概觀從明治維新至第二次世界大戰時期為止的「在家佛教」，以及針對佛教參與社會的各種情況。自明治維新不久之後，佛教人士超越了江戶時代的檀家制度與宗門統制，以及神佛分離、廢佛毀釋所造成的打擊，並以在各種眾人生活的廣泛領域中發揮作用力的佛教實踐為目標，致力於各種嘗試發展。換言之，就是意指正法復興，追求促使佛教如何對國家社會、世俗社會各層面造成影響的應有方式。

至於其具體型態，已如第二節所略述般可彙整為三種型態，即「居士佛教運動」（第一類型）、「佛教的政治、社會活動」（第二類型）、「在家主義佛教運動」（第三類型）。筆者欲在本篇追溯這三大型態的內容梗概，其他雖有佛教思想運動或佛教學運動等重要課題，在此並不予以探討。

前述的三種類型中，戒律復興運動是屬於居士運動的超宗派型態，在明治時代初期出現一定程度的盛況，此後並無顯著發展，無法發揮重大力量。此外，遵循宗派特徵的居士佛教雖出現多元化發展，卻難以稱說是具有顯著發展，亦無法明顯提昇佛教的社會存在感。在佛教的政治、社會活動之中，由淨土真宗等宗派投入的學校教育，或由淨土宗僧侶發展的社會活動雖具有一定影響力，卻無法再度更新自江戶時代以來所保有的影響力。如同上述般，在家佛教或社會參與皆無法獲得顯著成效的原因，就在於自明治維新至戰敗的時期，國家神道保有正統的政治、社會思想優勢，至於受到這種近代日本在宗教、思想的整體狀況下所造成的影響則是十分深遠。

相對於此，佛教式的政治活動與在家主義佛教則出現顯著發展。法華＝日蓮系的佛教勢力無論在這兩種面向中的任何一方，皆扮演卓越非凡的角色。在「佛教的政治運動」方面，田中智學提倡的日蓮主義，或國柱會的宗教運動發揮重大功能。然而，本多日生、北一輝、井上日召、石原莞爾、妹尾義郎、藤井日達等，包括僧侶、知識分子、軍人、政治運動家在內的人士，亦紛紛扮演重要角色。另一方面，「在家主義佛教」是由田中智學的國柱會成為一大助力，至於長松日扇採取更為接近大眾運動路線的本門佛立講，以及靈友會、創價學會則為其代表。透過佛教式的社會活動而獲得顯著成果的佛教感化救濟會（後為法音寺等），亦成為在家主義佛教的有力實例。

二、為何是法華＝日蓮系佛教？

那麼，為何是法華＝日蓮系佛教？如此可說明的是佛教式的政治活動與在家主義佛教，這兩者之所以將法華＝日蓮系佛教視為主體來發展，是基於近代國民國家的發展環境，與法華＝日蓮系佛教所揭示的「正法」理念彼此投合所致。

第一項理由，是法華＝日蓮系佛教原本就對國家抱持高度關心。透過《法華經》是積極促進佛教統一的經典，易與對國家統一懷抱熱情的理念步調一致。尤其是日蓮曾撰寫《立正安國論》，對元寇導致日本危機而提出警示，強烈訴求其對於實踐正法國家的心願。

第二項理由，則是在法華＝日蓮系佛教的正法思想中，出現了與以國民為基礎參與活動的觀念互為一致的內容。法華＝日蓮系佛教將正法的真實本質予以單純化，具備了有助於可讓包括在家信徒在內的多數「國民」意識型態易於形成。原在《法華經》中充分顯示任誰皆可實修的型態，日蓮佛教是傳承鎌倉佛教的易行主義系統，透過唱誦題目或奉拜御本尊的形式，來強調容易實踐（易行性）的程度。在多元思想彼此競逐的近代社會環境中，如此經由單純化、易行化的「正法」實踐擁有莫大的魅力。

第三項理由是法華＝日蓮系佛教促使一般大眾獲得自立與彼此合作，並將為了對現世發揮作用的思想構造深置其中。這種想法是由佛教實踐者所具有身為菩薩的自覺，以同樣身而為人而能積極關懷他者，藉由彼此合作來達成現世的幸福。這種想法對於日本的各階層人士具有強烈的訴求力，這些人士正處於培養某種自覺的時代，而此自覺正是以同樣國民的身分，透過互助合作來擔負國家發展的責任。

三、與國家神道的關係

那麼，各種法華＝日蓮系佛教運動，又與當時的正統思想國家神道有何關係？的確，國家神道與法華＝日蓮系佛教之間，包含嚴重對立的要因。例如，長松日扇、北一輝、牧口常三郎、戶田城聖、妹尾義郎，或有被迫入監服刑、或有殞命獄中，這些事件發生並非出於偶然。

至於井上日召、石原莞爾、藤井日達、久保角太郎等人的情況，則是倖免於因異端思想而遭到壓制。然而儘管如此，支持國家神道的國體論與法華＝日蓮系佛教之間仍有可能彼此折衷或妥協，煞費苦心總算得以免遭壓制。

若就此點來看，田中智學於西元一九〇〇年代初期在思想方面的嘗試，其影響力不容小覷。智學將法華＝日蓮系佛教與國體論進行折衷並合為一體，在支持國家神道的各種國體論的布局中，完美顯示了法華＝日蓮系佛教得以占有屹立不搖的地位。國柱會未能以大眾運動的方式絢爛發展，無法發展成為龐大教團。但以國柱會的宗教運動所構築的意識型態標準為前提，再以政治變革為目標的各種運動方面，靈友會系統的各教團或創價學會亦建構其發展基礎。

專欄四

神祕主義與佛教

吉永進一（國立舞鶴工業高等專門學校副教授）

神祕主義（occultism，或類語為祕教思想）一詞是較新的語彙，自十九世紀後期開始逐漸在英語圈內使用。最初是指將占星術、儀式魔術、卡巴拉等西洋隱祕學予以體系化之意，並曾出現數個團體，其中發展最成功的是神智學協會。該學會是以海倫娜・布拉瓦茨基（Helena Petrovna Blavatsky，一八三一—九一）、亨利・斯太爾・奧爾科特（Henry Steel Olcott，一八三二—一九〇七）為中心，於西元一八七五年在紐約所組成。最初是屬於小型團體，三年後將本部遷至印度，採取包含佛教在內的印度宗教思想或用語（同時，布拉瓦茨基以身邊發生的超現實現象而獲得高評），並迅速擴大規模，於十九世紀末在西歐各國增加支部。實際上，將過去在狹義的同好團體中使用的神祕主義一詞予以普遍傳揚的，正是神智學協會的功勞，如此想來，這個術語堪稱是受到東洋思想的刺激方才得以普及。

進而是神祕主義在佛教傳入之際，發揮了媒介功能。有關此點，湯瑪斯・A・特威德

（Thomas A. Tweed）指出在美國初期的佛教史研究中，讚揚包括神智學徒等在內的「祕教家」所擁有的功績，據其研究所述，尤其有兩名重要人物在容受佛教方面，透過神祕主義式的史威登堡主義所發揮的功能十分重大，而該主義則與神智學並駕齊驅。其中一位人士是哈曼．威特林（Harman C. Vetterling，一八四九—一九三一），另以費朗茲．達薩（Philangi Dasa）為名，於西元一八八八年起在加州的聖塔克魯茲郡發行美國最早的佛教雜誌 *The Buddhist Ray*（《佛光》，一八八八—九四）。哈曼所言的「佛教」，堪稱是從神智學的立場來重新詮釋史威登堡主義，這項並非採取神智學，而是冠以佛教之名的媒體就此誕生，成為劃時代之象徵。另一位人士則是居於費城的貴格會信徒艾伯特．埃德蒙（Albert J. Edmunds，一八五七—一九四一），不僅是史威登堡主義者，亦是心靈主義者，更是與當時許多歐美佛教徒同樣是蔬食主義者。艾伯特身為巴利文佛典的業餘研究家，留有與姊崎正治共同發表的著作，亦曾與鈴木大拙有所交流。

他們對佛教顯示的關心，亦對當時的東洋佛教造成影響。例如神智學協會會長奧爾科特，曾協助斯里蘭卡或緬甸等地的上座部佛教得以復興，亦連帶影響到達摩波羅的傳法活動。在日本方面，令人印象深刻的是在明治二十二年（一八八九）奧爾科特首次訪日並造成廣大社會現象，更與破邪顯正運動相輔相成，予人一種促使推動佛教復興之印象。以奧爾科特訪日為巔峰期，佛教雜誌大量翻譯有關神智學的記載，尤其是以《反省會雜誌》、

《海外佛教事情》、《淨土教報》為中心而大量刊載。在同一時期，前述的費朗茲・達薩亦向《反省會雜誌》等處投稿，或由古河老川、大原嘉吉等年輕的佛教人士向《佛光》投寄英文稿等，由此顯示日、美兩國佛教人士的交流情況。明治二十六年（一八九三），達薩的鉅著 *Swedenborg the Buddhist*（一八八七），亦以書名《瑞派佛教學》（博文堂，一八九三）翻譯出版，在明治二〇年代有關神智學方面的介紹，是屬於復興佛教這種具有戰略涵義的事件，其思想究竟能獲得多少程度的理解，令人十分質疑。

從上述事件可知，倘若佛教是在西歐傳布，則多與神祕主義有關。例如，初次聘請奧爾科特的發起人平井金三（一八五九—一九一六）於明治二十五年（一八九二）赴美，是首位以美國白種人為對象傳揚佛法的人士。對平井表示歡迎者，多為神智學、新思想、心靈研究等方面的信奉者或認同者，反之平井則在返國後，將心靈實驗介紹於日本國內。

但與平井金三相較之下，鈴木大拙（一八七〇—一九六六）與西歐神祕主義的緣分更為深厚。大拙在赴美期間曾受到埃德蒙的教示（一說是在赴美前），對伊曼紐・史威登堡（Emanuel Swedenborg）表以關注，在受到倫敦協會請託後，自明治四十二年（一九〇九）至大正四年（一九一五）翻譯史威登堡的四部著作。後於大正九年（一九二〇），在神智學協會的「東京國際支部」開始發展後，與其妻碧翠絲（Beatrice Erskine Lane）一同參與支部活動。其中，兼具慶應大學教員與詩人身分的詹姆士・卡森斯（James

Cousins）、今武平（東光之父）、傑克·布林克利（Jack Brinkley，報紙 *Japan Weekly Mail* 的主筆弗朗西斯〔Francis〕之子）亦為所屬成員。進而在大正十三年（一九二四），大拙夫婦招募包括大谷大學、龍谷大學教員等人士，於京都設立「大乘支部」。這些支部皆是短暫維持即告終，碧翠絲虔心投入神智學運動，大拙則在其所編輯的英文佛教雜誌 *The Eastern Buddhist* 的雜誌評論之中，採用世界各地的神智學雜誌或新思想雜誌做為評論對象。

進而具有以神祕主義為背景的人物，則是與國柱會有關的法籍人士保羅·李查（Paul Richard，一八七四—一九六七）及其夫人米拉（Mirra Richard），以及對於將鈴木大拙介紹給歐美人士功不可沒的英國神智學徒克里斯瑪·韓福瑞（Christmas Humphreys，一九〇一—八三）等。

如此顯示有關神祕主義與佛教之間的關聯軼事不勝枚舉，有關兩者的內在關係，如今仍尚未充分闡明。原本近代祕教史的研究本體逐漸活絡化，大約是在這十年之間的事情，今後的研究將令人拭目以待。總而言之，以神祕主義為關注點，所看見的並非是單方強制採取或造成誤解的模式，而是由西方的東方主義與神祕主義本體的形成，以及相對之下東方的戰略式西方主義與佛教復興等，呈現在不斷變遷的東、西洋之間屢次反覆相互影響的姿態，在思考所謂的近代這個時代上，神祕主義的觀點堪稱是提示耐人尋味的問題。

文獻介紹

佐藤哲朗，《大アジア思想活劇》，サンガ，二〇〇九年。

吉永進一，〈明治期日本の知識人と神智学〉（川村邦光編，《憑依の近代とポリティクス》），青弓社，二〇〇七年。

Thomas A. Tweed, *The American Encounter with Buddhism*, Indiana University Press, 1992.

第五章

戰爭與佛教

末木文美士
國際日本文化研究センター教授
辻村志のぶ
前日本學術振興會特別研究員

第一節　戰時體制的進展與佛教

一、軍國主義與宗教

昭和前期的二十年間，在日益強大的戰時體制下，思想與宗教都處於被逼迫、陷入戰爭合作的時代。戰後，雖然出現部分人士對此進行自我批判，同時在學術上進行再驗證的趨勢，卻顯然有隱而不宣之嫌。近年研究逐漸盛行，甚至開始發掘資料，今後這些成果將可拭目以待。故而本章避免在整體上進行論述，首先針對當時佛教界的發展狀況做一概觀（末木執筆）。之後主要是將焦點置於日本在入華過程中所產生的佛教界問題，尤其是以中支宗教大同聯盟（昭和十四年，一九三九）的組成為中心進行考察（辻村執筆）。

早於昭和時代之前的大正年間，在第一次世界大戰終戰（大正七年，一九一八）之後，全世界產生追求和平與民主主義的巨大潮流，並締結國際聯盟。日本出現了一股稱為大正民主的高漲情勢，雖實踐普通選舉（大正十四年，一九二五），在此期間社會不安日漸嚴重，亦受到蘇聯成立（一九一八）所影響，社會主義及勞工運動逐漸盛行。政府基於抵制立場，以普選做為交換條件，促成制訂〈治安維持法〉，試圖取締各種民眾運動。

這種潮流在進入昭和時代後變本加厲，隨著以九一八事變（昭和六年，一九三一）為契機而導致戰爭陷入泥沼的同時，日本國內亦有透過瀧川事件（昭和八年，一九三三）、美濃部達吉（一八七三—一九四八）的天皇機關說問題（昭和十年，一九三五）等來對輿論界逐漸增強施壓。尤其是對於社會主義運動不斷進行嚴酷彈壓，曾身為日本共產黨幹部的佐野學、鍋山貞親於昭和八年（一九三三）在獄中改變立場，兩年後社會主義運動面臨毀滅。有關針對宗教進行的大型彈壓行動，則是以昭和十年針對大本教所進行的彈壓而為人所知。出口王仁三郎獨自倡說的神話解釋因牽涉到否定天皇制，導致幹部不僅遭到逮捕，甚至連綾部、龜岡的教團聖地皆遭到破壞殆盡。

軍國主義體制是以二‧二六事件（昭和十一年，一九三六）為契機而更為加速進行，翌年日華徹底進入全面戰爭之中。〈國家總動員法〉於昭和十三年（一九三八）制定，同年亦成立〈宗教團體法〉，將宗教團體置於嚴格統管之下。

二、佛教人士的反戰活動

在此局勢下，佛教界並非沒有任何抵抗行動。其中最著名的，是由妹尾義郎（一八八九—一九六一）等人於昭和六年（一九三一）組成的新興佛教青年同盟（新興佛青）。妹尾原本是屬於日蓮主義者，曾師事顯本法華宗的本多日生（一八六七—一九三一），在昭和初期的社會主義運動聲勢高漲之中超越既有教團，於昭和六年組成新興佛青。妹尾訴求返歸原始佛教的「回歸佛陀（釋尊）」，另一方面則主張「發展改造具有造成現代不安之根本基因的資本主義社會」（〈新興佛教運動の進路〉《妹尾義郎宗教論集》，二五九頁），闡明其批判體制的立場。

妹尾義郎堅持主張反戰、反法西斯主義的激進立場，逐漸偏向無產階級運動，於昭和十一年（一九三六）遭到檢舉，翌年其所推行的運動就此瓦解。妹尾在獄中轉變立場，假釋後的言行轉為支持戰爭，研究者針對此點則是評價不一（松岡幹夫，二〇〇五）。但特別值得一提的是，新興佛青是佛教界唯一反戰且批判體制的團體。

至於其他方面，仍有批判戰爭或國家神道體制的佛教人士。真宗大谷派的僧侶竹中彰元（一八六七—一九四五）近期備受關注，他於昭和十二年（一九三七）因發表「戰爭就是罪惡，亦是人類之敵，所以最好停戰」、「關於盧溝橋事變，不知他人如何作想，我認為就是侵略」等言論而遭到逮捕（大東仁，二〇〇八）。此外，身為日蓮正宗在家居士的創價教育學會（後為創價學會）創始者牧口常三郎（一八七一—一九四四）等人，因拒絕接受伊勢神宮的大麻神符而遂遭逮捕（昭和十八年，一九四三），喪身於獄中。其他仍有被視為失當的佛教人士所提出的發言（伊藤立教，一九七七）。此外，另有並非反戰運動的情況，如宮澤賢治（一八九六—一九三三）般，是基於《法華經》信仰而在農村獨自展開活動的佛教人士。然而，這些各種類型的行動散見於各處，卻依然遭到封殺，未能普遍發展。

三、「國體」與佛教

如此一來，佛教界多傾向於積極支持戰爭的立場。在日蓮主義信仰中，田中智學（一八六一—一九三九）的國柱會強烈帶有天皇主義色彩，具有重大影響力。在淨土真宗方面，曉烏敏（一八七七—一九五四）等人發展支持戰爭的教學（大西修，一九九五），被稱為戰時教學。在禪宗方面，顯然可知曾有許多著名老僧發表支持戰爭的言論（Victoria Brian，二〇〇一）。

如前文所述般，既有佛教被編入戰時體制中，並非僅是偶然形成的結果而已。如此可形成一種推論，那就是毋寧說佛教在當時是以天皇為中心的國家主義體制，亦即在「國體」之中被視為重大要素而納入其中。在此試舉《國體の本義》（一九三七），此書是最能表現在戰爭期間獲得官方認定的國體論著作。在其序言中，述及「我國如今國運頗盛，正值海外發展氣勢如虹，愈益前程似錦」，贊揚日本國運昌隆。至於其理由，則是指出「夙昔傳自於支那、印度之東洋文化輸入我國，純化為惟神之國體，更於明治、大正以來，因歐美近代文化輸入，遂使諸文物得以顯著發展」，意指將各種海外文化涵括於日本

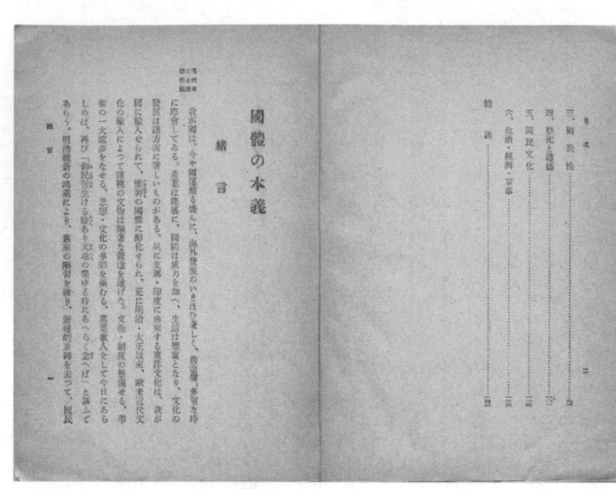

目次

三、國民性

四、祭祀と道徳

五、國民文化

六、政治・經濟・軍事

結語

國體の本義

緒言

我が國は、今や國運頗る盛んに、海外發展のいきほひ著しく、前途彌々多望な時に際會してゐる。産業は隆盛に、國防は威力を加へ、生活は豐富となり、文化の發展は諸方面に著しいものがある。夙に支那・印度に由來する東洋文化は、我が國に輸入せられて、惟神の國體に醇化せられ、更に明治・大正以來、歐米近代文化の輸入によつて諸種の文物は顯著な發達を遂げた。文物・制度の整備せる、學術の一大進歩をなせる、思想・文化の多彩を極むる、萬葉歌人をして今日にあらしめば、再び「御民吾生ける驗あり天地の榮ゆる時にあへらく念へば」と謳ふであらう。明治維新の鴻業により、舊來の陋習を破り、封建的束縛を去つて、國民

《國體の本義》部分內容（出處：文部省編纂『國體の本義』,內閣印刷局,1937.5. 国立国会図書館デジタルコレクションhttps://dl.ndl.go.jp/pid/1880826(参照 2023-03-02)）

之內，成為「惟神之國體」的要素。

即使是頑固的日本主義者，原本在思考日本文化之際，亦不得不承認若非海外文化傳入，否則僅剩貧乏的國內文化而已。故而並非從排除海外文化的立場來發現純粹的日本，而是將這些文化予以融會貫通後，以符合「國體」的形式予以日本化，從完全統合之中發現日本的優點。佛教則恰如其分似的，蘊涵於此論法中。

誠然光就如此，佛教僅能成為日本文化中的一部分而已。但具有更重要意義的，則是佛教自前近代以來已深植於日本人的精神生活中，即使至近代，一旦面臨緊要關頭，仍具有值得仰賴的力量。在社會不安逐漸加劇的昭和九年（一九三四），友松圓諦（一八九五—一九七三）、高神覺昇（一八九四—一九四八）等人參與廣播演出，分別宣講《法句經》、《般若心經》，並廣受大眾喜愛（坂本慎一，二〇〇八）。這些人士促使真理運動活絡發展，並獲得廣大支持，甚至被稱為

「佛教復興」。許多佛教徒如此追求佛教，將之視為精神寄託，這種情況對於天皇中心主義的國家體制而言，亦是不容小覷的力量。

在激進的國家主義者、超國家主義者之中，往往出現不少虔誠佛教徒的例子，如此情況絕非偶然。光憑天皇主義是無法使人獲得內心安定，佛教是為了彌補如此層面之所需而存在。最知名的例子，就是成為青年將校們的精神指導者，因二・二六事件遭到牽連的北一輝（一八八三—一九三七）、協助建立滿州國的石原莞爾（一八八九—一九四九），兩者皆是《法華經》信徒，以及受稱揚為「軍神」的杉本五郎（一九〇〇—三七）、或曾熱心參禪於臨濟宗佛通寺派的管長山崎益州。高揭一人一殺主義、發動恐怖攻擊行動血盟團事件（昭和七年，一九三二）的井上日召（一八八六—一九六七），與日蓮主義及禪宗皆有關聯。在發生瀧川事件或美濃部達吉所引發的天皇機關說問題之際，成為遭到糾彈的首號人物蓑田胸喜（一八九四—一九四六），與其共同組織原理日本社的歌人三井甲之（一八八三—一九五三）則是篤信親鸞教理（石井公成，二〇〇二）。以《出家とその弟子》（一九一八）一書而引發親鸞風潮的倉田百三（一八九一—一九四三），亦於日後成為激進的國家主義者。在觀察這些事例之時，由此可知日本的國家主義、超國家主義與佛教信仰在深度層面上具有密切連結。

四、知識分子的複雜立場

如前所述，佛教人士之中除了有批判戰爭或軍事體制者，亦有與國家主義、超國家主義保有密切關聯者。在兩種極端之間，應有許多佛教人士身處其中。在這些人士中，既有無法諒解順應時局發言者，亦有隨波逐流而提出發言者，其中隱含具有批判性的微妙寓意，應予以慎重檢討。絕非所有的佛教人士皆積極為了協助戰爭而奔走。

例如，在有京都學派之稱的人士中，西谷啓治（一九〇〇—九〇）等人採取佛教觀念，同時積極推行國家主義。相對於此，久松真一（一八八九—一九八〇）是從實修禪法發展至主張「東洋的無」，針對「對國家發展、文化創造有所貢獻」是佛教發展目的之立場來提出批判，並強調佛教的立場是居於超越國家的第一義（末木文美士，二〇一〇），亦即「佛教的第一義功績並非國家功績，而是在於數千年來促使無數人得以解脫」（《東洋的無》，一九三九）。

同樣基於禪宗立場的鈴木大拙（一八七〇—一九六六）究竟是支持戰爭抑或批判戰爭，研究者的見解則是莫衷一是。管見以為，大拙約從昭和十六年（一九四一）起針對戰爭採取相當批判的觀點，卻謹慎避免公開表明，其發表的論述著作被視為支持戰爭的立場，亦是情非得已之事。至戰爭末期的昭和十九年（一九四四），鈴木大拙發表《日本的靈性》，為了對抗在軍國主義體制下頻繁歌頌的「日本精神」，而主張「日本的靈性」，間接針對體制進行批判（末木文美士，二〇一〇），故而無法斷言大拙是支持或批判戰爭。

京都學派的西田幾多郎（一八七〇—一九四五）、田邊元（一八八五—一九六二）等人，或如同前述般歷經思想轉變的妹尾義郎，有關針對這些人士的評價同樣是贊否兩論，顯示日本知識分子在戰爭期間所處的複雜立場。

日本在戰爭時期豈止圖謀將朝鮮、臺灣予以殖民地化，更在中國東北地區建立傀儡政權的滿州國，進而從中國侵略東南亞，並以提出確立大東亞共榮圈為目標。這種主張立即反映於佛教界，在佛教與殖民地政策或侵略中國大陸關係密切的情況下展開布教活動。在朝鮮方面，朝鮮總督府於西元一九一一年頒布〈寺剎令〉來進行統管，尤其在昭和時代的戰爭期間，為了推行皇民化政策而利用佛教界，試圖強行推動「皇道佛教」。如此情況下，朝鮮總督府統一佛教界並創立曹溪宗（一九四一），朝鮮獨立後，該宗派仍延續傳承發展。在臺灣方面，日本的曹洞宗與當地的宗教齋教結合，設立「南瀛佛教會」（一九二二），成為與日本合作之基礎。至於滿州方面有大本教積極前往發展，除此之外，佛教界尚有淨土真宗、日蓮宗等宗派前往當地發展。

在日本侵略的情況下，形成由日本大肆推動的親日派佛教組織，許多佛教人士紛紛

太虛大師（出處：法鼓文化資料照片）

被納入組織中。日本方面亦召開「泛太平洋佛教青年會大會」等活動（一九三〇、一九三四），並試圖構築以日本為主軸的佛教戰略。本章第二節考察的「中支宗教大同聯盟」，亦是日本將之視為中國宗教政策的重要環節而予以發展。對於日本的侵華行動，許多中國佛教界的勢力漸傾於抗日。中國佛教的指導者太虛（一八九〇—一九四七）起初對日本抱持好感，至西元一九三〇年代則針對日本侵華提出責難，並訴求救國之道（末木文美士，二〇〇四）。但在另一方面，形成抵抗日本侵略的勢力，結果促使亞洲產生新佛教。

第二節　中日佛教關係的轉變
——以「中支宗教大同聯盟」為中心

一、回顧研究史

在思考「亞洲史」之際，就如同無法避開近代日本所發起的戰爭般，同樣在思考「亞洲佛教史」之際，也無法避免正視日本帝國主義與佛教的關係，以及日本與日本佛教人士在亞洲的行徑。這是基於能理解日本佛教在近代日本社會中被如何定位，甚至是理解亞洲佛教人士進行的自我剖析所致。

自戰敗以來，日本佛教界在一時之間對於戰爭期間的各種活動皆保持緘默，任由昔日的記憶隨風而逝。在此簡單介紹兩位研究者，他們促使狀況改變，成為如今日所呈現般，逐漸闡明日本佛教在戰爭期間的樣貌。他們是花園大學教授市川白弦（一九〇二—八六），和日蓮宗現代宗教研究所的所長中濃教篤（一九二四—二〇〇三）。

市川白弦之所以探討佛教人士在戰爭期間所採取的行動，其契機就在於聆聽丸山真男的演講「日本ファシズムの思想と運動」（一九四七），丸山曾與鶴見俊輔等人共同創立

「思想の科學研究會」。丸山真男在演講過程中，針對工廠老闆及教師、僧侶等社會中間階層，來探討這些從下層擔任法西斯主義的推行者是如何發揮其角色（丸山真男，一九六四）。市川白弦回顧在戰爭期間的個人行動，以及知名佛教人士採取的言行舉止，繼而發表一系列相關主題的〈挫折と轉向〉（一九六〇—六一）等文章，詳述自身與知名佛教人士之間的行動及言論，如其所指般，闡明了佛教人士宛如煽動者般的姿態。市川的論述及考證，光就他對於日本佛教思想或許成為戰爭論理形成的胚胎，並針對此點而進行考察來看，至今仍是十分重要的篇章。

市川白弦舉出五種傾向，指出有關日本佛教之所以在論理上成為支持戰爭的重要誘因：

（一）「事中見理」這種實相觀的論理及不具有批判性的姿態，亦即是基於被動性及欠缺主體性的立場，自始至終是容許對於既成事實表示追加認同的立場。

（二）「差別即平等」的論理，被視為擁護體制的論理而逐漸發揮功能。

（三）「即非」的論理，亦即不自由即自由、「隨處而從」就是「隨處作主」，這種絕對矛盾的自我同一論理逐漸發揮其社會、政治功能。

（四）不斷勸說心境主義式的體驗論理，該主義的形成乃是基於對「安心」的要求，卻被解釋成為對「安全」的要求所致。

（五）如前所述般，佛教將「內在心境的和平」，從「外在世界的和平」之中予以切割，並藉由確保安身立命的心術論理來發揮其功能。

市川白弦將這些要因視為「日本大乘佛教的思考方式與論理所具備的性質，呈現出與戰爭難以對峙的姿態」而予以追究的態度，此後連帶促成了與龍谷大學的年輕研究員團隊共同推動「戰時教學」研究，對於現今研究提供寶貴的觀點（市川白弦，一九七〇）。

另一方面，市川白弦並無論述的問題，亦即有關日本佛教在戰爭期間對亞洲採取何種行動的相關研究，在這方面得以進行研究的具體契機，則是在昭和二十七年（一九五二）展開的一項活動，其目的是將中國殉難者遺骨送還祖國（其過程可詳見於額賀章友《日中佛教交流戰後五十年史》，二〇〇三，里文出版）。中濃教篤身為日蓮宗僧侶，為了送返在戰爭期間遭到強行擄走及被迫從事苛酷勞動，最終喪命於日本的中國人遺骸，於昭和三十一年（一九五六）擔任「中國人俘虜殉難者慰靈實行委員會」的第六次遺骨送返捧持員而前往中國，進而與中國僧侶及居士等人進行會談，透過這些人士來理解以佛教為首的日本宗教，在戰爭期間的亞洲所從事的活動，並開始進行研究。《天皇制國家と殖民地傳道》（一九七六）則是相關研究之集大成，其他尚有市川參與書寫的《講座日本近代と佛教六　戰時下の佛教》（一九七七）等。

在中濃教篤的論證及考察中，自明治時代至敗戰期間的海外布教活動，從頭到尾幾乎是一部淪為國家傀儡及擔任侵略尖兵任務的歷史。若從現今來看，其內容雖有部分粗略之處，但中濃遍覽史料，不僅及時指出佛教教團與日本軍，尤其是與特務部的關聯，尚且盡可能從長遠角度來看，不只針對佛教，更試圖將許多教團教派的活動做為研究議論及批判對象，這些特點是令人十分讚賞之處。

直接致力於「天皇制國家與佛教」關係論考的市川白弦與中濃教篤，在佛教界引起了很大的風波，他們針對日本佛教在戰爭期間是如何開拓草創期的相關研究，在西元一九七〇年代因受到各教團保存的基本史料陸續出版等因素所影響，故而得以廣泛繼承這項研究領域（在研究史方面，藤井健志〈戰前における佛教の東アジア布教——研究史の再検討〉〔《近代佛教》六號，一九九九〕，文中將研究傾向、今後課題等重點予以簡潔彙整，十分便於參照）。在今日針對戰爭期間的日本佛教相關研究之中，「從軍布教」、成為教團活動之重要環節且盛行發展的「日語教育」、「亞洲佛教人士彼此發揮作用」等多面向課題，其所探討的對象領域已非只針對中國大陸而已。負責研究者不僅針對教團人士，而是跨越各種領域，甚至遠至海外研究者，就此獲得廣大關注。

在此過程中，之所以探討這堪稱是屬於市川白弦、中濃教篤研究黎明期的古典論證及考據來進行探討，其理由就在於如同市川所論述的「日本大乘佛教的思考方式與論理」般，究竟在亞洲的布教現場又是如何呈現，以及中濃所指出的日本佛教在與特務機構的關係中，究竟發揮何種效用。在此筆者想舉出的例子，是「中支宗教大同聯盟」。

「中支宗教大同聯盟」（以下略稱為「大同聯盟」），是在興亞院管轄之下，為了促使華中及華南地區的神道、佛教、基督教得以進行三教統一行動而創設，是屬於宗教團體的聯合組織。大同聯盟於昭和十四年（一九三九）二月開始發展，是在華中及華南地區進行布教活動的日本神、佛、基三教團體，在聯盟開始發展的同時成為從屬組織，包括中支神道聯合會、中支日本佛教聯合會、中支日本基督教聯盟的三種團體，以及其下游組織的各教團教派團體。進而在大同聯盟開始發展之前，由各教團宗派經營的各種事業在大同聯盟管轄之下重新進行編組，光參照其組織模式圖，即可理解其陣容非常堅強。

然而，至今關於大同聯盟的研究堪稱是付之闕如。在中國雖常有述及該組織的研究，但有關其發展的實際情況，則除了理解「是在日軍主導之下創設的監視機構」之外，幾乎一無所知。僅在針對大同聯盟的上層組織興亞院的調查研究《興亞院と戰時中國調查》之中，略有探討而已（房建昌，二〇〇二）。這種情況，應與興亞院於昭和十三年（一九三八）設立，翌年正式開始發展，直至大東亞省吸收其組織的昭和十七年（一九四二）為止，僅短暫設置四年的背景因素有關。但如後文所述般，教團教派在無法獲得布教權的情況下個別進行弘傳活動，這是在政府公認的情況下，全面獲得支持並接受指導。就此意味而言，是十分值得關注的組織。況且從大同聯盟的設立與主旨，皆與軍部及其外部機構密切相關，就該聯盟是日本佛教成為在中國大陸活動實貌的象徵性組織此點來看，亦是十分耐人尋味。下面內容將依照時間順序的方式，簡潔彙整日本佛教在中國的布教權，亦即針對「為何必須在中國布教」的問題來進行議論，更針對「中支宗教大同聯盟」進行探討，該聯盟是在肯定必須布教的特務機構主導下所形成的組織。

二、嘗試獲得布教權與面臨挫折

在佛教教團之中，真宗大谷派與淨土真宗本願寺派是最積極投入對中國布教的宗派，兩派之中率先發起行動的則是前者。明治六年（一八七三），大谷派僧侶小栗栖香頂經由上海抵達北京，約歷時一年努力學習中文，並在各地佛寺進行視察。小栗栖在中國居留的時期曾撰有幾部著作，在其中的《支那開教見込》，述及日本已是文明開化國，對於尚未開化的中國，必須「予以關照並促使開化」。此外，若能比步入衰微的中國佛教更積極推動佛教，則真宗將可博取中國的好感（除了《支那開教見込》〔未刊〕之外，與中國布教有關的小栗栖著作及中國佛教人士對其著作的態度反應，可參照陳繼東《清末佛教の研究》，山喜房佛書林，二〇〇三，書中有詳細闡述）。其次，小栗栖香頂在著作《北京護法論》之中，述說日本、中國、印度三國應彼此團結組成佛教同盟國，來強化如何防禦基督教。有關三國佛教圈的構想，以及應由日本佛教、甚至是真宗來居中牽線的構想，是受到當時由職掌真宗大谷派宗內政務的石川舜台所謀畫的因素所影響，石川則認為政界亦支持此項活動（辻村志のぶ，二〇〇七）。明治九年（一八七六），真宗大谷派設立上海別院並試圖布教，對此積極態度，除了少數知識分子抱存學術上的關心之外，清朝方面的反應則不如預期，別院在幾經波折後，轉向積極投入成為日本居留民的精神支柱。之所以導致如此情況，其背景因素則是攸關布教權的問題。

不僅是真宗大谷派，對於志在中國布教的日本佛教而言，經常為了不能取得布教權的根本問題而備感頭痛。〈中日修好條規〉（明治四年，一八七一）、〈日清通商航海條約〉（明治二十九年，一八九六）、〈二十一條要求〉（大正四年，一九一五）的各種合作及交涉過程中，清朝與中國方面並不承認日本佛教的在華布教權。故而日本佛教在中國的活動，幾乎僅止於包括居留民在內的日本人士為對象。其代表之例為教育機構的營運，在探討戰前東亞的日語教育方面，是無法避開佛教教團所發揮的功能。至於其他方面，在中國居住的日本僧侶所扮演的主要角色，則是維持居留民在葬祭方面的宗教習俗，並從精神層面來支持其生活。換言之，可以說許多日僧是與在日本國內的行動無異，或不得不如此行事。

有關各國在中國的布教權取得，分別是俄羅斯於西元一八五一年、英、法兩國於西元一八五八年、美國於西元一八八一年、德國於西元一八八六年。至於日本最終無法取得的理由，佐藤三郎在針對日、中兩國在明治時代對於布教權的交涉過程所撰寫的論文中，指出當時是在議論造成糾紛的背景下，不僅是條規或條約解釋相異，更因日本政府及布教者們散發的「宣揚國威」氣息濃厚，故而導致滿清政府對此深懷戒心所致（佐藤三郎，一九八四）。

據佐藤三郎所述，當時光是在浙江省內，日本佛教的布教行動就已造成區域社會動盪不安，可發現多起暴力事件之例。根據此後紀錄，明治三十六年（一九〇三），福建省官府以不承認日僧具有布教權為由，要求領事館對其拒絕發行來華護照。翌年，更發生日僧在福建省安海的分教堂遭到當地居民襲擊，本尊佛像遭到毀損的事件。以該事件為契機，在有關〈日清通商航海條約〉所訂定的最惠國待遇之中，是否應包括布教權在內的問題方面，顯然可知日、華兩國之間因認知分歧而產生摩擦。西元一九〇四年，中國杭州的數座寺院突然提出請願要求轉為隸屬真宗大谷派，以此事件為開端陸續發生騷動，並被視為問題癥結。從多達四十餘寺的大規模請願，再加上著名詩僧敬安聯署予以支持，該事件成為眾所矚目的焦點。

從轉屬大谷派的騷動來看，必須更進一步探討的是當時中國方興未艾的廟產興學運動。所謂的廟產興學運動，是為求充實教育而將閒置的佛教或道教寺地等資產予以接管，並試圖做為教育設施之用的運動。由於受到地方官吏成為後盾支持，已在各地造成甚大災害。包括敬安在內，並以改革中國佛教為目標的僧侶們，試圖藉由成為隸屬於異國宗教大谷派的寺院，來確保寺產及宗教活動受到庇護（至少在日本國內是如此解釋，參照〈支那僧寺の歸屬問題〉《東本願寺上海開教六十年史》，上海別院，餘見西元一九三七年當時的報紙記載等）。

然而，滿清政府對此動向抱存戒心，加上當時真宗大谷派的清國江浙布教監理從事大規模募款，導致兩國對此舉極為矚目，促使問題更為嚴重。中國寺院方面因未能形成共識，甚至發展成鬥毆事件及逮捕肇事者的情況。明治三十九年（一九〇六），在領事館意識到事態嚴重之後而下裁決，真宗大谷派的監理受到三年強制離開當地的懲處。不難想像的是，透過這連續發生的幾起事件，中國在對日本佛教抱持警戒的同時，亦對日本外務省所推動的日本佛教，顯示出高度強烈質疑的態度。

當期待能在中國布教卻無法遂願的情況下，少數准許以官方管道來進行活動的型態之一，就是「從軍布教」。若以《本願寺史》（一九六九）等史料為根據，來探討淨土真宗本願寺派的情況，則是以軍幹部與宗主的私交所發展的精神講話為契機，在明治二十六年（一八九三）制定〈陸海軍人布教法案〉的翌年，因發生中日甲午戰爭，故自開戰六日後設置臨時部，並由宗主自行前往各地的軍團及鎮守府進行慰問。同年，由大本營批准可慰問在華軍隊兼從軍布教，故而布教使的任務多少雖有差異，但在大致上是從事「勞軍」、

「授予名號」、「捐贈書籍」、「慰問病人」、「向士兵說法」、「為亡者舉行火葬或土葬及葬儀」、「舉行追悼法會」、「送返遺骨及遺物」等活動。在中日和談後，淨土真宗本願寺派與真宗大谷派，皆向陸海軍大臣及鎮守府的所在地請求准許布教員駐留當地，如此要求亦獲得批准。明治三十五年（一九〇二）當時，曾有四十名布教員駐留各地的軍事據點，並向士兵進行精神講話等活動。

駐留海外教區的布教員亦在當地兼任開教使，當前往因中日甲午戰爭而被割讓的臺灣布教之際，從淨土真宗本願寺派制定的布教所是隸屬於日軍兵站司令部的糧秣倉庫遺跡等情況來看，由此可窺知開教與從軍布教具有密切關聯，而與軍隊共同行動則成為常態。中日甲午、日俄的兩次對外戰爭，以及第一次世界大戰所累積的從軍布教經驗，堪稱在日後或許是由利用日本佛教的日軍在中國進行大規模的「宗教工作」。

然而，從軍布教與原本語意所指的布教形式形成明顯差異的情況，乃是不爭之事實。明治四十年（一九〇七），透過在華公使的單方聲明，日本佛教被解釋為具有布教權，卻沒有正式發揮效力，故於大正四年（一九一五）進行的〈二十一條要求〉交涉，成為打破僵局的寶貴機會。

在展開交涉之初，日本政府向袁世凱政權提出的文書中，於第五號第七項的最後項目顯示「承認本邦人在支那具有布教權」。該項目最終未受中國政府採納，日本政府亦撤回該條項，並未再度提出要求。日本政府取締教團布教者的言行，嚴格要求提昇素質，卻屢次發生問題，導致中國方面的態度更為強硬。就這些情況來看，可判斷從這項行動中，很難發現日本為了取得佛教布教權而在外交上的煞費苦心具有任何價值。

另一方面，日本佛教界在進行交涉同年，由佛教徒談話會主辦的佛教徒有志大會，逐漸發展成如何取得布教權的運動。雜誌《新佛教》的「支那內地布教權問題特集」之中，除了該雜誌創辦人高島米峰之外，尚有島地大等（淨土真宗本願寺派）、水野梅曉（曹洞宗）、渡邊海旭（淨土宗）等當時著名的佛教人士投稿，可知如何取得布教權被視為一大課題。這些有志之士在發表〈布教權問題宣言書〉之際，亦遴選執行委員，並訪問首相、外相、文相等人士，表達可促使實現取得布教權的意見（《新佛教》第十六卷六號，佛教清徒同志會，一九一五年六月）。

在此筆者簡單針對〈布教權問題宣言書〉的內容來做探討。該宣言書撰成於大正四年（一九一五）五月，是由渡邊海旭起草，其全文內容是闡述中國方面准許歐美各國在華布教，卻不認可日本佛教進行布教活動的非公平待遇：

帝國佛教徒與支那具有法統、法脈、父子、兄弟之親戚緣分，故應向支那行報本反始之務，依深厚之歷史關係，同教相歡，同信相勵，挽回衰頹萎靡之中土教勢，使其成為啟發民心之基礎，並以文采煥發之根柢、更如唐、宋、元、清時期般，如此豈非成為兩國親善之牢固繫絆？

海旭說明了倘若中國能認同日本布教，中國佛教將在日本佛教的協助下獲得復興，可藉佛教啟迪民風，促進日、中兩國親善交誼更為深厚。進而以日本身為文明國所應有的矜持為例，訴求應確保其布教權。此後，這些有志之士向帝國議會提出「支那內地布教權的相關建議」，至於做為應該具有布教權的依據，則是「信仰自由」。在應否接受基督教信仰這項問題形成之際，信仰自由曾受到積極議論。信仰自由一詞，應是在遵照建議的形式下才選用此語，至於有志之士在舉出必須布教的理由之際並非採用佛教語彙此點，則是十分耐人尋味。

總而言之，這些活動並未獲得成果，當時盼能透過中國官方認定日本佛教可向中國人布教，此時幾乎完全死心，日本佛教在中國的活動方針，堪稱是被迫大幅改變。然而，宣言書顯示的「藉由日本佛教指導，促使中國佛教復興」的構想，在與中國相關的日本佛教人士之底蘊中延續傳承，至少堪稱是成為此後推動日、中佛教交流的原動力之一。

姑且不論日本佛教方面的意圖為何，西元一九二〇年代是日、中佛教透過各種形式進行交流的重要時期。最具代表性的實例，是中國宗教人士為了向日本於大正十二年（一九二三）發生關東大震災所造成的損害表達哀悼之意，故而組成「日災普濟會」代表赴日，並在各地舉行慰靈法會。過去日、中兩國僧侶個別構築的關係，以答謝法會為契機，逐漸轉變為雙方集團之間的關係。

大正十四年（一九二五）召開的東亞佛教大會（有關大會詳情，是根據佛教聯合會編《東亞佛教大會紀要》，佛教聯合會，一九二六年）之中，由中國方面的中華佛教聯合會正式派遣包括太虛、道階等二十七名僧侶及三十名居士赴日，再加上朝鮮方面派遣八名總督府人員，臺灣則派遣包括一名口譯人員在內共四名人士，以及對佛教深表關心的少數西方人士與會。包括日本方面的一般參與者在內，形成總共一千餘名佛教人士的集會，確實成為「空前壯舉」（土屋詮教，一九四〇）。東亞佛教大會對於遠道而來的中國僧侶等人士抱持期待，加上亟欲展現日本佛教的意志昂揚，在大會活動舉行的空檔亦準備公開演講的場地，不僅前往寺廟造訪，更提供訪問學術機構等設施的機會。根據《東亞佛教大會紀要》（佛教聯合會編，一九二六）所記錄，主要協議的題目有四項，分別是「教義研究部・未來的教化法改善案」、「教義宣傳部・向全球宣傳的法案」、「社會事業部・佛教與社會的關係狀態」、「教育事業部・佛教主義的一般教育法」。至於大會日程分別是首日舉行總會，自翌日起進行各部會，第三日再度召開總會，大會結束後安排外籍僧侶等人士觀光。

然而，雙方的友好關係好景不常，昭和二年（一九二七）五月，田中義一內閣以為了防範中國的國民政府軍、守護日本居留民的生命財產為藉口，進行第一次出兵山東。此外，派遣兩千名陸軍士兵前往青島，不久進軍濟南。田中內閣雖一時遭到朝野內外反對，遂提出聲明表示將於八月末撤軍，卻趁局勢變化之際，最終於昭和三年（一九二八）五月占領濟南，中國國內的反日運動猛然高漲。在第一次出兵山東之際，中國佛教會曾以敬告文書的方式致書日本佛教聯合會，呼籲對方同為佛教徒，不可受國家利益所惑，應為了日本居留民及中國人民著想而尋求撤軍之道（水野梅曉，一九二九，撰寫時間為一九二八年十一月。此外，推測應是由水野擔任日譯。此後，該文書成為中國佛教界向日本多次發送的最初文書之一）。然而，日本佛教聯合會並未正式答覆，對日本政府亦未採取任何行動。此後，日、中佛教友好關係日趨冷淡，日方因於昭和七年（一九三二）建立滿州國，造成兩國關係必然決裂。

兩國關係顯露決裂之時，對日本佛教而言恐怕是最不願意面對的時機，亦即在以謳歌「佛教和合精神」為基礎的國際親善會議席中所發生的事件。第二屆泛太平洋佛教青年會大會於昭和九年（一九三四）七月十七日起召開為期六日的會議，是由全日本佛教青年會聯盟主辦，分別在東京與京都兩都市舉行。當時是以興建未久的築地本願寺為會場，由彙集日本朝野內外一千名人士共襄盛舉，此次大會是欣逢佛誕兩千五百年而盛大舉行的活動，一般報紙亦多次採訪報導，並發行紀念攝影集。

但在規模盛大的企畫背後，卻在即將召開會議前的兩個月，中國佛教代表因反對滿州國代表參與而表明拒絕出席，故而引發軒然大波。中國佛教會於同年六月十日、十一日召開之際，除了探討如何因應廟產興學運動，亦在會議中另行安排時間，共同商議參加第二屆大會的問題，結果認為將滿州國與中華民國同列及招待雙方代表，是對中華民國公然侮辱的行徑，故而採決拒絕參加。

中國佛教大會在決議拒絕與會的過程中，熟知中國方面的日本布教使對於中方代表參加一事表示死心，故而不聘請當初據傳會出席的著名僧侶，而是改變方針邀請與日本關係深厚的留日學僧或臺籍佛教人士，結果爭取到六名出席者。此六位的基本身分，其中有兩名僧侶（包括一名為留日學僧），以及居士四名（其中包括一名臺籍人士，亦即具有「日本人」身分）。至於其他三名居士之中，有一名是鈴木大拙在視察中國時的同行者，並偕同其子出席大會，最後一名則是密教研究家。他們與來自各地區的訪問團一同與會，在東京大會結束後出席各地舉行的歡迎會，並參觀各種設施及從事演講。然而，這些人士紛紛強調是基於個人資格參與會議，情況甚至嚴重到兩名僧侶被迫採用偽名。儘管如此，日本國內對於他們的訪日行為，以「打破中國佛教不參與的決議」而大幅報導。如同今日遺留的紀錄般，他們終究被定位為中國「代表」。不僅是訪日的中國「代表」，甚至連最終堅持不與會立場的佛教人士，皆無法與第二屆大會徹底擺脫關係。根據《東京朝日新聞》在召開大會期間的報導，有關自七月二十日起與會的中國僧侶訪日一事，其背後是曾獲得蔣介石及著名僧侶的默許。《中外日報》亦刊載同樣內容，據傳蔣介石曾表示「中國方面的出席毫無問題」。這些報導是根據某位日本人士寄給布教使的信簡，此人隸屬於上海佛教青年會，但其信中內容是否正確則有待商榷。儘管如此，之所以會出現如此報導的原因，就在於針對中國佛教人士拒絕出席第二屆大會的事實及想法而試圖予以貶抑所致。

第二屆大會的〈大會宣言並綱領〉是由四大項目所構成：

（一）我等以目前國際情勢為鑑，如有妨害國際親善之行動，盼能以佛教提倡之和合精神為依歸而促其反省。

（二）我等祈願佛法為東方文化精神之代表而得以興隆，對一切佛教徒，要求革新身為佛教徒之自覺，並力求精進以實踐佛教徒之任務。

（三）我等依佛教之平等無我為原理基礎，為世界和平、人類幸福及完成文化之發展，誓求團結一致及共同行動。

（四）為達上述目的，我等組成泛太平洋佛教青年會聯盟，以團結之力而期許實現之。

即使表現相異，這些項目皆是唯盼「以佛教之名團結一致」，並從根本上否定提出異議。甚至連「平等無我」，亦不啻是不問是非、唯求共同行動之意而已。如此態度，才堪稱是更加深日、中兩國之間的鴻溝。然而，廣泛且深植於亞洲的佛教，方有可能成為亞洲各地區的紐帶，這種構想在日後不僅是在佛教界，甚至成為軍部關注的焦點。

三、締結「中支宗教大同聯盟」

自召開第二屆泛太平洋佛教青年會大會的五年後，亦即昭和十四年（一九三九），為了統轄在中國居留的日本宗教團體而組織的中支宗教大同聯盟，根據翌年刊行的《中支宗教大同聯盟年鑑》所載，該聯盟的〈設立趣意書〉的內容如下：

> 此次聖戰之目的是以皇道日本之大義為依歸，建設健全（依原文）中國，確立新東亞和平之基礎。
>
> 惟東洋為精神文化之發祥地，給予世界人類之宗教，為樹立精神生活之地，因中國受到以唯物論為基礎之共產主義，或偏狹之排外主義等眩惑而毒入人心，遂招今日戰禍，促使東亞全域為之動搖。
>
> 我日本宗教團體於茲團結一致，與同信仰之中國宗教團體結為至交，籌備既已展開

之思想戰，且依社會救濟，以資建設東亞新秩序。

過去因甚少重視宗教團體於戰後經營之活躍發展，故由各國共嘗慘痛之例，於彼方之歐洲戰爭即可一目了然。

臨此時難，吾等各教宗派以國策本旨為體，以蒙戰禍而疲弊無限，故應指導無所適從之中國大眾，且於謀求在華同胞之提昇，給予新中國重建之動力，於此締結中支宗教大同聯盟。

換言之，為了「東亞和平」、「重建中國」，將日本宗教團體組編成單一團體，並藉此來「指導」中國「大眾」。如此嘗試透過宗教團體來策動人心的行動，在當時被稱為「宗教工作」。中支宗教大同聯盟的特徵之一，就是集結神、佛、基三教，也是所謂宗教界的「大同團結」。

中支宗教大同聯盟的結盟背景中，曾發生日軍的強勢干預。根據大同聯盟的結成準備委員會委員長小笠原彰真（淨土真宗本願寺派）的回憶所述，在昭和十三年（一九三八）的上海，具有共同志向的宗教人士在檢討應如何集結日本宗教的提案之際，得知特務部亦籌設同樣計畫，兩者在歷經協商後，終於締結聯盟（小笠原彰真，一九四〇）。實際上，從與前文引用的〈設立趣意書〉內容完全一致的文章，出現在昭和十三年十一月十八日送呈陸軍省的〈民眾指導工作諸規定〉之中，可知掌控計畫主導權者就是起草者，亦即當時駐留南京的畑部隊特務部。以下是〈民眾指導工作諸規定〉、〈中支思想對策要領〉、〈中支宗教工作要領〉的引用出處，是根據 JACAR（アジア歴史資料センター）Ref. C04120655800，昭和十三年〈陸支密大日記六四號〉〈防衛省防衛研究所〉。

根據以畑部隊特務部的部長原田熊吉之名所交付的〈中支思想對策要領〉所述，設立中支宗教大同聯盟是試圖變更「排日」、「容共」的立場，並在中國根植「反共親日」的思想。南京軍特務部曾認為應徹底執行建設「新支那」的指導原理，並研究如何掌控民心之術，大同聯盟是為了成為其利用手段而組成。中支宗教成為由特務機構主導的「軍傍系機構」的事實，如同傳達該聯盟訊息的《中外日報》所列的新聞標題「以特務部為中心的中支宗教對策　近日盼能確立基本方針　邁向實踐日支共存共榮之理想」等內容所顯示般，宗教人士方面亦對此有所共識。

除了特務部之外，另有與設立大同聯盟關係密切的團體，亦即在《中支宗教大同聯盟年鑑》（昭和十五年，一九四〇刊行）收錄的文章中，匿名為「〇〇〇宣撫對策研究會」（小笠原彰真，一九四〇）的「宗教問題研究所」。

宗教問題研究所為學術團體機構，是由濱田本悠擔任所長，濱田畢業於帝國大學宗教學研究室，並擔任立正大學教授。該研究所標榜的是時常追求該如何促使宗教思想、宗教團體可順應時勢來發揮作用，從過去就已關注日本宗教在中國的活動發展。自昭和十二年（一九三七）末至翌年，曾以舉行「新支那文教問題研究會」的方式，而向外務省對支文化事業部提出申請，提供前往華北視察旅行的研究補助。此外，宗教問題研究在昭和五年（一九三〇）起刊行的雜誌《宗教公論》之中，藉由「宣撫班感謝激勵座談會」的方式招待陸軍軍人及宗教人士，並詢問中國當地等狀況。《宗教公論》一時更名為《革新時代》，其刊載的「中支宗教大同聯盟　共通信條座談會」及其附帶報導之中，記載昭和十三年（一九三八）十二月十日，在丸之內中央亭召開的會議席上，由中支軍特務部的宣撫官委請宗教問題研究所針對大同聯盟的發展情況進行研究（《革新時代》第八卷二號，宗教問題研究會，一九三九年二月）。主要參與者及其職銜如下，分別是菅野謙吾中佐（上海特務部）、山本光治（上海特務部）、小笠原彰真（上海西本願寺別院輪番、中支宗教大同聯盟委員長）、結城瑞光（上海特務部、中支宗教大同聯盟代表）、渡瀨常吉（宗教問題研究所）、鶴藤幾太（前神宮皇學館教授、宗教問題研究所）、溝口駒藏（東洋大學講師、宗教問題研究所）、小西鐵男（日本紡績纖通信社）、加藤一夫（宗教問題研究所）、中村光霽（基督教牧師）、原田三千夫（東洋大學學監）、佐藤定吉（工學博士）、下中彌三郎（平凡社社長）、來馬琢道（曹洞宗宗會議長）、柴田一能（日蓮宗常圓寺住持）、濱田本悠（宗教問題研究所）、伊藤力甫（宗教問題研究所）等人。

以下是筆者藉由查閱前文所舉的〈民眾指導工作諸規定〉之中的〈中支思想對策要領〉、〈中支宗教工作要領〉，以及宗教問題研究所發行的機構雜誌刊載與大同聯盟有關的記載等，來探討該聯盟在中國進行何種「指導」。

首先是內容略長、引自特務部製成的〈中支思想對策要領〉：

方針

打破及匡正支那既有之錯誤思想，徹底確立適應建設新支那之指導原理，以此收攬民心，使其明確知所歸趨。

要領

（一）新指導原理是以支那思想界之現狀與日支事變（編案：日方對日中戰爭的稱呼方式）之性質為殷鑑，應使其不僅適於支那本國之指導，亦適於遵從我帝國之指導方策。

將對此研究上之注意準則列舉如下：

1. 新思想應符合下記各條件，可使民心煥發一新，化導四億人民。

⑴足以實現庶民安居樂業。

⑵以東洋道德為基礎。

⑶不包含導致對外摩擦之偏頗思想。
⑷不悖離反共親日政策。
⑸重視物心一如及全體協調。
2.純正三民主義未必不可行，可抽其精髓，以資確立根本理念，但於形式上不予引用，應採新方式處置。
3.不偏好高騖遠之理想，而是予以實踐。
4.我國指導原理之適用原則，應審慎顧慮支那實情，不落於形式。
（二）確立新指導原理之前，當前做為對支政策輔助手段之思想工作，於匡正至今指導原理之下，為善化教導依日反共之精神，亦即：
1.面對非合理之排日精神，帝國對支政策具有公正妥當性。
2.容共政策有害於支那民眾之幸福及繁榮，於思想、政治上導引支那覆亡。
3.相關思想理論應指出及修正三民主義之缺陷及偏頗之處，將此理論予以探究及闡明、普及化。

有關該如何處置「三民主義」的部分十分耐人尋味，在此期待的新指導原理條件必須符合「遵循庶民生活」、「以東洋道德為基礎」、「付諸實踐」等。此外，如同要領㈡所示，特務部將佛教視為可要求用來抵抗「排日容共」的思想。

至於在〈中支宗教工作要領〉之中，必須創設大同聯盟的理由，可列舉以下三項：

（一）佛教、道教、回教、喇嘛教及在支那的其他固有宗教，各派雖有殊異，大抵專以轉禍為福之功利、消極信仰，未有顯著社會活動，然長年伴隨歷史發展，不可忽視其滲透普遍之力，故各依其特性，猶如注入大乘精神般予以指導，藉以特殊同化力與廣泛宣傳力而安定並掌握民心，使其有利於誘導成為親日立場。

（二）加設可將基督教（包含天主教）之堅固組織勢力轉為我方信仰之設施，應致力於排除依賴歐美之觀念。

（三）為能實踐前述各項，日本宗教實有在支那發展之必要，然各團體前往發展格局狹小，招致種種弊害，故應於組織統轄及順應國策之下赴支發展。

中國固有宗教雖種類繁多，卻是以「轉禍為福」為主的功利、消極信仰，不能成為社會事業的原動力，最重要的就在於「注入大乘精神」，藉由同化及宣傳來掌握民心，誘導成為親日立場。

此外，其實施要領如下：

（一）與支那宗教團體維持聯繫，促使以大乘精神為基礎之宗教運動興盛發展，醞釀日支合作之精神結合。

（二）逐步匡正支那宗教之卑俗迷信，使其涵養殉教精神。

（三）試圖改善及提昇僧侶、道士、宣教師、修士或信徒等素質，對宗教本質、聖戰目的有所認知，兼而實施教化救濟。

（四）做為日本宗教於支那發展之對策，先行組成中支宗教大同聯盟，逐步發展至日支宗教大同團結（相關細節另定）。

（五）寺院、廟宇、教會、古墳及其他宗教相關建築物、保護品等應予以適切保護，進而對破損或修復之事，給予相關者指導，與地方虔信者相輔相成，獎勵逐步修繕變更。

如同第一項亦出現「大乘精神」一詞的情況可窺知般，應是期待佛教成為聯盟中心，日本佛教與中國佛教互助合作，並實踐日、中兩國融合。至於「大乘精神」究竟為何，從文書中並未發現其定義。然而，〈中支思想對策要領〉與〈中支宗教工作要領〉互為對照之下，至少「大乘精神」是具有「實踐」性質，在人為方面則促使眾人參與「社會活動」。與其說是重視個人覺悟，毋寧說是若從以多數人幸福為優先的「大乘」本義來看，就是超越個別的理想或願望，並以更遠大的目標，在此堪稱是指引人心以「日支合作」為志向。

另一方面，接納這些方針的宗教問題研究所製成的〈中支宗教大同聯盟組織並ニ活動範圍ニ關スル原則的要綱〉，更明確主張向中國民眾教導大同聯盟的「終極目的」，並導向日、中合作關係，進而促使中國協助建設「新東亞」。

（一）聯盟活動之終極目的，是達成教導支那民眾，於日支合作之下協助達成建設新東亞之目標。

1. 於思想層面進行善化教導思想信仰，貫徹防共親日精神，以東亞精神交流為依據，確立振興「日支共同體」之基本情勢。換言之，聯盟創立之旨趣，在於促使支那民眾協助以皇國體為軸心之日本各宗教活動，使其完成新國家之文教基礎。

2. 將重點置於實踐以上旨趣，留意民眾日常生活，試圖提昇生活安定，促進相互親和，實現安居樂業之理想。（筆者以下省略）

此外有關布教權方面，宗教問題研究所的要綱記載「基於日、滿、支為一體之精神之際，日支之間毋須要求舊朝意旨應具有國際條約權利之布教權」，「基於日支互助合作之觀點，支那新興政府與日本政府之間，以基於文化協定之旨趣在布教上達成商議及決定，此乃當務之急」。然而，有關布教權的記述列於要綱結尾，由此可窺知對大同聯盟而言，是否具有布教權並非如此重要。進而檢視與〈原則的要綱〉同時在《革新時代》刊載的「中支宗教大同聯盟共通信條座談會」，其內容反覆強調大同聯盟徹底成為三教聯合組織，超越各教派對立、利害關係等因素，「攜手邁向國家聖戰陣線」（濱田本悠）、「日本宗教家必須團結一致面對支那民眾」（小笠原彰真）。既然冠上「大同」名分，理所當然的，佛教教團長年架構的日中佛教交涉場域，在透過大同聯盟的招牌宣揚之下，導致曾率先投入布教的日本人士對於該如何促使中國人皈依其信仰的理想，因被納入受到軍部指示及支援的「日本宗教團體」框架之內而就此喪失。

四、結語

最後筆者想針對中支宗教大同聯盟的此後發展進行記述，昭和十七年（一九四二），興亞院華中聯絡部被改組為大東亞省，大同聯盟亦歸其管轄。同年，佛教部與基督教部因人事問題而發生動搖，除了召開培育中國籍宗教教師的錬成會之外，幾乎不曾具體從事活動。翌年，在日後成為青山學院院長的阿部義宗理事長兼任基督教部長之下，以「中華佛教會復興工作」的形式，透過中國大陸各地的日僧所組成的日華佛教會贊助之下，試圖組織中國僧侶的佛教會、全面展開中國寺院調查、動員中國僧侶並促使召開中國佛教總會等，並被當做佛教部的活動而進行報導。此後至戰敗為止所發生的事蹟，遺憾的是目前對此完全一無所知。究竟大同聯盟曾完成何事，在日本研究中幾乎不曾提及此聯盟名稱，中國的近代佛教史研究雖指責並糾彈該組織猶如萬惡淵藪，但能明確顯示一項事實，就是其實際情況是近乎未明狀態。

然而被構想成為思想戰尖兵的大同聯盟，並非針對其所信奉的對象，而是被託付需向毫無實體的「新東亞」進行所謂的「布教」，並在此時間點接納毫無斬獲的結果，這或許堪稱是命運使然。對日本佛教而言，原本語義上的「布教」之道就此斷絕，當轉換成日、中佛教人士彼此交流，甚至在交流中包含政治意圖，毫不遲疑就從政治立場來利用中國佛教人士此點，則形同於承諾任憑軍部擅自利用一般。如同市川白弦所指出般，「大乘」、「平等無我」、「利他」的重要佛教概念，才是規制近代日本佛教與國家之間的關係，以及日本佛教在亞洲的應有發展樣貌。這項課題在今後進行研究方面應予以關注才是。

專欄五

靖國

三土修平（東京理科大學教授）

靖國的起源與變遷

近年因外交問題釀成爭議的靖國神社，是在明治維新之中形成的近代產物。雖是奉明治天皇之命成立的宗教設施，現今的法定地位則是民間神道系統的獨立宗教法人（非屬上部組織的宗教法人）。

靖國神社在精神方面的起源，可追溯至勤皇志士在幕末動亂中為了追弔同袍而舉行的招魂祭，今日的神社設施則是源自於明治二年（一八六九）六月在皇居以北的九段地區所設置的招魂場。之所以選擇神道形式的原因，就在於對勤皇志士而言，試圖藉由尊奉天皇的權威來挑戰禮遇佛教的德川幕府，而神道正具可與之抗衡的象徵意義。這座宗教設施成為以東京招魂社為名的常設神社，明治十二年（一八七九）改稱為靖國神社。

起初，靖國神社是祭祀在戊辰戰爭中陣亡的官軍，後於嘉永六年（一八五三）之後祭祀在動亂中喪生的勤皇派人士。此外，每逢發生如佐賀之亂、西南戰爭等內戰之際，則重新「合祭」政府軍的陣亡者，更加上「合祭」對外戰爭中的日軍陣亡者，故而歷經過去神

靖國神社（出處：Shutterstock／達志影像）

道傳統中所未有的「合祀祭（編案：在靖國神社將陣亡者或殉難者之魂奉為神明並舉行合祭的臨時大祭）」儀式，成為不斷增添祭神的特殊神社。

至第二次世界大戰終戰不久後為止，靖國神社歸屬於陸、海軍省所管轄。靖國神社以宗教法人的形式，其如今樣貌則是在終戰後的GHQ（駐日盟軍總司令）所發布的〈神道指令〉（一九四五年十二月），接受神道與國家關係予以切割，並基於日方相關人士檢討的結果，後於昭和二十一年（一九四六）定案。

靖國問題的「問題」化

近年，政府要員應否以官方立場參拜靖國神社的課題，轉化為將國論一分為二的政治、外交問題。有關靖國神社成為世間熱烈議論的時期，在戰後至少出現三次。

第一，是自昭和四十四年（一九六九）至四十九年（一九七四），向國會上呈五次的〈靖國神社法案〉，其內容是將靖國神社改組為特殊法人，並由國家護持；第二，是昭和六十年（一九八五）前後，在廢除該法案後，無法接受此項決議者推動以官方立場來進行參拜運動，中曾根康弘首相（當時）順應此舉，於同年八月十五日實施「官方參拜」，因中國方面提出抗議，以致發展成為外交問題；第三，是自平成十三年（二〇〇一）至平成十八年（二〇〇六），小泉純一郎首相（當時）為了履行在自由民主黨總裁選舉之際所公然高揭「官方參拜」的約定，故曾六度前往參拜，每次皆招致海外國家抗議，日本外交方面為此付出巨大代價，因而中止召開日中、日韓高峰會議。

在面臨外交問題化的過程中被追溯的問題，則是有關昭和五十三年（一九七八）所舉行的甲級戰犯合祭。原本應負起戰爭責任的戰犯，卻被視為神明般祭祀的場域，首相則前往表示敬意，如此等同於破壞對殖民地支配或發動侵略戰爭的反省之意，此點導致鄰近各國紛紛繃緊神經。對此則有幾項論點浮上檯面，例如在日本國內，厚生省不斷遞送祭神候補者名單，交給原本應透過戰後的政教分離而與國家切割關係的靖國神社，如此難道不是違反憲法？或是國家參與將人視為「神」而進行「合祭」的宗教法人事業，難道不是侵害遺族的「信教自由」？

戰後改革所孕育的矛盾

針對除了首相之外的其他國家機關是以官方立場參拜靖國神社此事，因政教分離（《日本國憲法》第二十條、八十九條）造成爭議而引發多起訴訟事件。原告方面是發展為嚴格解釋政教分離規定的法律論，強調靖國神社的「宗教」層面。被告方面則是體恤日本遺族會等組織所期盼的國家能對陣亡者表達應盡之儀，對於官方機構介入靖國神社是屬於社會儀禮範疇，與「宗教」的關係淡薄，是屬於合乎憲法。

然而在其背後，原告方面在實質上抱存的問題意識，是對於靖國神社在戰後社會中的復權懷有戒心，其原因就在於該神社與其說是宗教設施，毋寧說是為了提昇戰意而成立的政治設施。另一方面，被告基於日本屢將神道視為屬於習俗上的共同精神特質，亦是看似在主張某種「寬容性」。然而在其背後，對於這種針對國家層級的神社表示敬意，乃是日本人理當遵從的「公共宗教」，若表示不予贊同就被視為非國民，如此依然濃厚殘留著自戰前國家神道時代以來的「非寬容」精神。

若逐步探索這種「乖戾」現象之所以發生的遠因，就在於面臨到靖國神社在戰後改革其所具有的妥協性質這項事實。為天皇捐軀的已故者是由天皇信奉的宗教神道來祭祀，遺族卻對此表示婉拒，在戰前體制下的靖國神社，其處置方式則是絲毫不曾假設到或有如此情況發生。換言之，國家宗教原本是具有與信仰自由互不相容的特性。戰後社會繼承靖國神社，曾有提案是只保留其「公共性」，促使該神社轉型為立場中立的追弔設施。日本方面的相關人士所選擇的生存之策，則是斷然否決GHQ奉勸的上述方案，毋寧說是藉由「民間宗教」這種乍見之下態度十分謙虛的方式，接受「信仰自由」庇護，試圖只將「公共性」做為其真正傳遞的心聲而悄然生存下來。為了妥善保存與「信仰自由」反其道而行的設施，以致活用「信仰自由」這種扭曲了原本目的及手段的方式，如此行徑才是孕育日後問題的禍根。在部分人士獨斷決策之下，發生甲級戰犯成為合祭對象等事件，正是將凸顯此矛盾現象的事例之一。再沒有比提出「只要將甲級戰犯分開祭祀就好」這種「解決方策」，將問題就此了事更為膚淺的了。

文獻介紹

村上重良，《慰霊と招魂——靖国の思想》，岩波新書，一九七四年。

大江志乃夫，《靖国神社》，岩波新書，一九八四年。

第六章

戰後的佛教發展

島田裕巳

東京大學先端科學技術研究センター客座研究員

第一節　戰後的宗教發展狀況

一、戰敗與天皇發布〈人間宣言〉

昭和二十年（一九四五）八月十五日，日本無條件投降，並因此由聯合國占領。日本戰敗導致國內社會產生巨大變化，政治體制從根本徹底改變，社會受此影響亦遭逢巨變。由美國主導的聯合國為了避免日本再度挑起戰爭，解散日本軍隊及解除武裝，同時為了瓦解支持戰爭的社會體制，致力於推動日本社會民主化。

日本戰敗對國內社會的宗教發展亦帶來重大變化。自戰前至戰爭期間，日本進軍中國大陸，將中國及朝鮮納入支配下，更進軍南方地區。雖以確保資源為其實用目的，但以「現人神」的天皇為中心的皇國史觀就此形成，故而隨著進軍亞洲所引發的戰爭帶有神聖價值，並具有「聖戰」之意。至於宗教觀念，則是為了促使戰爭正當化而遭致利用。

自日本戰敗至四個月後的昭和二十年十二月十五日，駐日盟軍總司令部（ＧＨＱ）占領日本並推動民主化，向日本政府發布公文〈國家神道、神社神道ニ對スル保證、支援、保全、監督並ニ弘布ノ廢止ニ關スル件〉，一般稱之為〈神道指令〉，斷除日本國家與神社之間的密切關係。神社在戰前是由國家保證其存在，並接受護持，大規模的官國幣社則由內務省設置的神社局所管轄。

ＧＨＱ將此戰前體制稱為「國家神道」，戰後的日本社會亦廣用其名。戰前不僅是神道，即使是佛教或基督教，皆被國家期待成可發揮策動日本國民投入戰爭的功能，實際上的確是符合期待。反之宗教團體若發展妨礙國家方針的活動，則成為遭受嚴格取締的對象。就此點來看，若欲推動日本民主化，勢必需要瓦解國家神道體制。

有關象徵國家神道面臨瓦解的事件，是由各大報於昭和二十一年（一九四六）正月元旦所刊載，亦即由昭和天皇發布的〈人間宣言〉。〈人間宣言〉是其通稱，亦可稱為〈新日本建設に關する詔書〉、〈年頭の詔書〉。昭和天皇在此詔書中表述：「朕與爾等國民之紐帶，是以始終相互信賴與敬愛所結成，並非單依神話與傳說而產生，亦非以虛構觀念為基礎。此觀念亦即將天皇視為現御神，且將日本國民視為優越於他民族之民族，甚至具備理應支配世界之命運。」天皇自身與國民的連結關係，是透過相互信賴而成，並非藉由神話或傳說所致。天皇否定將自身視為現實世界的化現之神，亦否定擁有此神的日本國民比其他民族更為優越、更因此擁有支配全世界之命運的國家神道思想。

據昭和二十一年十一月三日公布，並於翌年（一九四七）五月三日實施的〈日本國憲法〉中的明文規定，天皇雖被定位為日本國之象徵，居於統合國家的重要位置，主權卻徹底在於全體國民。〈日本國憲法〉的前身〈大日本帝國憲法〉第一條為「大日本帝國是由萬世一系之天皇所統治」，形成天皇具有主權這種明顯的對照立場。在早先階段，天皇向國民宣言自身已步下現人神之御座，國家神道體制因而喪失基礎。

二、靖國神社的留存與確立信仰自由

透過體制上的根本變化，針對將陣亡者視為「英靈」，亦即將之視為神明祭祀的靖國神社，在日本國內、外皆提出應予廢除的議論甚囂塵上。在國家神道體制之下，靖國神社在人事方面與其他官國幣社同樣是由內務省管轄，但在祭祀方面，則是由陸、海軍共同管轄。

在日本人的宗教世界中，當人離世之時，由佛教專門來執行喪葬的功能。原本佛教並非以喪儀為實修，但因淨土教信仰普及化，況且在江戶時代，各地寺院在寺請制度下成為行政單位的末端組織，負責管理在該地區成為檀家的民眾生死事宜的功能，佛僧為亡者舉行喪儀逐漸普遍化。另一方面，神道將死亡視為穢厄的感覺傾向甚強，幾乎不曾擔負喪儀之事。雖受到佛教影響而產生獨特的葬儀形式「神葬祭」，卻鮮少實際執行。

就此點來看，靖國神社祭祀陣亡者的行動，是確立一種極為特殊的型態。正因為基於考量到陣亡者是為國犧牲，故而更應以接近神明的英靈方式祭祀。投入戰爭的士兵，將個人在靖國神社會被奉為英靈祭祀視為一種大義表現，故而為此犧牲生命。就此意味而言，戰前的日本在投入戰爭方面，靖國神社的存在具有極重要之意義。

故在日本戰敗後，立即出現廢除靖國神社的主張。至於早已提出廢除的人士，就是曾擔任記者的石橋湛山，他在戰後踏入政界，此後晉陞至首相。石橋認為靖國神社將淪為後世日本國民的「恥辱與怨念之紀念」，故而提倡廢除。然而靖國神社若被廢除，則擔憂日本國民恐將對聯合國進駐軍抱持反感更深，故而不予廢除，而是朝繼續留存的方向發展。靖國神社因內務省及陸、海軍面臨瓦解，故與國家斷絕關聯，而以民間神社的形式繼續留存。

靖國神社在制度上喪失成立基礎，無法再發揮昔日支持戰時體制的功能。但在將陣亡者視為英靈祭祀的特殊功能方面，卻是一成未變。就此點來看，戰後的靖國神社依然維持不同於一般神社的特質，此點正是產生「靖國問題」的根本原因。

戰後並非只有靖國神社遭到巨變波浪所襲，對於一般神社，亦堪稱是飽受波及。包括受到國家援助而成立的官國幣社等宗教設施，在援助遭到斷絕後，必須憑靠己力方能延存。戰前雖制定〈宗教團體法〉，但在戰敗不久後的昭和二十年（一九四五）十二月二十八日予以廢除。同日以實施〈宗教法人令〉取而代之，後由昭和二十六年（一九五一）四月三日公布的〈宗教法人法〉繼承實施。各神社在依照〈宗教法人令〉、〈宗教法人法〉

的規定下被賦予法人格，以民間宗教團體的型態推展活動。

此外，藉由實施〈日本國憲法〉來確立「信仰自由」，促使「政教分離」得以明確化。戰前的〈大日本帝國憲法〉雖保障信仰自由，卻「僅限於不妨礙安定秩序及不悖反臣民義務者」，在某種程度上有所設限。

相對於此，〈日本國憲法〉第二十條規定承認毫無任何限制的信仰自由。第二十條是由以下項目所構成：

（一）信仰自由是針對任何人皆有保障。無論任何宗教團體，皆不得接受國家賦予特權，或行使政治權力。

（二）任何人皆不得被迫強制參與宗教行為、慶典、儀式或節慶活動。

（三）國家及其機關不得從事宗教教育及其他任何宗教活動。

這不限於條文，而是符合新憲法整體的形式，並以對戰前整體主義式的國家體制抱持著強烈反省為前提，其目的是構築應如何避免回歸既有國家體制的社會體制。戰前為了守護「安寧秩序」，制定〈治安維持法〉或不敬罪，各種宗教團體及宗教家因違反這項法令而成為取締對象，甚至遭到逮捕或起訴、審判。如同大本教（今大本）或ひとのみち教團（今ＰＬ教團）般，亦有教團受到嚴格彈壓。

基於國家神道體制瓦解，確立信仰自由，日本國民或許可自由選擇宗教，不必擔憂遭到取締，得以在戰後自由展開信仰活動。廢除〈治安維持法〉或不敬罪，國家彈壓宗教的情況逐漸消失，如此對戰後的佛教發展具有極為重大之意義。

正值戰爭期間的昭和十四年（一九三九）公布的〈宗教團體法〉，在戰爭的非常時期，該法令是為了促使國家管理及統治宗教而制定，並在此法律下推動各宗教合併。佛教亦被整合為十三宗二十八派。

例如，日蓮宗系於昭和十六年（一九四一）三月二日，由日蓮宗與顯本法華宗、本門宗三派進行合併，重新形成「日蓮宗」。然而，本門宗是繼承日蓮六大弟子之一的日興法脈確立教義，亦即將宗祖日蓮視為「本佛」，被普遍的日蓮宗予以否定。就此點來看，若勉強將教義相異的宗派團體予以合併，則將衍生混亂之因。如此情況，則在戰後新憲法規定之下逐漸消失。

三、柳田國男的危機意識

在新憲法規定之下確立信仰自由，意味著可自由發展宗教活動，在此同時，毋須再受到過去體制庇護的信仰世界所束縛，這意味著過去的信仰架構可能被迫產生重大變更。這不僅在於宗教界，而是在各領域連帶發展成為摸索著相異於戰前或戰爭期間的方向性。從戰前至戰爭期間，是將實際投入戰爭視為最優先考量的課題，國民生活則受到戰局左右。

在此制約失效後，不難預想將從根本產生變化。

身為日本民俗學開拓者的柳田國男，對此點抱持強烈的危機意識。柳田出身於兵庫縣，青春時期雖有志於文學創作，卻在東京帝國大學修習農政學，任職於農商務省。因工作性質而以造訪地方為多，更因此關注於日本各地的風土民情及風俗、信仰、生活習慣、方言或傳說等領域，柳田與新渡戶稻造等人共同組成民俗研究團體「鄉土會」。在此補充說明，鄉土會與身為教育家及地理學者的牧口常三郎亦有關聯，彼此有所交流，牧口於昭和五年（一九三〇）組成創價教育學會（創價學會的前身）。

柳田國男於四十多歲時辭去官職，此後正式投入民俗學研究，撰有諸多著作問世，並建構日本民俗學之學術基礎。自敗戰不久後的昭和二十一年（一九四六）四月，柳田刊行其著作《先祖の話》，如同題名所示，此書是針對日本社會既存的祖先崇拜來做描述，成為其代表著作之一。

柳田國男（出處：国立国会図書館「近代日本人の肖像」（https://www.ndl.go.jp/portrait/））

值得矚目的，是有關昭和二十年（一九四五）十月二十二日記載，並以

〈自序〉為題的精粹部分。柳田國男曾表述：「今年昭和二十年四月上旬提筆，至五月終之前試寫如此相當分量，卻因印刷出現各種問題障礙，如今總算得以問世。誠然自始就以戰後讀者為預想目標，顧慮讀者在恢復和平之後閱讀此書的情形，豈知實際的社會情況如此幡然驟變，實是出人意表。」

在此顯示了已邁入七旬的柳田國男，對於戰後出現急速的時代鉅變，是如何大為困惑的情景。另一方面，亦明確顯示柳田對這種變化具有相當程度的預測，方才投入《先祖の話》的撰寫工作。況且柳田在ちくま文庫版的《柳田國男全集》中，記載了僅費時一個半月餘即寫畢逾兩百頁的原稿，顯示對該書所懷抱的使命感是如此強烈。

但自昭和十九年（一九四四）正月至翌年的除夕為止，柳田國男在以《炭燒日記》為題的日記中，於昭和二十年三月十日項目中記述「當然今日亦無客來訪，以寫《先祖の話》度日」，可知開始書寫的時間並非四月上旬，而是在更早階段。就柳田的立場而言，為了強調自身是如何在緊迫時間中投入寫作《先祖の話》，故而決定僅在一個半月多的期間內完成書稿。

柳田國男在《先祖の話》之中，首先強調的是有關「成為御先祖」的說法。柳田說明在孩提時代就經常使用此說法，其蘊涵了「盡快成為獨當一面的人」之意。至於在農家的情況，則是只限於農民擁有的水田及旱田，即使兄弟人數眾多，卻僅給長男而已。倘若次男或三男留在父母家中，將不會被分給土地，甚至會遭冷嘲熱諷為「吃冷飯的（編案：這是對次男以下的兒子之俗稱，意指在別人家吃閒飯）」。倘若如此，次男或三男寧可至別處另起爐灶，成為「御先祖」還更好。正因如此，先祖的存在顯得意義十分重大，柳田則針對此課題展開說明。

柳田國男提出的問題，是有關亡者在日本為何被稱為「ホトケ（佛，hotoke）」的謎團。一般而言，這個謎團被認為是基於佛教逐漸日本化所致。原本佛教中的佛是指開悟之人、解脫之人。然而，在日本卻將意指解脫的「涅槃」或成為佛的「成佛」視為與死亡同義，這應是受到淨土教信仰的強烈影響所致。在國學流脈之中，柳田試圖在不受佛教影響之下說明日本的民俗現象，舉出供奉先祖所用的食器「ホトキ（器，hotoki）」，並針對ホトケ是源自ホトキ的說法展開議論。

四、老民俗學者的遺言

柳田國男的議論未必具有說服力，其嘗試排除佛教的影響力未能成功。但除了此點之外，柳田試圖以體系化的方式探論日本人的祖先崇拜，這項嘗試在《先祖の話》之中發展出相當具有說服力的議論。

有關淨土教信仰方面，亡靈應往生西方極樂淨土，至於如何實現真正往生淨土則成為課題。《往生要集》在日本傳揚淨土教信仰上，發揮具有決定性的影響力，其作者源信不僅主張往生極樂世界的重要性，亦藉由與共同修行者組成講會及持名念佛，來從事活動協助即將往生的同修們。在將淨土教信仰予以具體化表現的阿彌陀堂或淨土式庭園之中，則致力於將西方極樂淨土呈現於現世。

然而，柳田國男主張日本人並不認為亡靈是往生西方極樂世界般的遠方世界，而是留於其人的出生及成長之地，並在成為先祖後的自家附近山上，以各種方式掛念子孫的生活。換言之，透過成為先祖靈魂的「祖靈」守護子孫，來試圖達成闔家統合。

在夏季的中元節就是成為祭祀祖靈的機會，並已受到一般所廣泛接納。然而，柳田國男更進一步舉出各種實例，嘗試證明正月（一月）的節慶活動亦具有同樣功能。

在正月造訪各家的神明，是稱為「歲德神」的年神。年神在春天成為田神，守護農作物成長，待秋天農作物收成結束後，則成為山神返回山中。中元節或正月造訪各家並接受人們款待者，正是這位年神，結果人們祭祀的是同一位神明。柳田國男證明此神其實是祖靈，並試圖藉此主張在民俗世界中，基本上是將先祖奉為神明祭祀。

所謂的民俗現象，雖自遠古時期在各地區被視為傳統來繼承，或被假設為有所傳承，卻不曾詢問其由來為何，或具有何種意味。人們不啻是遵守舊習，繼承習俗而已。

民俗學這門學問對此徹底分析，針對為何會有如此現象發生，並試圖探討其理由或由來、背景。柳田國男透過闡明祖靈這位同一化的神明，是在不同時期被賦予不同的功能或名稱，來構築人們對於與先祖相關的民俗現象抱持著一致性的理解。

誠然，自古以來的文獻資料既未留存，就難以證明柳田之說具有正統性。然而，將祖靈置於核心位置的柳田之說擁有充分說服力，在在顯示對日本人而言，崇拜先祖的意義深重。柳田國男憂心這種傳統信仰體系在面臨戰後的新時代之際，可能會產生巨變而漸次消失，正因如此才撰寫《先祖の話》。就此點來看，該書無疑成為已入耄耋之年的民俗學開拓者所留下的學術遺言，目的是為了將傳統上對祖先崇拜的重要性傳遞於後世。

在農村社會中，所謂家的存在具有極重要之意義。家不僅成為生產基礎，亦是重新生產勞動力的場域。就此點來看，發揮統合家庭的先祖崇拜別具意義。對於祖先崇拜在戰後的新社會中是否將會斷絕傳承，柳田國男為此備感不安。如此一來，日本人將喪失精神生活的核心。雖不能確知柳田是否能充分洞察戰後的社會變遷，他在實踐民俗學研究的過程中蒐集及累積各種訊息，並根據這些資料來洞悉變遷是不可避免之事。

在成為日本傳統社會之典型的稻作農村中，鎮守（編案：祭祀鎮守神的神社）與菩提寺（編案：家族世代信奉該寺教旨，並將祖先牌位供奉於此的寺院）在村落共同體之內並存，不僅分擔任務，亦各自發揮支持村民的精神生活、信仰生活的功能。自近代以後，因強調神佛分離的思想，故而鎮守被視為主司神道信仰，菩提寺則被視為主司佛教信仰。然而既是村落共同體，這兩種宗教設施與同樣身為成員的村民皆有關聯，彼此具有密切關係，並形成一體化來發揮功能。基本上村內不可能出現僅有鎮守而無菩提寺，或僅有菩提寺而無鎮守的情況。之所以能維持神佛習合的型態，最終僅在於氏神（編案：在同一地區〔聚落〕的居民所共同信奉的神道之神）與祖靈成為同一存在的表、裡兩面而已。

五、陷入危機的村落共同體

柳田國男在《先祖の話》之中彙整的祖先崇拜方式，確切說明了過去未能明確顯示的日本人信仰是如何樣貌。果真能否說明田神與山神是同一存在，抑或是否可將年神視為祖靈，就此留下難以檢證的問題。然而，民俗學研究者並非在學術殿堂裡活動的大學教員，而是多為愛好市井奇聞的民眾。他們在解釋民俗現象之際採用柳田模式，亦將之傳遞於一般民眾。至少在日本人基層信仰的核心中存有祖先崇拜的觀念，並被視為共同認知而廣泛共有。

然而，民俗界的信仰型態被予以概念化，將成為一大轉換點，更進一步而言，就是意味著瀕臨危機。正因為預感將有危機，柳田國男才致力於撰寫《先祖の話》，實際上戰後的日本社會比柳田在戰爭期間所想像得更為迅速，並且產生更大規模的變化。

其中變化顯著的，是持續發生在成為主要民俗學研究對象的稻作農村。日本在面臨戰敗為止，多數日本人居於地方的農村區並從事農耕。當種植稻作之際，在種田或收割、水利管理等方面，共同勞動成為不可或缺之事，同村居民之間形成強烈繫絆。稻作農村恰是村落共同體，柳田國男說明的祖先崇拜方式，亦是最適合以氏神或祖靈為核心統合的共同體所信奉的信仰型態。

戰後產生巨變的就是「農地解放」。在戰前的日本社會，貧民甘於成為向地主借地耕作的佃農地位。占領日本的聯合國判斷，擁有廣大土地的地主才是妨礙日本民主化，故將大地主的土地分給佃農，為了增加自耕農而實施農地解放。

大地主因此在農村消失，各農家或許可以自耕農的方式維持自立。然而，在村落從事與祖先崇拜相關儀禮的佛教寺院亦被迫受到影響。

佛教寺院成為村民的菩提寺，是透過村落共同體捐款而建立，村民亦一併捐贈可做為賺取維持寺院營資的土地。這些土地被視為寺院固有土地的「寺領」，就在發生明治維新及產生明治政府之際，廣泛實施沒收寺領。廢佛毀釋造成的影響也是一項因素，但在佛寺之中亦出現因喪失經濟基礎，在最惡劣的情況下甚至導致廢寺的結果。

儘管如此，各寺仍保有某種程度的土地，藉由租地給佃農所獲得的小作料（編案：佃農向地主繳納借地耕作的佃租）來維持營運。然而，農地解放甚至是將這些土地一併剝奪。佛教寺院是屬於宗教設施，並未自行從事生產活動。如此一來，為了維持寺院營運而需有資金來源。在此情況下，喪葬儀禮則可發揮最重要的功能。「葬式佛教」的形成傾向，從江戶時代初期實施寺請制度的情況即可發現，戰後更加速推動其發展。

隨著戰後進行復興，日本與聯合國於昭和二十六年（一九五一）簽訂〈舊金山和約〉，脫離被占領國並恢復主權。根據〈日本國憲法〉規定，日本因毋須耗費整頓軍力的資金，故能將資金投入經濟發展。又因朝鮮戰爭所引發的特殊供需，日本經濟成長迅速起飛，自西元一九五〇年代中期開始正式進行經濟發展，邁入有史以來首度高度經濟成長的時代。

為了達成高度經濟發展，必須出現大規模的產業構造轉換，第二、第三產業在取代第一產業下逐漸蓬勃發展。這些新產業在都市區域發展，需求龐大勞動力。在此情況下，農村區域成為勞動力的供給源，首先是可能在家吃閒飯的農家次男、三男為求新工作，從農村區域遷移至都市區域。他們成為在都市蓬勃發展的新產業勞動力，並為高度經濟發展做出貢獻。

然而勞動力若從地方轉向都市，農村區域的人口將被迫減少。尤其是年輕勞動力為了求取更高收入，趁早前往都市區域發展，農村區域為此不斷出現勞動人口高齡化或人口銳減的情形。這種情況連帶導致村落共同體式微化，伴隨而來的則是以祖先崇拜為中心的傳統信仰體制被迫面臨衰退或空洞化、甚至步向新變化的情況。如此一來，恰是發生柳田國男所畏懼的意料中事。

第二節　新宗教時代

一、眾神的尖峰時刻

前節指出的是日本在中日甲午戰爭、太平洋戰爭戰敗所導致宗教變化的狀況，透過昭和天皇提出的〈人間宣言〉，促使將天皇視為現人神而推崇為至高無上的國家神道體制就此產生變化。在以修訂〈大日本帝國憲法〉的形式重新制訂的〈日本國憲法〉之下，信仰自由獲得確立。經由聯合國所屬意進行的日本民主化過程中，大地主因農地解放而受到限制，佛教寺院則受此影響而被剝奪經濟基礎，如此連帶促使佛寺成為葬式佛教化。另一方面，隨著產業構造轉換，勞動力集中於都市，傳統的祖先崇拜根基遭到破壞及瓦解，都市逐漸產生從這些習俗中獲得解放的新都市公民。

這種因宗教產生社會變化的現象，即是「新宗教」的蓬勃發展。當時尚未使用新宗教這項名稱，主要是採用「新興宗教」的稱呼方式。據說此語是由記者大宅壯一率先使用，戰前則使用「類似宗教」的名稱。然而，新宗教運動在戰前一旦獲得一定勢力後，則被社會視為危險對象而遭受彈壓或取締。關於此點，因戰後得以確立信仰自由，可不受法律限制來推展宗教活動，故對新宗教貢獻良多。

在新宗教中，某些教團自戰爭結束不久之後就能迅速獲得世間矚目，其顯著特徵就是與昭和天皇發布的〈人間宣言〉具有直接關聯。這些教團對於國家神道體制瓦解所產生的精神空缺，試圖發揮其填補功能，璽宇與天照皇大神宮教即為其代表。

璽宇是屬於神道系教團，並以稱為璽光尊的長岡良子為開祖，其前身是篁道大教。篁道大教的核心人物峰村恭平，是經營礦山的實業家，亦是神道系的修行者。篁道大教於昭和十六年（一九四一）改稱為璽宇，當時大本教系教團與以長岡良子為中心的教團加入其勢。良子原居蒲田，曾信奉弘法大師並修加持祈禱。

良子成為璽宇的核心人物後，於戰後昭和二十一年（一九四六）五月一日使用獨特的元號「靈壽」，自稱「天璽照妙光良姫皇尊」，璽光尊則為其略稱。璽光尊將自身居所稱為「皇居」，遷移居地稱為「遷宮」，進而為了向外界宣傳其宗派存在，屢次進行「行軍」或「出陣」。

就此點來看，璽宇顯然是試圖取代從神座退位的天皇，其信眾在出陣之際，豎起「天璽照妙」的旗幟，不斷念誦旗上的稱號前進。第一次出陣是在更改元號靈壽之前的昭和二十一年三月六日，當時教團成員曾巡訪皇居之前、靖國神社、明治神宮。

當時璽宇致力於前往占領軍的相關機構表達立場，其信徒中原和子、叶子兩姊妹分別於五月二十二日、六月五日兩度前往美國大使館與駐日盟軍總司令部，初次是成功向麥克阿瑟（Douglas MacArthur）傳達神明的告諭，盼其前往璽宇「覲見」。然而，媒體並未報導其第二次出陣。

至於針對璽宇進行大幅報導，則是在昭和二十二年（一九四七）一月。當時的璽宇，曾有與中原和子結婚的圍棋界名人吳清源，以及甫自橫綱引退的雙葉山皆是其信徒。包括這兩位名人在內，璽宇一行曾前往北陸的金澤，在當地預言將有天災異變發生，並豎起旗幟及念誦「天璽照妙」之名號，在街頭列隊行走。該事件刊登於全國版報紙，並引起騷動，警察亦關注其動向，遂於一月二十一日深夜，以違反〈食糧管理法〉及詐欺嫌疑而進行搜查。當時，雙葉山因抵抗警察而大鬧不休，故而形成話題。

另一宗派則是在昭和二十二年成為話題的天照皇大神宮教。同年九月八日在東京繁華區中心的銀座數寄屋橋公園，由其教團的教主北村サヨ進行浪花節（編案：自明治時代初期開始發展，以三味線伴奏的說唱藝術）式的「歌說法」，信徒則配合表演「無我之舞」。九月末在神田的共立講堂舉行說法會，サヨ自始至終耗費四小時進行歌說法。其說法內容為當今世間腐敗墮落如此，應該促使人們覺醒，但其口號卻是「活像蛆蟲的乞丐啊，該覺醒了吧」，採用方式相當激烈。

北村サヨ是山口縣田布施地方的農村主婦，就在為了追究自家穀倉疑似遭人縱火而

伊勢神宮內宮的皇大神宮（出處：Shutterstock／達志影像）

造訪祈禱師之時，感應到有某種能量進入肚內，並開始說話表示祂是主宰宇宙之神的天照皇大神宮，サヨ就此被信徒奉為人神而備受崇敬。其教義是融合佛教與神道的質樸內容，因北村サヨ獨特的肢體表現，故有「舞蹈宗教」之稱，並引起世間關注。

若說起天照皇大神宮，令人隨即聯想到的就是伊勢神宮內宮的皇大神宮，該教團將昭和二十一年訂為神國的開國元年，並將之視為紀元元年。天照皇大神宮的情況與璽宇十分類似，其功能就在於發揮為了彌補天皇從神座退位所造成的精神空缺。

戰爭結束不久後，出現了若從一般國民來看，則被視為僅是標新立異的小規模新宗教陸續產生。身為美籍宗教學者的麥克法蘭（Horace Neill McFarland）針對日本新興宗教進行調查，他將這種情況稱為「眾神的尖峰時刻」。然而璽宇僅止於小型宗教團體，天照皇大神宮教的情況則是前往海外布教，雖藉此增加信徒，卻僅止於中型規模且不甚引人關注的教團。至於新宗教獲得大幅發展，則是在隨後形成的高度經濟成長期才開始正式展開。

二、創價學會的發展

無論是璽宇或是天照皇大神宮教，兩者雖受到佛教信仰所影響，卻僅止於部分情況而已，在型態上仍屬神道系的教團組織。神道的宗教特質，是不太注重一般宗教所重視的教義或戒律、教團組織等部分。正因如此，神道自戰前至戰爭期間被規定為非宗教領域，且被半強制要求成為國民道德規範。

佛教有異於如此特性的神道，不僅具有確切教義，亦具備以各種教理為依據的儀禮，並要求僧侶遵守戒律。佛教方面亦組織教團，確立信徒的人際關係。在高度經濟成長時期，主要是由教團擴大勢力，尤其是以日蓮系、法華系的教團為中心。這些教團是由除了出家人之外的在家信徒所構成。日蓮系、法華系的在家佛教教團在高度經濟成長時期不斷增加信徒，逐漸發展成巨大教團。

那麼，新宗教為何會在高度經濟成長時期茁壯發展？此外，為何非是日蓮系、法華系教團不可？若不明瞭此點，將無法明確答覆戰後佛教發展這個本章所探討的課題。

首先，針對最初的問題方面，是與社會產生重大變化有關。已如前節所述般，戰後發生產業結構轉變，取代在地方農村區域發展的第一產業，至於主要在都市區域發展的第二、第三產業則逐漸增加比重。在都市區域的新產業逐漸發展方面，尚需大量勞動力。提供這些勞動力的正是農村區域，成為新宗教信徒者，亦是在高度經濟成長時期從農村區域前往都市區域發展的人們。

在這些人群中，亦包括有接受大學等高等教育，並在畢業後可在大企業或政府及公家機關就職者。即使不具備大學學歷而是高中畢業，亦有在規模較大的中小企業，或在政府及公家機關擔任國家公務員一般職（編案：多指參加「國家公務員綜合職考試」之外的合格者）的人士。他們前往都市區域的當時，並未確立穩定的生活基礎。然而，大企業或政府及公家機關、工會，在日本具有共同體的性質，發揮了為所屬人士提供生活基礎的功能。

尤其是企業方面，因具備日式經營的特徵，故能維持終身雇用、年功序列（編案：依照員工年資或職位來提高薪資的企業工資制度）、企業工會的制度，一旦被雇用成為公司的正式員工，則有可能工作至退休。更何況亦建立隨著年齡漸增而加薪的組織結構。既然如此，若能為企業竭盡忠誠，則生活可長保無虞，故而這些員工不需追求自屬企業等組織之外的生活基礎。

相對之下，無法在大企業或政府及公家機關就職者，則需由中小企業或小型企業、小型商店所雇用，或只能甘受於領日薪的勞動。他們甚至不具高中學歷，欠缺特殊技能或證照資格，此外亦無法參與工會，難以擺脫不安定的立場。

新宗教透過吸收這些剛前往都市區域、缺乏完整學歷及穩定生活基礎的人們，逐漸達成迅速擴大組織的目標。教團方面對於為生活苟延殘喘的人們，保證將可實現獲得「現世利益」的願望，並藉此勸誘加入信仰。「只要信仰就能豐衣足食」，是當時象徵新宗教發展型態的口號，因低學歷而被迫面臨缺乏穩定職業的中、下階級平民逐漸大量入信。

這種新宗教的代表者，就是創價學會。創價學會於戰前的昭和五年（一九三〇）以創價教育學會的形式開始發展。已如前述般，創立者是身為教育家並發表地理學相關著作的牧口常三郎。牧口在創立創價教育學會之前，曾入信日蓮宗支派的日蓮正宗，對宗教界積極表示關注。誠如其學會名稱所示般，創價教育學會在成為宗教團體之前，是由教育相關團體或教育人士成立的組織。

然而，牧口常三郎對宗教關注日深，創價教育學會隨之展現宗教團體的特性。況且牧口入信的日蓮正宗，與一般日蓮宗相較之下較具排他性，傾向於強烈否定其他宗教或宗派的信仰。牧口虔信日蓮正宗的教理，在面臨宗派合併的壓力下，當日蓮宗與日蓮正宗合併一事引發議論之際，牧口則提出反對之意。此外，又因牧口拒絕接受伊勢神宮的神札（神宮大麻），要求會員將之焚毀，故而遭到逮捕及拘留，最終身亡獄中。

牧口常三郎的弟子戶田城聖，則是在面臨創價教育學會因遭到取締及牧口辭世而逐漸式微的情況下，在戰後予以重建，並改其名稱為創價學會。戶田最初置身教育界，具有實業家的經營能力，在立即轉型投入教育產業後事業有成。戰後，戶田亦從事有關通信教育事業化等工作，在各種事業方面獲得功成名就，同時為了發展創價學會而付出莫大貢獻。戶田城聖將在日蓮正宗的本山大石寺所供奉的板曼荼羅本尊稱之為「幸福製造機」，倡說若能奉持創價學會的信仰，就能實現經濟豐足，並能開拓幸福之道。創價學會藉由如此方式，吸收剛前往都市區域的中、下階級大眾，奠定創價學會發展成為巨大教團的基礎。

三、發揮在家佛教功能的創價學會

創價學會發揮在家佛教教團功能，並具有幾項特徵。

首先，若從將日蓮教理視為基礎此點來看，戶田城聖在試圖重振戰後組織之際，最初進行的就是彙集日蓮遺文的「御書」講義。創價學會的教學是就此遵照日蓮正宗的教義，至於日蓮的正統教學就是定立以下目標，亦即僅傳於日蓮正宗的歷代法主、大石寺的板曼荼羅才是究竟之本尊、日蓮為本佛、宗教活動的終極目標是廣布日蓮正宗的教理，並建立做為國教實證的「國立戒壇」。

在實踐方面，不僅傳布日蓮正宗的教理，並為了增加信徒而展開強而有力的「折伏」布教活動，對於新加入的信徒要求「去除謗法」，亦即將該信徒過去供奉的其他宗教或宗派的主尊或法器予以焚毀。在折伏之際，以全面否認其他宗教或宗派教理為目標，並準備為了折伏之用的《折伏教典》。

戶田城聖主張若能實踐折伏，以及進行每日唱念「南無妙法蓮華經」的題目（唱題）與唱誦部分《法華經》的勤行，則能獲得幸福，另一方面則獎勵學習御書。創價學會在針對御書學習內容方面實施教學考試，授與合格者擔任教學部員的資格，並根據級別給予教授以下的稱謂。包括一般新宗教在內，日本的宗教教團對於教義或教學並未如此重視，但就此點來看，創價學會擁有其獨特性質。在其教學系統中，是取自於戶田城聖在教育產業發展上獲得成就的個人經驗來加以活用而成。

在會員實踐宗教活動方面，最深具意義的就是舉行「座談會」。這是自戰前牧口常三郎時代以來的傳承，定期聚集同一區域的居民會員，並針對信仰或布教、甚至是生存方式來進行對談。人際關係在透過座談會的情況下，就此建構網絡。

進而創價學會的特徵，是以達成在政界發展為目標。雖有以藉由接近政治權力來追求實利為目標的情況，但另一項具有重要意味之目的，則是建立國立戒壇。戶田城聖對於組黨或加入眾議院是採取否定態度，考量應由身為創價學會會員的議員代表各政黨出馬角逐，並藉由在當選後占居多數議會席次來決議達成建立國立戒壇。然而，創價學會在邁向巨大教團的道程中，至第三任會長池田大作的時期，則是設定以組織政黨及獲得政權為目標，並未將建立國立戒壇列入政治目的。

至於在組織方面，相對於創價學會徹底屬於在家信徒組成的佛教教團，原本由該學會護持的日蓮正宗則是由出家僧侶構成的宗教團體。在家信徒信奉的新宗教之中，較少出現與出家教團維持密切關聯的情況。創價學會的信仰活動具有排他性，之所以能否定其他宗教或宗派，正是基於隸屬於日蓮正宗所致，將包括喪儀在內的一切儀禮、法事、法會，皆可請託日蓮正宗的寺院或僧侶舉行。

然而在此情況下，創價學會的特徵則在於徹底欠缺柳田國男所強調的祖先崇拜觀念。通常而言，當一般家庭在佛壇祭祀之際會安奉祖先牌位。但在創價學會的會員家庭中祭祀的佛壇，則是將大石寺的板曼荼羅予以摹寫重製後所供奉的本尊。創價學會會員即使沒有安奉祖先牌位，仍購買依照日蓮正宗形式的佛壇，並面向佛壇恭誦唱題。

屬於創價學會會員的家庭是剛從農村區域前往都市區域，受到家中並無傳統先祖的情況所影響，況且原本應成為第一代先祖的家庭成員尚未離世，故而不需在佛壇安奉牌位。假若他們沒有加入創價學會，恐怕直到家人辭世及必須供養為止，將不會考慮購買佛壇來進行祭祀。

創價學會的家庭佛壇並非供奉牌位，而是奉祀日蓮本尊，這意味著他們過著與傳統祖先崇拜無緣的生活。換言之，柳田國男憂懼的情況，在曾與他共同在鄉土會進行民俗學研究的牧口常三郎所組成的教團之中成為事實。

四、其他的日蓮系、法華系教團

在高度經濟成長的時代中，日蓮系、法華系這些新宗教並非只有創價學會迅速擴大而已。創價學會的最大競爭對象是立正佼成會，其教團規模雖不比前者，卻在歷經高度經濟成長之下邁向巨大教團。或者可說身為立正佼成會母胎的靈友會，亦邁向同樣之途。那麼，為何在高度經濟成長的時代中，皆由日蓮系、法華系發展成為巨大教團的新宗教？

立正佼成會、靈友會皆與創價學會同樣，可將創立時間回溯至戰前時期。在此過程中，靈友會在戰前階段發展成較具規模的大型教團，包括立正佼成會在內，從靈友會分出的支派教團亦不少。然而，在戰前時期發展顯著且受到社會關注的並非日蓮系、法華系教團，毋寧說是被分類為「教派神道」的神道系新宗教，其代表為天理教、金光教、黑住教、大本教等。世界救世教或今日的完美自由教團（ＰＬ）的前身ひとのみち教團，基本

立正佼成會大聖堂（出處：Lombroso。圖片引自維基百科，2023.01.18）

上亦屬於神道系教團。

戰前，一般的神社神道（編案：自第二次世界大戰之後，以神社或其祭儀為中心的信仰發展之總稱）並非宗教，故而被排除於宗教框架之外。然而，在神道系教團之中是擁有獨自的教義或組織，並積極展開宗教活動。這類型的教團與一般神社神道有所區別，而有「教派神道」之稱，並受到政府的官方立場所認同。教派神道的教團情況是有不少受到佛教所影響，但光憑在家信徒組織佛教系教團則十分困難，故以被政府認定為教派神道支派為目標。戰前新宗教之中多屬於神道系，其根本原因就在於此。

然而，佛教在日本宗教界具有強大影響力，在救濟大眾方面，佛教信仰或教義、儀禮發揮重要功能。更何況在都市區域的庶民之間，自中世或近世開始十分盛行法華信仰，在中世京都的町眾（編案：在京都擁有經濟實力的工商業者）之間造成流行。此外至江戶時代，在江戶庶民之間亦流行法華信仰，町眾或庶民組織是由在家宗教團體所組成的法華講，並以此為基礎來發展信仰活動。這是由於法華信仰有別於淨土教信仰，是以救濟現世為目標，具有賦予現世利益之傾向。

這種趨勢亦帶入近代社會，在都市區域的庶民階級之間盛行法華信仰，至於以田中智學的國柱會為代表的「日蓮主義」之所以逐漸擴大，亦是由於如此基盤存在所致。戰後因信仰自由得以確立，日蓮系、法華系的新宗教漸能自由發展活動。此外，即使將重點置於現世利益的實現，這亦是基於容易被都市區域的中、下階級所接納。

在與創價學會相較之下，立正佼成會或靈友會則具有共同點及相異點。

若將《法華經》或以獨自方式詮釋此經的日蓮視為信仰對象，誠然，三教團在此點方面皆具有共同之處。進而在做為宗教活動的基礎方面，立正佼成會與靈友會在準備「法座」的場域此點，則與創價學會設置座談會具有共同之處。法座是透過眾人圍成圓圈並肩而坐來進行交談的機會，再加入包括支部長在內的信仰領導者聆聽其他成員的煩惱，並從信仰立場來給予建議。座談會的情況亦是如此，立正佼成會或靈友會的信徒藉由參與法座，被編入透過信仰連結的人際網路中。對於剛前往都市區域、漂泊無依的人們，如此發揮了奠定信徒生活基礎的功能。

但在祖先崇拜的層面上，創價學會與立正佼成會、靈友會則是形成對照立場。已如前文所述，創價學會不太關注祖先崇拜，在佛壇安奉日蓮所創的曼陀羅為本尊，原則上是不安奉祖先牌位。現實中或許有些創價學會家庭會祭祀牌位，但在原則上僅將逝者之名記在過去帳（編案：將逝者的名字或戒名、生卒年等基本資料予以記載的帳冊）之中而已。

相對於此，立正佼成會或靈友會反倒是對祖先崇拜採取積極的態度。然而，這並非就此延用農村區域的傳統祖先崇拜形式，而是加入與都市區域的生活相符的變更型態，亦即「總戒名」的形式。

構思總戒名的人物，是靈友會的創始者西田無學（本名利藏）。西田針對依照布施金額多寡來決定在戒名上冠有院號或院殿號（編案：格位最高之戒名）的方式提出批判，主張將所有戒名皆加上院號。這種方式稱之為總戒名，其特徵在於亦將夫婦雙方的先祖包括在內。故而總戒名是以「諦（誠）生院法道慈善施先祖○○家德起菩提心」的形式，左書妻家之姓，右書夫家之姓。

當某對夫婦從農村區域前往都市區域發展而重組新家庭之際，兩者將成為最初的先祖，既毋須以夫家為優先，亦無必要如此行事。光就此點來看，總戒名是在都會產生的新家庭所適用的祖先崇拜方式。

對於祖先崇拜的關心，意味著立正佼成會或靈友會十分重視靈信仰，創價學會則幾乎不曾具有如此特性。除日蓮系、法華系之外，靈信仰亦存於新宗教信仰核心之中。若就此點來看，唯有創價學會堪稱是特殊之例。立正佼成會與靈友會的開祖皆是由男、女合組一對，女性是以神靈附身來醫病，相對之下，男性則身為組織者來發揮統合教團的功能。創價學會在此點方面較為特殊，並沒有將具有靈異能力的女性置於開祖之位。

立正佼成會或靈友會不同於創價學會的另一項特點，是沒有與猶如日蓮正宗般的出家僧團維持密切關聯。故而立正佼成會或靈友會在舉行喪儀等儀禮之際，僅能依賴既有佛教僧團的僧侶，就此點來看，兩者對於其他宗教或宗派並非採取排他性的立場，而是採取融合的態度。這種情況，顯現在立正佼成會為了取得本部土地而受到《讀賣新聞》批判之際，開祖庭野日敬展開「讀賣菩薩論」之說，將媒體給予的批判解釋為教團應引以為戒，此點則與創價學會對媒體維持批判立場的情況大異其趣。

五、對既有佛教教團的影響

新宗教達成擴大規模並向社會發展，對既有教團而言，造成重大的威脅。尤其是創價學會迅速成長，對於既有教團，特別是既有佛教教團給予直接影響。

首先，創價學會會員認為自身是遵從正信的佛法「正法」，其他宗教或佛教宗派的信徒是信奉錯誤教法，故而針對其所犯的「謗法」進行批判。其思想原點在於宗祖日蓮述說的「四箇格言」，亦即「念佛無間、禪天魔、真言亡國、律國賊」，淨土宗或禪宗、真言宗、律宗是脫離正信的佛法。

創價學會會員以此教義為基礎，造訪其他宗教或宗派設施，徹底進行批判並迫使改宗。尤其摩擦逐漸擴大的原因，是原本在寺院墓地設有墳墓的家庭，若有成員入信創價學會並改信日蓮正宗，他們將脫離原本寺院，拒絕由原寺住持為其舉行喪儀或法會。取而代之的，是請託日蓮正宗僧侶舉行喪儀，即使是戒名方面，亦非由原寺住持授予。原寺或檀家為此出現批判，時而造成對立或騷動。

創價學會在基於如此情況下，自迅速成長的西元一九五〇年代後期，開始受到其他宗教或宗派的批判，並有相關書籍陸續出版，或針對包括創價學會在內的新宗教整體進行批判的著作逐漸問世。

尤其與創價學會形成激烈對立的，是共同皆以日蓮為宗祖的日蓮宗。已如前述般，一般的日蓮宗與日蓮正宗（和創價學會保有密切關聯）之間，在教義出現根本上的差異，彼此皆不認同對方的信仰。至於創價學會方面，則將矛頭指向日蓮宗系寺院並提出批判的情況甚多，日蓮宗方面亦針對創價學會積極展開批判。兩者直接進行對決的事件，是在北海道小樽進行的法論「小樽問答」。

在佛教各宗派之間曾進行教義論爭，稱之為法論或宗論。在小樽問答方面，是由日蓮宗僧侶與創價學會幹部之間進行法論。日蓮宗僧侶為出家人，原本應由日蓮正宗僧侶成為參與論爭的對象，但卻是由創價學會會員出任因應，舉行時間則是在昭和三十年（一九五五）三月。

創價學會方面是由辻武壽青年部長、小平芳平教學部長，日蓮宗方面是由在身延山短期大學執教的室住一妙、池之端妙顯寺僧侶長谷川義一登壇進行論戰。雙方皆動員小樽附近的信徒，故使成為論爭場域的小樽公會堂瀰漫著騷動氣氛，雙方拋出激烈的詰問攻勢。性情溫厚的室住一妙等人受到詰問之下，有時甚至出現一時語塞的場面。

創價學會主要是針對日蓮宗總本山的身延山供奉鬼子母神與稻荷大明神、七面大明神等類型繁多的神明，並稱之為「本尊雜亂」而提出批判。另一方面，日蓮宗則針對大石寺安奉的板曼荼羅本尊並非真尊此點而批判創價學會。

就此兩論點來看，遭到批判的一方未必能有效提出反論。這部分導致議論淪為感情用事，造成不可收拾的地步。在此發揮重大功能的則是擔任創價學會此方的主持人，亦即日後的第三任會長池田大作。池田當時身為參謀室長，立於折服的最前線進行活動。

小樽法論並未設定判定標準來決定是由何方在論戰中獲勝，亦沒有基於第三方立場者臨席參與。光就此點來看，雙方法論應是不能論判勝負，但池田大作利用主持人的立場，在法論結束當時就單方宣布創價學會獲勝。相對於此，因蜂擁而至會場的創價學會會員彼此呼應，況且日蓮宗方面完全無法提出反駁，故而促成創價學會在法論中獲勝的印象。加上創價學會積極宣傳此點，因此予人在小樽問答之中贏得勝利的印象。

如此反映出創價學會與日蓮宗針對法論所採取的態度相異。創價學會是由戶田城聖會長以下的幹部在小樽集結，相對之下，日蓮宗方面堪稱是並非由全宗派來進行充裕準備。此後，雙方皆刊行小樽問答的紀錄或報告，但因一旦形成的既定印象難以抹滅，故而令人留下的記憶，是創價學會取勝於日蓮宗。

小樽法論對日蓮宗造成重大打擊，並以此為契機，日後禁止宗內僧侶或信徒與創價學會進行法論。這項事件不僅在日蓮宗內，亦在佛教界衍生出對「創價學會過敏」的契機。

第三節　石油危機之後的變化

一、新新宗教抬頭

自西元一九五〇年中葉開始發展的高度經濟成長期，是在昭和四十五年（一九七〇）舉行的大阪萬國博覽會之際迎向巔峰。大阪萬博與在六年前舉行的東京奧運同樣，皆成為日本向全球宣傳在戰敗後達成經濟發展並加入先進國的絕佳機會。

但在發展至經濟高峰後卻產生反作用。昭和四十八年（一九七三）遭逢石油危機，日本社會對未來發展產生強烈不安。高度經濟成長成為過往雲煙，經濟成長率逐漸遲緩，更何況在達成經濟發展之下，資源及糧食等物資偏向仰賴海外進口。若進口面臨中斷，則顯然對國民生活造成莫大影響。

彷彿象徵如此狀態般，新宗教身為高度經濟成長的天之驕子，亦產生變化。原本發展最顯著的創價學會於昭和四十四、五年之間，發生「妨害言論出版事件」。這是創價學會與其組織公明黨，對於政治評論家藤原弘達的著作《創價學會を斬る》，甚至請託當時身為自民黨幹事長的田中角榮提供協助，來試圖妨礙該書出版的事件，故而造成創價學會與公明黨受到世間強烈批判。

池田大作會長為此事件出面謝罪，公明黨議員被取消創價學會幹部資格，學會採取政教分離體制。池田本人放棄踏入政壇之念，原本建立國立戒壇被視為問政目的，亦被公明黨排除於政治訴求之外。此外，更停止強迫性的折伏行動，創價學會面臨重大轉捩點。

在高度經濟成長持續進行的時代，創價學會是以新都市民眾為目標來伸張教團勢力，卻因經濟成長率逐漸低迷，前往都市區域的人數遞減，該學會難以迅速擴增信徒數量。自此以後，創價學會變更發展方向，並非透過折伏方式增加新信徒，而是朝向應如何促使信徒的子弟維繫信仰傳承。創價學會得以成功轉型，但其他新宗教則未必能如此。

另一方面，在發生石油危機該年，五島勉的著作《ノストラダムスの大預言》成為暢銷書。法國的預言家諾斯特拉達姆斯（Nostradamus）預告西元一九九九年將會世界末日，這種終末論式的預言逐漸擴散並成為眾所周知，就此產生以年輕人為主的信者。

這種以年輕世代為目標而擴大勢力的，就是有「新新宗教」之稱的教團。新新宗教的教團若與前一代的新宗教相較之下，其教團雖屬小型規模，並未發展成巨大教團，卻強調終末論的思想，主張若欲在末世繼續生存，就必須獲得超能力或神祕學的知識，並成功獲得以年輕人為主流的信徒。

屬於新新宗教領域的教派，分別是實踐舉手施光的真光系教團、成為世界救世教的支派神慈秀明會、高揭著宣傳口號表示不必切除癌細胞就能康復的神靈教、將高橋信次奉為教祖的GLA教團，至於外來教派則有耶和華見證人或統一教（世界基督教統一神靈協會）、奎師那意識運動等。在既有的新宗教教團之中，亦有如靈友會般是以年輕人為目標，重新著手進行「靈魂之旅路線」。

過去的新宗教是信徒以脫離「貧、病、爭」為目標，期待教團可保證實現現世利益。然而，新新宗教的信徒對於現世的功成名就並未抱存期待，反倒是是與現世保持距離。換言之，新新宗教信徒的特徵在於「拒絕現世」，就此點來看，他們與社會價值觀並不相符，時而出現對立。

至於新新宗教與佛教的關係，與過去的新宗教相較之下絕非維持密切關聯。雖可舉出幾種被分類為新新宗教的教團名稱，但其中堪稱是屬於佛教系統的教派並未如此多數。這是由於受到佛教對於終末論或超能力、神祕學領域不甚重視的影響所致。

二、從宗教風潮至奧姆真理教事件

日本社會在歷經石油危機之後，至西元一九八〇年代起，正式邁向「消費社會」，自八〇年代中期開始步入「泡沫經濟」時代。日本人享受難得僅見的豐饒生活，何況此恩澤超越各階層，擴大至全體民眾。「一億總中流（編案：日本國民多相信自己是屬於中產階級的意識）」的說法增加現實感，日本逐漸加深了成為經濟大國的自信。

然而，消費社會或泡沫經濟導致產生金錢至上的風潮，其中形成了無法跟上新潮流者。接納這些人士的組織，則是從新新宗教的框架中衍生而出的新教團，例如奧姆真理教或幸福科學等教派，開設運用類似宗教的技法來啟發自我的研修班，或從事占卜、與靈界交換信息的通靈活動十分流行。

自泡沫經濟達至巔峰期，亦即西元一九八〇年代末期至九〇年代初期，開始使用「自我探索」一詞，並逐漸普及化。深受新宗教或精神運動所吸引的，正是在探索自我過程中的年輕世代，在此時代出現所謂的「宗教潮」。

然而，泡沫經濟從巔峰期開始面臨瓦解的時期開始，有關宗教及其相關領域則逐漸產生各種問題。平成元年（一九八九）週刊媒體針對奧姆真理教的發展型態提出批判，並發生對該教團提出批判的坂本堤律師一家失蹤事件。不僅是週刊，新聞型綜藝節目亦針對奧姆真理教進行報導，就此成為社會事件。

至西元一九九〇年代之後，不僅是奧姆真理教，幸福科學為了推出活動而播放光鮮亮麗的電視廣告，另一方面，由於針對提出批判的出版媒體發起抗議行動，或統一教以涉嫌詐欺的方式販售除厄消災的開運商品，「精神控制」逐漸成為廣人為知的詞彙。

尤其是奧姆真理教前往俄羅斯發展後，暗中進行武裝化，平成六年（一九九四）在長野縣松本市散布沙林毒氣，造成多數傷亡。警方懷疑這起事件是奧姆真理教教團所為，該教團在得知警方將於近日前往強制搜索的訊息後，於平成七年（一九九五）三月二十日再度在東京地鐵散布沙林毒氣，導致發生更大傷亡。

不久確切得知這兩起沙林毒氣事件，皆是由奧姆真理教所犯下的罪行，從教祖麻原彰晃的部屬、與該事件牽連的幹部或信徒皆陸續遭到逮捕。另一方面，以電視為主的媒體則是連日報導奧姆真理教，明確得知該教團除了沙林毒氣事件之外，更犯下多起殺人事件，加深人們強烈意識到宗教的危險性。甚至衍生出美國在平成十三年（二〇〇一）九月十一日所發生的九一一恐怖攻擊事件。

奧姆真理教是從瑜珈道場開始發展，卻逐漸傾向宗教，以瑜珈為基礎並採取西藏密教的教義或修行方法，形成獨樹一格的系統。虔誠信徒陸續出家，過去則從未出現這種型態的佛教教團。教祖麻原彰晃曾一時入信阿含宗，就以密教為基礎此點來看，兩者雖有共同點，但阿含宗並沒有如同奧姆真理教般的修行系統存在。

深受奧姆真理教所吸引而成為其信徒或出家者，皆是以年輕世代居多，其中包括許多是在大學或研究所學習，是具有專業知識或技能的年輕菁英分子。他們的信仰模式，是在書店閱讀麻原的著作或教團刊行的雜誌，因而產生興趣入信。奧姆真理教在短期間迅速膨脹壯大，擁有逾千名出家者，在其據點的山梨縣上九一色村內，則出現名為「真理」的數棟鋼筋樓房。

自奧姆真理教事件發生之後，佛教界認為該教團是犯下凶惡大罪的反社會團體，就此點來看，該教團與原本應以善為志向的宗教，尤其是與佛教並不相符，故將奧姆真理教從宗教或佛教領域中予以摒除，並對該教團提出批判。至於將奧姆真理教的問題，視為既身為宗教家、佛教家的人士就不可忽視的重要問題來探討的人士，則僅在於極少數。

以奧姆真理教事件為契機，輿論逐漸對宗教採取嚴格審慎的態度來進行檢視，透過輿論調查所獲知的信仰比率則更為偏低。此外，警方的態度從奧姆真理教事件的經驗中，轉變成即使是宗教，亦成為嚴格取締的對象。如此結果，促使 Life Space 代表董事因主張腐屍仍可存活而釀成問題的行徑符合殺人罪，或透過腳底診斷來大量斂財的法之華三法行教祖皆可適用於詐欺罪。

三、葬式佛教式微

自新宗教擴大勢力之後，在既有佛教方面並未蒙受太過顯著的變化，基本上主要是發揮葬式佛教的功能並維持其型態。

然而，亦有寺院並未擁有檀家，這些寺院因受到農地解放而導致喪失土地所影響，就此陷入經營困境，這類寺院若有收藏佛像等重要文化財，則有可能透過「觀光寺院」的形

賽河原傳說在日本根深柢固，圖為那智山青岸渡寺水子堂前的水子地藏。（秦就攝）

式來大量招攬訪客，並藉此延續生存。但若欠缺如此條件的寺院，則只能透過發揮祈福等功能的「祈禱寺院」形式來延續生存。

至於觀光寺院的情況，是受到戰後交通之便而得以飛躍發展，尤其是奈良或京都等古都，是可接納參加學校旅行的學生成為訪客入寺，由此獲得的收入則可用於維持寺院發展及營運。寺院方面亦修繕或修復寺堂及佛像，或以重興舊寺、整頓伽藍的方式，不僅針對參加學校旅行的學生，亦致力於招攬一般觀光客。

在祈禱寺院之中，則是明確預測汽車產業機動化即將進展，亦有利用直接郵件等方式來進行宣傳，有時則能成功招攬許多訪客。水子供養成為戰後發展的供養型態，隨著社會變遷，在基於經濟理由而被迫墮胎的年輕伴侶處於精神不安的情況下，祈禱寺院則扮演為其解除不安情緒的角色。

一般寺院的情況是透過為檀家舉行喪儀或法事、法會來聚集布施財物，並試圖藉此維持寺院營運。但在都市化進展之下，寺院與檀家的密切關係瓦解，出現了檀家只在舉行喪儀或掃墓之時才造訪寺院。如此一來，寺院僅能從舉行喪儀時的布施中獲得主要收入，並逐漸仰賴取得「戒名料（編案：為了答謝寺方替已故者取戒名的布施金）」。社會批判寺院如此處理的方式，尤其是泡沫經濟時代，高額戒名料則成為話題。

然而，社會變遷對於發展葬式佛教的既有佛寺應如何生存亦造成威脅。首先，最初受到影響的是位於地方、尤其是農村區域的寺院，因其勞動力流向都市區域而導致人口喪失或減少等因素，以致人口「過稀化」持續進行。對於該區域的寺院而言，這意味著檀家減少及寺財逐漸衰微。在過疏區域的寺院出現存亡危機，亦發生「無住（編案：沒有住持）」的情況。身為住持卻無法單憑宗教活動的收入來維持生計，尚需從事兼職，或在其他工作結束後方能專心處理寺務，這種傾向隨著人口老化或少子化不斷進行而更為加速惡化。

至於都市區域的寺院若擁有墓地，只要新都民的家人離世，因而要求購買墓地，寺方則可增加檀家數量。但即使有此需求，又因新增墓地或建造新寺將會面臨土地費用問題或地區居民的意願，如此並非易事。故而都市區域的居民難以確保在寺院擁有墓地，而是普遍在郊外尋求靈園。這種靈園是由特定寺院經營，多為標榜「任何宗教、宗派皆宜」，與檀家數量是否增加並無直接關聯。此外，墳墓與居住地點相距遙遠，無法經常前往掃墓，連帶影響到祖先崇拜的習俗日趨式微。

過去的祖先崇拜是以適合農村區域的村落共同體型態而成立，具有不適於都市區域生活的面向。故而在高度經濟成長時代下，當前往都市區域發展的世代離世後，則不斷出現各種「脫離葬式佛教」的形式。

例如，將遺骨撒於大海或山間等處的「散骨」，或進行所謂的「自然葬」即是其象徵，其他則有無子嗣為其守墓者，只要在生前預先布施，將可長期獲得供養的「永代供養墓」。甚至因逝者高齡化而導致參加喪儀者愈減，為了因應如此情況，過去稱之為密葬，亦即僅有近親參與的喪儀，則被視為「家族葬」而成為一般化的型態。

最極端的型態，就是採取雖有逝者卻不舉行喪儀，而是直接前往火葬場進行火葬的「直葬」。在火葬場則有請託僧侶誦經，或若有更為簡化儀式的情況，則有可能僅由近親撿骨而已。

創價學會與日蓮正宗分道揚鑣之後導入的「友人葬」，就是不請託僧侶，亦不需授與戒名，而是由同地區的會友們為逝者誦經及舉行喪儀，如此方式亦可被視為喪儀簡化之一環。

葬式佛教在型態上亦出現重大變化，其存在基礎遭受威脅。一般而言，改變習俗需要久經歲月，近年喪葬習俗瞬息萬變，這意味著社會是如此不斷產生巨變。

在沿襲如此情況下，既有佛教的各宗派應如何順應社會變遷？雖透過各種形式摸索對應之策，並以確立適合現實的體制為目標，但自近世以來，日本佛教難以擺脫透過喪儀獲取收入的依賴性質，並未從根本進行改革。就戰敗的時間點來看，柳田國男擔憂的情況正逐漸成為事實。

四、現狀與今後

戰後新宗教的核心，是以創價學會或立正佼成會為代表的日蓮系、法華系教團，但因時代產生鉅變，試圖透過集團凝聚力來實際獲得現世利益的教團類型，則逐漸喪失其魅力。已成為這些教團的信徒，他們擁有強大的人際網絡，即使面臨時代變遷、信仰型態改變，仍不會輕易脫離教團，但新加入該教團的人數卻十分有限。

取代日蓮系、法華系教團而擴大勢力的，則是真如苑、阿含宗，或幸福科學等中型教團。除了幸福科學之外，真如苑與阿含宗的共同點則皆是以密教為基礎。

尤其發展最為顯著的是真如苑，該組織原本稱之為「まこと教團」，其前身是以不動明王信仰為中心的密教系教團。在密教之中，反倒是屬於修驗道流派，其教祖是在修驗道

修驗道大本山醍醐寺，其五重塔為京都最古老的木造建築，裡面的壁畫據說是日本密教繪畫的源頭。（出處：Shutterstock／達志影像）

大本山的京都醍醐寺得度，並以山伏形象推展宗教活動。此點與阿含宗有共同之處，阿含宗在每年二月舉行的「星祭」儀式中焚燒巨大護摩。

密教的特徵就在於試圖藉由神祕力量來進行救濟，其信徒則相異於日蓮系、法華系，並不依賴組織的凝聚力，而是徹底以個人修行或修養為主。這種傾向，與奧姆真理教的教祖曾一時成為阿含宗信徒的情況有相同之處。奧姆真理教並非以日本密教，而是以藏傳密教為基礎，且由信徒個人透過修行來獲得神祕力量，並以此成為活動中心。

就此意味而言，即使是新宗教，亦堪稱是不斷進行「個人化」。在豐饒的日本社會中，核心家庭化持續進行，甚至在企業等領域亦是不斷擺脫具有共同體特性的日本式經營，顯示出個人傾向於孤立，新宗教亦順應如此時代變遷，從組織轉為個人方向發展。

倘若如此則不需要組織，個人既然追求救濟或療癒，就毋須隸屬於某特定教團。於是產生了「通靈潮流」，個人雖關心如何獲得神祕力量或蒙受神通力之惠，卻還不至於有意隸屬於某宗教教團，這些人士逐漸傾向於依賴通靈者或算命師。此外，以這些領域為主題的書籍獲得廣泛讀者支持，甚至販售商品等物。

對於靈性課題的關心，不僅止於部分人士，而是普遍擴大至社會全體。其中對佛教的關心較過去更為高漲，「佛教潮」亦成為現代特徵。

由於受到觀光業者積極推動所影響，前往古寺林立的奈良或京都旅行的人數甚多，這些觀光客造訪著名神社及寺院，鑑賞佛像或庭園。尤其是對佛像深表關心，在展示國寶級佛像的展覽會中，聚集許多觀光客。包括鈔經或坐禪、寺院巡禮等與佛教相關的實修活動蔚為風潮，人們藉此行動來尋求療癒身心。

一般民眾遠赴海外的機會增加，愈來愈多日本人前往旅行之目的地，是造訪基督教或伊斯蘭教的宗教設施，但與佛教相較之下，並不積極關注海外宗教。更何況改信基督教或伊斯蘭教的日本人較少，對於神道與佛教習合的傳統信仰方式具有親近感，並未發現明顯的變化徵兆。

戰後日本社會面臨重大變遷，戰前為了對抗歐美列強而試圖增加軍事實力，為了統一國民思想、催生為國犧牲者而利用宗教。

然而，至戰後轉型為民主主義體制，戰前的國家神道體制瓦解，信仰自由獲得確立，宗教發展狀況出現巨變，佛教亦被迫順時而變。

日本佛教雖以崇拜先祖為核心，卻適用於村落共同體的信仰方式，未必能滿足都市居民所需。故在經濟持續成長與都市化進行的過程中，過去信仰喪失力量，取而代之是由新宗教擴大勢力。

雖說是新宗教，如同其中最能成功擴大規模的創價學會是以日蓮信仰、法華信仰為核心般，在基於傳統宗教或信仰的情況下，由此可發現佛教信仰在戰後的發展。這種傾向在現代亦有共同之處，如同真如苑般在今日依然擴大勢力的新宗教，則是以真言密教的信仰為基礎。

在逐漸趨向高齡化及少子化的情況下，核心家庭化隨之發展，進而個人化的傾向愈漸明顯，並可預測今後將會持續進行。這意味著人們對祖先崇拜的關心，今後將可能更為淡薄。實際上，近年在支持祖先崇拜方面扮演重要角色的葬儀型態中，可發現產生重大變化，整體情況朝向「脫離祖先崇拜」、「脫離葬式佛教」的方向發展。

在此情況下，眾人關心的是個人化信仰的方式，筆者認為今後這種傾向將會持續發展。許多日本人期盼與佛教的關係連結方式，是不屬於某特定教團，而是以個人關心為基礎來選擇信仰對象，並以限定形式來維持如此關係。

既有佛教教團是如此，佛教系的新宗教亦在面臨如此變化下，難以堪稱是能充分因應及進行有效改革。至於其中存在的重大問題，今後將會以何種形式顯示，則成為令人矚目的課題。

專欄六

水子供養

清水邦彥（金澤大學副教授）

「水子供養」一詞出現在國語辭典中，成為現代日本固定發展的儀式。然而透過包括取戒名等方式，以比照供養成人的心意來進行的現代式水子供養，約自昭和四十五年（一九七〇）開始普及化。誠然，在此之前仍有供養為了節育而被迫墮胎或流產的早逝胎兒或夭折嬰孩。昭和四十五年之前的水子供養，是透過讓水子嘗用生腥食物、或不為其取戒名等方式來不讓其成佛（亦即期望水子直接轉世成人）的埋葬方法，此點與現代式的水子供養在根本上是截然不同。

在此試舉水子地藏之例，來做為象徵現代式與過去的水子供養之間所象徵的銜接點。如同〈賽之河原和讚〉所示般，地藏菩薩是日本傳統中的孩童救濟者。然而，水子地藏的名稱大約產生於昭和四十五年，水子地藏像則約從當時開始重新建造，由此可知水子地藏是為了發揮新功能而產生。在此同時，眾人之所以能毫不排斥地接納水子地藏，其背景因素則是基於對於地藏菩薩所抱持的傳統觀念所影響。在此補充說明，亦有祭祀水子觀音的寺院，但主要是屬於日蓮宗系。現代式的水子供養，是以傳統習俗為背景而滲透其中，過去甚少被視為研究對象。除了千葉德爾、大津忠男（一九八三）發表的著作成為先驅之外，有關這項問題的正式研究著作，則必須等到 LaFleur（一九九二）發表著作為止，此點十分耐人尋味（後述）。

筆者想針對現代式水子供養成為普遍化的要因來進行探討。如前所述，現代式的水子供養，其特徵就在於比照成人進行供養此點。「父母」請求供養的理由，是懼怕死嬰作祟，或對胎兒心懷「內疚」所致。這就是所謂的「父母」將胎兒之死視為人類之死。至於有關「父母」心意是如何透過水子繪馬來表現的分析，則詳見於森栗茂一的研究（一九九五）。

那麼，為何會將流產的胎兒視為人類？昭和三十五年（一九六〇）左右，婦女將生產地點從自宅改至醫院，故而超音波檢查形成普遍化，胎兒被當做是可眼觀的「小人類」。故而胎兒之死成為人類之死，逐漸比照成人進行供養。補充說明的是，在江戶時代的《女重寶記》之中，是將婦女在懷孕初期的胎兒形象描繪成錫杖或獨鈷杵的形狀。

將胎兒視為人類的觀點，導致全美輿論針對墮胎而形成論爭兩極化，並引起美國本土研究者的興趣（LaFleur，一九九二等）。在美國，某些意見因將胎兒視為「人類」而認為墮胎即是殺人，故而認為無論任何形式的墮胎皆應禁止。另一方面，日本雖出現認為胎

《女重寶記》的「胎內十月圖」（出處：[苗村常伯撰]『女重宝記5巻』[3],又兵衛,[江户時代].国立国会図書館デジタルコレクション https://dl.ndl.go.jp/pid/2599444(参照 2023-01-18)）

兒是人類的傾向，卻採取水子供養的方式來迴避墮胎論爭。

如前所述，昔日的水子供養是期盼夭兒能轉世成人，現代式的水子供養則是傾向於讓水子成佛。現代的水子供養之所以普及化的要因，就在於「七歲以前是屬於神」這種過去期待水子能直接轉世的心意逐漸淡化所致。

不可輕忘的是，現代式水子供養之所以普及化的要因，是由於推動這種供養方式的宗教人士存在所致。現代式的水子供養開始普及化的時期，與遭到狐狸等動物靈附身的情況逐漸減少的時期幾乎完全重疊。起初，現代式的水子供養是由靈媒等宗教人士進行，亦有透過順應檀家或參拜者的要求而在固有寺院處理的情況。推動水子供養的宗教人士或寺院有時會強調水子作祟，藉此利用因被迫墮胎而懷有心靈創傷的婦女。曹洞宗、淨土真宗因此出現禁止水子供養的行動，然而兩宗皆非基於本山教義而禁止供養。然而時至今日，水子作祟在整體上逐漸不再被強調。

現代式的水子供養雖多少出現變化，卻在日本社會中穩定發展。目前，水子供養在韓國、臺灣、泰國已然存在，在美國亦可發現這種供養方式，但僅限於禪宗寺院而已。

文獻介紹

千葉德爾、大津忠男，《間引きと水子》，農村文化研究会，一九八三年。

William R. LaFleur, *Liquid life: Abortion and Buddhism in Japan*. Princeton U. P., 1992（森下直貴、清水邦彥等譯，《水子〈中絕〉をめぐる日本文化の底流》，青木書店，二〇〇六年）。

森栗茂一，《不思議谷の子供たち》，新人物往来社，一九九五年。

高橋三郎編，《水子供養　現代社会の不安と癒し》，行路社，一九九九年。

特論

佛教研究方法論與研究史

末木文美士

國際日本文化研究センター教授

第一節　佛教研究領域與方法論

一、佛教學與宗學

今日，將佛教方面最主要的研究領域稱之為佛教學（Buddhist Studies），但究竟是何種程度才被公認於研究領域，則令人略感質疑。在佛教系統的私立大學雖設有佛教學的學門，但在其他大學卻幾乎沒有相關學科或專門領域，僅有東京大學設有印度哲學佛教學專門課程，以及京都大學設有佛教學專修而已。正因如此，佛教學看似接近基督教的神學，但未必能如此說明。神學是以信仰為前提，並針對該如何使信仰更為深化、語言化，並從正面探討這項主體式的問題。相對於此，佛教學則是將核心課題置於以客觀文獻學為基礎的教理史研究上，故在表面上未必是以信仰為前提。但是否能還原為純粹思想史此點，仍留下混沌未明之處，毋寧說是長久維持僧侶在以佛教信仰為前提之下所從事的學術特性。

另一項值得矚目的課題，則是日本佛教學的特徵就在於印度學，尤其是與印度哲學研究具有深切關聯。日本佛教學會雖屬於全國型的佛教學學會，但在相較之下，今日則是以日本印度學佛教學會的規模較大。以舊帝國大學為首的主要國立大學，即使未設佛教學這項專門學門，仍多有設置印度哲學的專門學科。

的確佛教是始於印度，就此意味而言，佛教研究與印度學結合是理所當然之事，印度佛教是屬於印度哲學領域，此點並無疑問。然而如同前述在東京大學設立的印度哲學佛教學專門課程所示般，佛教學在整體上往往與印度哲學形成一體化，至於其他地區的佛教研究定位則顯得模糊不清，甚至招致研究發展上的衰退，佛教學的主流完全置於印度佛教研究之上。如同以下所述，這是源自於日本近代佛教學在成立之際，受到歐美的印度文獻學造成的強烈影響所致。

至於與佛教學保有密切關聯的則是宗學。這是一門以各宗派的宗祖教學為中心來進行研究的學術領域，其性質近似於基督教的神學。原本沒有宗學這門學術領域，而是由各種不同宗派，例如稱之為天台宗學、密教學、禪學、淨土宗學、真宗學等領域彼此形成關聯及並存。這些宗學是以各宗門大學為中心所形成的學術領域，成為培養僧侶的基礎科目。原本宗門大學是將近世稱之為檀林、學林等僧侶培育機構改組成為近代形式。近世的檀林是以稱為宗乘等以自宗教學為主的機構，在慣例上修習的課題是合併包括稱為餘乘在內的基礎、一般佛教學。故而在以改組後的型態為基礎的宗門大學系統中，學習宗學的學科（禪學科、真宗學科等）與佛教學科並存則成為一般型態。

宗學為了確立及教導以各宗派公認的教學為目的，故而如同宗祖無謬說般，是以宗祖之說為正理的前提來進行研究，並與客觀式的學術性質相異。佛教學被視為彌補宗學之用，故在實質上是以日本佛教的各宗派教學為前提。尤其在宗門大學，如此傾向更為強烈。

二、宗門大學的流脈

在此簡單針對宗門大學的發展略做說明。有關宗門大學的形成，林淳曾從事研究（林淳，二〇〇八）。根據其研究，宗教系統學校的形成時間應分為四期：

第一期：自明治維新之後，因受到基督教系統的學校建立所影響，各宗自明治十九年（一八八六）至明治二十一年（一八八八）陸續設立培育各宗僧侶的學校。

第二期：明治三十二年（一八九九）公布〈私立學校令〉，在此同時，〈文部省訓令〉第十二號禁止在文部省認定的學校內推行宗教教育。佛教系統的學校原屬內務省管轄，應是明治三十六年（一九〇三）的〈專門學校令〉規定成為文部省管轄。

第三期：大正七年（一九一八）公布〈大學令〉，私立專門學校成為大學。佛教系統的學校比照基督教系統的學校，將龍谷大學、大谷大學、駒澤大學、立正大學、高野山大學、大正大學升格為大學。

第四期：藉由戰後確立教育制度，設立許多宗教系統的學校。

原本宗門大學是以培育自宗派的僧侶為目的，在隨著擴大及整頓組織的同時，逐漸強化綜合大學的特性，故而出現需要招收僧侶的學部或學科，其比重出現了相對較低的傾向。在此情況下，不僅限於佛教系統的大學，即使基督教系統亦是如此，堪稱是宗教系統的大學將面臨進退兩難的問題。對於這種宗門大學，主導近代佛教學術研究的則是以東京帝國大學為代表的官學學術。有關官學方面的佛教研究，筆者想待後文說明。

相對於佛教學與宗學是屬於教理研究，追究史實的研究則是以實證性的佛教史學來發展。尤其有關日本佛教方面，教理研究被分入各宗派領域，以致於統合性研究發展遲緩。相對之下，實證性的佛教史學因受到史料豐富所影響而得以大為發展。故而印度佛教方面是以佛教學為中心，日本佛教方面則是以宗學與歷史學為中心，中國佛教則是居中立場。中國的情況是固有儒教與老莊思想、或與佛教相關發展的道教有所關聯等，並就此形成大問題，被歸納為中國哲學領域。

除此之外，與佛教相關的研究領域並不少，相對於佛教學是從佛教內在的立場來以文獻學式的教理研究做為主軸，宗教學則是原本從與各宗教互做比較之中產生，可從更客觀的立場來針對不僅限於教理、而是甚至包含佛教諸相（儀禮、制度、社會活動、現狀等）來進行研究。其中有關在地化的佛教現象，主要是由民俗學來進行研究。至於佛教的文化現象方面，不僅是文學史、美術史及其他領域，更是從多面向進行研究。此外自近代以後，佛教與新哲學或思想運動亦形成深切關係，這些課題是無法完全從過去的教理史框架之中予以掌握，而是必須從思想史的問題來重新審視。如前所示般，佛教研究領域就是屬於極其多元的面向，時至今日，這些諸多領域在學術上提供的協助非常重要。以下首先是針對佛教研究形成期的問題進行考察，繼而針對佛教學、日本史學的研究史做一概觀，並指出問題所在，進而在其他領域，尤其是針對近代的佛教思想發展進行說明。

此外，有關佛教學領域的研究現況方面，可參照菅沼晃博士古稀記念論文集刊行會編《インド哲學佛教學への誘い》（二〇〇五），有關中國佛教的研究情況方面，可參照岡部和雄、田中良昭編《中國佛教研究入門》（二〇〇六），至於日本佛教研究方面，可參照日本佛教研究會編《ハンドブック日本佛教研究》（一九九六）、《日本佛教の研究法》（二〇〇〇）等著作。

第二節　近代佛教研究的開端

一、學術佛教學成立

筆者在此想以東京帝國大學為中心，探討學術佛教學的成立過程（以下參照末木文美士，二〇〇四b）。明治十二年（一八七九），原坦山（一八一九—九二）應是首位在東京大學（為東京帝國大學前身）以講師身分教授佛書講義的人物。東京大學創設於明治十年（一八七七），文學部設有史學、哲學、政治學科，以及和漢文學科，兩年後前者改稱為哲學政治學及理財學科。佛書講讀是在和漢文學科進行講授，明治十四年（一八八一）經由改組後，在哲學科加入印度哲學及支那哲學，此後是以印度哲學的名義進行講授。原坦山與吉谷覺壽以每兩年一次輪替擔任講師，自明治二十三年（一八九〇）起，改由村上專精（一八五一—一九二九）擔任此職。其中，原坦山主張進行「實驗」，從有別於西洋醫學的立場，推展以佛教為基礎的頭腦、脊髓論。後於大正六年（一九一七），印度哲學講座在安田善次郎的捐助之下，成為設有專任教授的講座，村上專精成為首屆教授。

如前所述，日本研究佛教的特徵，就在於佛教是以「印度哲學」的名義講授。據說是為了與支那哲學並設，或是為了迴避基督教方面提出要求，故而避免佛教浮上檯面所致。無論是何種原因，皆是讓印度哲學（佛教）與支那哲學（儒教）成為東洋哲學之代表。至於日本方面的特徵，則是國內的「日本哲學」自始就不曾被視為問題所在。

另一項值得關注的課題，是明治十五年（一八八二）哲學科分為西洋哲學科與東洋哲學科，後者是由井上哲次郎（一八五六—一九四四）擔任。井上於明治十七年（一八八四）負笈德國，在明治二十四年（一八九一）返國後擔任教授。自同年起至明治三十一年（一八九八）為止，教授比較宗教及東洋哲學，其內容為印度哲學，最初是針對佛教發展前的哲學，此後則是從佛教起源史的角度來進行探討。井上的講義於明治三十一年，改由姉崎正治（一八七三—一九四九）講授宗教學緒論。

東洋哲學與印度哲學之間究竟有何關聯？雖無法確知其關係，但認為兩者未必具有密切關聯，而是以同樣做為學術領域來並行發展。當初的東洋哲學領域分為比較宗教及東洋哲學，不久轉變為宗教學，這段發展始末雖未必明確，但其中應包含井上哲次郎的構想，井上曾在留德期間接觸到西歐的新宗教研究。總而言之，東、西洋哲學對等並存的體制因此而瓦解，若單說哲學則是指西洋哲學，至於加上附帶條件的印度哲學、支那哲學則是附隨領域，這種日後形成的日本學術基礎構造就此成立。

姉崎正治是井上哲次郎的女婿，井上因賞識其才而予以拔擢。姉崎自明治三十二年

（一八九九）至明治三十五年（一九〇二）赴德留學，追隨保羅・雅各布・德森（Paul Jakob Deussen，一八四五—一九一九）研究佛教，其學位論文為《現身佛と法身佛》（一九〇二）。進而在《根本佛教》（一九一〇）之中，提出比原始佛教更為根源的「根本佛教」概念。自德國返日後，姊崎正治於明治三十七年（一九〇四）就任教授一職，此後東京帝國大學設置的宗教學講座，是採取以姊崎開設佛教、加藤玄智開設神道、波多野精一開設基督教課程為主的體制。據傳約至明治時代末期，以佛教為主題的畢業論文發表數量最多。在此補充說明，姊崎正治追隨的哲學者保羅・德森，原本是受到阿圖爾・叔本華（Arthur Schopenhauer）的影響而進修印度哲學，姊崎由此追溯並出版叔本華的日譯本《意志と表象としての世界》。

如此雖以佛教為專門領域，卻是基於不同原理所成立的兩種專門課程。那麼，宗教學與印度哲學的佛教研究，又具有何種關係？在宗教學領域中是形成兩大取向分庭抗禮，亦即是以佛教為專修學門的學生大致上是修習日本佛教，至於印度哲學方面，則是修習印度佛教或中國佛教（高橋原，二〇〇八）。

形成這種分庭抗禮形式的原由之一，可推測應是來自於印度哲學與梵語學具有密切關聯所致。村上專精無法教授梵語，自英國留學返國的高楠順次郎（一八六六—一九四五）於明治三十年（一八九七）擔任梵語講師，兩年後成為博言學（語言學）教授，更於明治三十四年（一九〇一）擔任新設的梵語學講座教授。該講座與印度哲學講座關係密切，高楠開授印度哲學宗教史，井上哲次郎的比較宗教及東洋哲學的內容，毋寧說是由高楠所繼承。

另一項宗教學與印度哲學的相異點，就在於宗教學是以公平處理各宗教為原則，相對之下，印度哲學則是以佛教的價值觀為前提，此點成為日後在日本發展的印度哲學系統佛教學之一大特徵。如前所述，日本的佛教學主要是源自於做為補足宗乘的餘乘而來。這種情況不僅是宗門大學，東京帝國大學亦堪稱如此，戰前的專任教授、副教授皆為寺院出身。故而與其說是以佛教學為目的來闡明客觀的、歷史的史實，毋寧說是明確顯示佛陀精神、佛教的根本精神，佛教學的發展型態，被認為是與佛教的發展型態直接形成連結。

此外，京都帝國大學於明治三十九年（一九〇六）開設文科大學，松本文三郎（一八六九－一九四四）擔任哲學哲學史第二講座（印度哲學）教授。松本亦以漢文資料為主軸來進行思想史研究，在印度佛教、中國佛教的研究上成果甚豐。

二、大乘非佛說論

以下是舉出村上專精為例，來探討日本佛教學在形成期的特徵（以下參照末木文美士，二〇〇四 a）。村上與同一時期曾前往歐洲留學的後輩高楠順次郎等人，共同引進西歐的新梵語學研究。村上因無緣留學，如同他因此而自稱是從事「田舍學問」般，顯示其具有研究過渡期的特質。村上專精在真宗大谷派的高倉學寮等處修習，雖與中央學術界無緣，明治二十年（一八八七）成為曹洞宗大學（今駒澤大學）講師，與中央系統的大學有所連結，並陸續擔任哲學館（東洋大學）、東京帝國大學講師。另一方面，則於明治二十九年（一八九六）參與清澤滿之等人的大谷派改革運動。

村上專精在佛教學方面的研究成果，其中一項是建立以創刊《佛教史林》（一八九四）為首的佛教史學領域，另一項則是藉由《佛教統一論》全五卷（一九〇一—二七）來試圖確立佛教的統合性教理。如此以兼具歷史與教理兩方為其特徵，相對於此後兩者互為分離，則發揮了將兩者予以確立的功能。當撰寫《佛教統一論》的過程中，在〈第一篇大綱論〉（一九〇一）之中，因主張大乘非佛說論而引起廣大反響，甚至發展成村上一時脫離大谷派僧籍的局面。

其中，大乘非佛說論是有關教理與歷史兩面向的問題，在此筆者想略做探討。大乘非佛說論的源流可追溯至近世，至明治時代成為重大問題的原因，是在於隨著引進來自西歐的新原始佛教研究，而與佛教的近代研究之根本方法有關所致。近代研究若是以闡明史實為基礎，則大乘顯然是非佛說。但在做為信仰問題方面，日本佛教皆屬大乘佛教，倘若大乘非佛說，則將造成關乎日本佛教存亡的問題。這不僅止於歷史研究，而是與教理問題互為重疊，形成一種在佛教學上的特殊事例而浮上檯面。

村上專精在《大乘佛說論批判》（一九〇三）之中，根據研究史來詳細探討這項問題，筆者則想以此書為線索來進行檢討。附帶一提，《佛教統一論》〈第一篇 大綱論〉的寫作時間，與《大乘佛說論批判》的撰寫時間相隔兩年，在此期間的論調則略有差異。大綱論是以較為激進的方式來說明佛教是出於釋尊所創，故而直接提示大乘非佛說論。相對於此，在《大乘佛說論批判》之中，則明確對照「歷史」與「教理」，如同「大乘佛說論在教理方面雖有確立，但在歷史方面則難以成立」（第五頁）所述般，在歷史層面是主張大乘非佛說，但在教理方面則認為大乘佛說論是可成立。

《大乘佛說論批判》是將大乘佛說、非佛說的論爭，是以歷史角度來從印度展望至日本，並試圖以此為基礎來樹立自說。尤其值得關注的，是詳細介紹自富永仲基之後所發展的日本近世論爭，並試圖予以類型化。這點意味著村上的學問雖受到近代西歐所刺激，仍與近世傳統徹底連結，並在此傳統上為自身立場賦予定位。

在此情況下，村上專精十分關注於近世時期由富永仲基、服部天游、平田篤胤等人所提出的大乘非佛說論，他們的論說是傾向於從佛教領域之外的角度來批判佛教，村上尤其對仲基給予高評。此外，村上專精亦贊賞普寂的思想，在過去的佛教領域中，普寂一直被視為異端而遭到排除。村上針對普寂涵括歷史與教理兩層面來做解釋佛教此點，表示「余亦大抵認同寂公之見」（第二四六頁）從自身立場來映證與普寂思想的一致性。在根植於近世傳統的同時，村上並非僅是固守舊說，而是將自身定位在對於批判舊說的研究表以高度稱揚，並促使這些研究發展。相對於自村上專精之後，新佛教學與近世之學逐漸斷絕關係，且是屬於構築持續的、內在的學術領域，此點應該是值得關注。

村上專精將歷史與教理予以區分的觀點，孕育出日後與佛教學有所關聯的重大問題，故而筆者在此想略做探討。村上從五項觀點來證明大乘佛說論是得以成立的論說。此即：1.相對於小乘是與現象世界有關，大乘則是以超越現象的真如世界為對象；2.相對於小乘是應身說法，大乘則是報身或法身說法；3.小乘是在歷史場域說法，大乘則是多在耆闍崛山說法，此為在超越現實世界的理想世界之中說法；4.大乘結集並無歷史證據，但在大眾部的雜集藏與禁咒藏之中具有大乘要素；5.就傳入地區來看，大乘應是在北方發展。

若從這些項目來看，可知村上專精的論點分為兩大層面。其一是從超越歷史的立場來定位大乘佛教，並未局限於歷史框架中（第一至三項），其二是儘管如此，仍在歷史中探詢大乘要素（第四、五項）。前者是真正從相對於歷史的教理來強烈主張，後者則是試圖從歷史中重新探詢大乘佛教的起源。

關於後者，則有村上專精提及的、與村上皆為同一時代的研究者前田慧雲（一八五七—一九三〇）。前田出身於伊勢，為淨土真宗本願寺派的僧侶，曾陸續擔任東京帝國大學講師、東洋大學校長、龍谷大學校長等職。前田與村上同樣，雖與近代以來的傳統教學有所連結，卻是試圖因應近代課題的代表佛學者之一。前田慧雲著有《大乘佛教史論》（一九〇三），他試圖以實證方式來證明大乘佛教即使在歷史層面上亦為佛說。前田的說法未必獲得認同，卻在此過程中，發現大眾部系統的教理與大乘教理十分相近。村上專精亦在前述的第四項中，認同大眾部與大乘有所關聯。

此後的研究，則是以大乘佛教的成立與大眾部有關的說法做為有力見解，並成為學界通論，海外研究者亦接受其說。相對之下，平川彰（一九一五—二〇〇二）則是從正面挑戰此說。平川是以探討初期大乘經典為基礎，提出大乘佛教是源自於以在家信徒為中心的佛塔信仰（平川彰，一九六八）。平川的說法一時成為學界的新定論，今日則有批判論述，認為大乘佛教畢竟是發自僧伽教團的說法，逐漸強而有力（下田正弘，一九九七）。這些有關大乘佛教起源的研究，尤其在日本成為近代佛教研究的核心主題，其源流堪稱是大乘非佛說論。今日，大乘佛教的成立促使全球學界皆涉入其中，持續成為最大的佛教學課題。

有關大乘非佛說論的另一面向，亦即歷史與教理的問題，此後在佛教學研究領域中看似近乎完全解決，導致不再正式探討。教理的優劣與否是觀乎價值觀的問題，並未進入近代的實證學領域，若以西歐學術而言，則是屬於神學領域的問題。這並非歷史上的佛陀之說，而是法身、報身的說法，既是與猶如世界真理的真如有關，雖說其真理性能獲得保證，卻完全超越了實證學領域，唯有信其思想者能有所理解。

故而這些議論最終之所以不再正式受到討論，並非毫無緣由可尋。然而議論受到封印，並非其構想就此消失。而是情況恰好相反，大部分的佛教研究者多為寺院出身，是基於護教論而進行研究，導致大乘佛教在價值上的優勢理所當然成為研究前提。甚至在大乘佛教中，亦有出現研究者隸屬的日本宗派是最優秀的說法，往往成為其研究前提的要項。

佛教學之存在目的，就在於闡明佛陀精神，此事屢被提出說明。這種佛陀精神恰是顯現於大乘佛教中，甚至由日本的親鸞或道元最能淋漓發揮，而此成為許多日本佛教學者之間的常識，對此幾乎不曾感到質疑。若就此點來看，村上專精提出的在歷史層面上雖是大乘非佛說，但在教理層面上卻是大乘佛說，這堪稱是在未經議論該說法是否恰當就已繼承其說。至於從犀利角度來將該說法予以問題化的，則是在二十世紀末提出的批判佛教，有關此部分將待後述。

第三節　佛教學的發展

一、印度佛教研究

村上專精、前田慧雲並未出國留學，而是在繼承傳統教學的同時，試圖因應近代化的教學。相對之下，此後的佛教學主流是透過研究者留學西歐、學習梵語、學修印度學式的方法，並以從事印度佛教文獻研究的學風來取代之。真宗大谷派的南條文雄（一八四九—一九二七）、笠原研壽（一八五二—八三）就是其先驅人物。這些人士於明治九年（一八七六）負笈英國，幾經艱難之後學會英語，此後則向牛津大學的馬克斯・繆勒（Friedrich Max Müller，一八二三—一九〇〇）學習（前嶋信次，一九八五）。

在此若對西歐的印度學來做一概觀（J. W. de John，一九七五），可發現隨著西歐在亞洲進行殖民化的同時，針對亞洲的研究十分興盛，至十八世紀末，有關印度方面的研究則邁入正式階段。西元一七八四年在加爾各答設立亞洲協會的創舉，被視為印度研究飛躍發展之一大步。此後，透過查爾斯・威爾金斯（Charles Wilkins）、威廉・瓊斯（William Jones）、亨利・湯瑪斯・科爾布魯克（Henry Thomas Colebrooke）等人的研究，方能達成正式展開古典印度的研究。相對於此，佛教研究則是時代更晚，將大量寫本自尼泊爾攜返英國的布萊恩・霍頓・霍奇森（Brian Houghton Hodgson，一八〇〇—一九四）著有《佛教の文獻と解說》（一八四一）。此外，自歐仁・比爾努夫（Eugène Burnouf，一八〇一—五二）根據大量請歸的寫本所著述的《インド佛教史序說》（一八四五）或《法華經》法譯本（一八五二）出版之後，開始正式進行佛教研究。另一方面，以中國資料為基礎的佛教研究開始正式發展之著作，則有雷暮沙（Jean-Pierre Abel-Rémusat）的《佛國記》法譯本，此書是由朱利斯・克拉普羅特（Julius Heinrich Klaproth，漢名柯恆儒）出版（一八三六）。至於斯坦尼斯拉斯・朱利安（Aignan-Stanislas Julien，漢名儒蓮），則在略晚時期翻譯《大唐西域記》（一八五七）。

至十九世紀後期，李斯・戴維斯（Thomas William Rhys Davids，一八四三—一九二二）、赫曼・歐登堡（Hermann Oldenberg，一八五四—一九二〇）、埃米爾・賽納爾（Émile Charles Marie Senart，一八四七—一九二八）等大學者現身，以巴利文獻為主的初期佛教研究逐漸盛行。

這種印度研究、佛教研究，具有愛德華・薩依德（Edward Wadie Said）所說的堪稱是典型東方主義的性質，在將東洋古典予以理想化的同時，卻蔑視現代亞洲。此外在方法論方面，則是以古希臘、羅馬的西洋古典研究為模式，並以古典文獻的文本校訂或翻譯等文獻學研究做為基石。梵語與西方各國語言同屬印歐語系，一時認為可能是比希臘語更為古老的祖語，研究由此轉為興盛。日本研究者亦以學習這種西歐最頂尖的方法為目標，為了研究印度卻未赴當地，而是留學西歐。此外，這些人士是完全以古典研究為目標，對現代印度的關心相當薄弱。

南條文雄、笠原研壽追隨的馬克斯・繆勒是德籍人氏，從印歐語學的研究逐漸對東洋宗教表示關注，並從事印度宗教哲學研究。由此開始對於過去的基督教優越主義感到質疑，確立了認同東洋宗教價值的比較宗教學方法。南條與笠原蒐集東洋各宗教的聖典，彙編為《東方聖書》五十卷，堪稱是其偉大構想之集大成。

笠原研壽在壯志未酬的情況下病倒，南條文雄則在繆勒指導下，開始著手梵語佛典的正式文獻研究，並與其師共同出版梵文本《無量壽經》、《阿彌陀經》的校訂文本（一八八三）。後與荷蘭的亨德里克・柯恩（Hendrik Kern）共同刊行梵文本《法華經》（一九一二），亦刊行梵文本《入楞伽經》（一九二三）。

以南條文雄為首的日本研究者之所以能刊行大乘佛典，並獲得豐碩成果，其原因之一是透過漢譯而得以親近這些經典，故能以對照漢譯的方式閱讀梵本。這是在西歐難以處理漢文的印度學者所無法做到的。南條為使西歐研究者得以接近漢譯佛典，故而刊行明版《大藏經》的經錄《大明三藏聖教目錄》的英譯版（一八八三），並稱之為「南條目錄」

且被廣泛運用。此後，日本佛教教團中最優秀的菁英分子前往西歐留學，佛典的梵本文本校訂或文本研究成為傳統，在全球維持最高水準。

高楠順次郎與南條文雄等人同樣，皆受學於馬克斯・繆勒，並促使將稱霸全球的日本梵語研究基礎奠定在學術領域中。高楠於西本願寺普通教校畢業後，自西元一八九〇年起留學英國七年，並向繆勒學習，返國後擔任東京帝國大學教授。自此以後，他構築了日本的梵語及印度古典學研究之基礎，在此同時亦參與《大正新脩大藏經》、《南傳大藏經》等龐大系列經典的編纂工作，建構佛教研究的基礎。此外，高楠順次郎自年輕時期曾參與編刊《反省會雜誌》（《中央公論》的前身），積極針對時局發表言論，在昭和戰爭期間，明確闡述獨自主張的亞洲主義、日本主義的立場。

至於東京帝國大學方面，村上專精於大正十一年（一九二二）退休後，改由木村泰賢（一八八一—一九三〇）繼承教授印度哲學講座的課程。木村留學英國，曾受教於李斯・戴維斯（Thomas William Rhys Davids）的夫人，返國後則成為一名教授。木村起初發表《印度哲學宗教史》（與高楠順次郎共同著作，一九一四）、《印度六派哲學》（一九一五）等有關印度的正統派哲學研究，自留學後則以《阿毘達磨論の研究》（一九二二）為首，轉向從事印度佛教研究。在村上專精的階段雖稱之為印度哲學，卻主要採用漢文文獻，透過木村泰賢，才首度將以正式梵語研究為基礎的印度佛教研究置於中心，確立「印度哲學＝印度佛教核心」的研究。木村具有曹洞宗僧籍，除了客觀的文獻學之外，亦保有因僧侶身分而將佛教信仰視為前提來從事學術的特性。

然而，木村泰賢亦維持傳統教學立場，因此與試圖採取更近代立場的宇井伯壽、和辻哲郎針對因緣解釋而進行論爭。木村基於所謂的三世二重的因緣立場，將十二因緣解釋為闡述過去世、現在世、未來世的三世因果關係。此外，將無明視為盲目意志般進行心理上的解釋，相對於此，宇井、和辻則將十二因緣解釋為並非時間上的三世關係，而是說明由苦產生的論理式因果關係。此外，在無明方面解釋為知識上的無知，並針對木村進行批判。

有關佛教在近代式的解釋方面，其特徵在於具有否認前世、來世及推動現世式的詮釋，就此點來看，宇井伯壽、和辻哲郎較適於近代式的解釋。木村泰賢在其思想尚未臻於圓熟之下，於昭和五年（一九三〇）以四十九歲之齡辭世，宇井伯壽成為後任講座教授，並從東北帝國大學轉至東京帝國大學。和辻哲郎亦於昭和八年（一九三三）自京都帝國大學轉至東京帝國大學，成為倫理學講座教授，兩者皆是學術領域的核心人物。宇井、和辻流派的現世、合理、論理的解釋就此漸居優勢。

宇井伯壽（一八八二—一九六三）是以印度哲學之名確立近代佛教學的首要人物。如前所述般，相對於木村泰賢活用傳統解釋，宇井則是徹底發展具有合理性的詮釋。然而，在採取這種佯裝成近代性、合理性學術的同時，另一方面，宇井則因擁有曹洞宗僧籍，其所倡的佛教學蘊涵了採取實證文獻學形式的護教論之意。宇井的研究不僅是從印度正統派哲學延伸至印度佛教，更從譯經史或中國禪宗，甚至遠及日本佛教的廣泛領域。宇井伯壽堪稱是採用「印度哲學＝佛教學」的方法及領域最典型的學者。

宇井伯壽的《佛教汎論》（一九四三）確立佛教的綜合體系，促使村上專精撰寫《佛教統一論》的意圖得以落實。這不僅是維持佛、法、僧的傳統教理學框架，更充裕置入近代研究的成果。況且其體系是將日本佛教推崇為極致，並將天皇制國家視為至高無上，此點堪稱是促使接受時代需求的護教論就此完成。

佛教界在戰爭時期雖採取支持天皇國家戰爭的態度，但在佛教學界亦有高楠順次郎或宮本正尊（一八九三—一九八三）等人表明積極支持戰爭的態度。戰後，雖有透過市川白弦（一九〇二—一八六）等人進行有關佛教界或部分宗門的宗學協助戰爭之研究，但在佛教學界協助戰爭的相關研究仍未必十分明確。

戰後最具代表性的印度哲學＝佛教學學者，應是中村元（一九一二—一九九九）。中村是宇井伯壽的後繼者，年輕時即擔任東京帝國大學的助理教授（一九四三）。中村元在從印度正統派的吠檀多哲學研究開始從事佛教研究，此點可視為繼承印度哲學＝佛教學的傳統。但從中村未具僧籍，曾脫離既有教團並自由從事研究此點來看，有別於過去的印度哲學＝佛教學。尤其是重視原始佛教，針對過去的大乘佛教中心主義或日本佛教中心主義而提起重大問題。此外，因受到戰後的亞洲、非洲各國勢力抬頭，或社會科學興盛發展所影響，故而導入社會經濟史或社會倫理觀點及近代化視角，或是以古今東西的廣博知識為基礎，亦延伸至比較思想研究。

中村元採取的方法，可定位為雖是繼承宇井伯壽所確立的印度哲學＝佛教學，卻將護教論的性質予以解體，並試圖重編為思想史。透過中村研究的印度學、佛教學，而從佛教人士之間的封閉教學，開展在更廣域的社會科學或人文科學之中。

駒澤大學的袴谷憲昭、松本史朗等人所發起的批判佛教運動，在近年成為佛教學的新動向，並引發議論（末木文美士，一九九八）。袴谷、松本闡明了針對過去的印度哲學＝佛教學在實際上雖是護教論，卻佯裝成客觀之學所產生的質疑，並探究佛教學的價值觀具有何種型態。他們的核心思想就在於成為東亞佛教核心的如來藏思想是無法稱作根本佛教，必須予以否定，並針對過去以如來藏思想為前提的佛教史提出異論。

在某種意味上，批判佛教運動是重新提出大乘非佛說論，並非全面否定大乘佛教，而是對於在肯定空思想的同時亦否定如來藏此點加入新的價值判斷，並針對佛教研究不僅止於單純的客觀之學而提起問題。此外，有關批判如來藏系思想方面，已由二十世紀初期的歐陽漸（竟無）等人在中國探討《大乘起信論》的偽撰問題來予以提出，並成為重大問題。這些各式各樣的動向，與佛教學一同和佛教思想近代化的問題形成關聯。

今日，佛教學在接受這種問題提起之際面臨重大轉折。在表面的客觀之學與以佛教信仰為前提的護教論之間，兩者以預定和諧的方式在無條件之下得以成立的時代已然告終，必須重新探詢兩者之間的關係。此外探詢的課題，則是佛教學是否如同過去般是以印度為中心。進而對過去以教理史為中心的研究，積極要求納入考古學的文物研究或人類學研究等嶄新的研究方法。佛教研究的方法論發展至今，已達到必須從根本重新探詢的情況。

二、其他地區的佛教研究

如前所述，佛教學的中心在於印度佛教研究，至於中國佛教方面，則是處於與中國哲學或東洋史等領域的中國研究夾縫之間，很難說是能充分顯示其發展。其中發現敦煌文獻（敦煌寫本）一事，被視為全球一大動向而獲得矚目。敦煌文獻是在恰於世紀轉捩點的西元一九〇〇年，在莫高窟第十七窟內被發掘而出，不僅是漢文文獻，更包含珍貴的藏文文獻或中亞諸語文獻。其中亦包括世俗文書，大部分則是與佛教有關的寫本。

當時正值宣揚帝國主義的各國將前往殖民地視為發展目標，這些國家嘗試前往中亞探險的風氣正盛，其探險隊關注於敦煌壁畫及文獻，將文物競相取走之後返國。其中的代表人物包括英國的史坦因（Marc Aurel Stein）、法國的伯希和（Paul Eugène Pelliot）、

敦煌莫高窟（出處：Shutterstock／達志影像）

俄羅斯的謝爾蓋．奧登堡（Sergey Fyodorovich Oldenburg）、日本的大谷光瑞等。尤其是史坦因與伯希和攜回國內的寫本數量最多，分別收藏於大英博物館、法國中央圖書館，至今仍有研究持續進行。中國方面因遭到這些人士取走主要寫本並運往海外，故將殘留的寫本主要收藏於北京圖書館（國家圖書館）。

使用這些敦煌寫本從事研究的著名之例，就是矢吹慶輝的三階教研究。三階教盛行於隋唐時代，卻因遭到嚴厲彈壓而滅絕，其文獻近乎全部散佚。從敦煌寫本中發現數種基本文獻，得以闡明其實貌。同樣採用敦煌寫本並獲得大幅發展的，則是初期禪宗研究。至今為止的通論，認為禪宗是由菩提達摩傳入中國，繼五代之後分為南、北二宗。然而，根據在敦煌發現的禪宗相關寫本，明確得知初期禪宗的發展並非如此代代相傳。此外，南、北二宗的分裂，顯然可知是由主張南宗禪法的神會所創造的虛構特質十分強烈。初期禪宗研究是由鈴木大拙、胡適、戴密微（Paul Demiéville）等舉世聞名的大學者來進行，描繪與過去禪宗史迥然相異的新禪宗史。其成果是由柳田聖山（一九二二—二〇〇六）的研究而得以集其大成（末木文美士，二〇〇四b）。

雖可發現這種新動向，但自近代之後，中國佛教研究在整體上很難說是有所盛大發展。在戰爭期間，中國佛教研究多少基於國策支持的意味而得以推展，常盤大定（一八七〇—一九四五）等人則發揮指導功能。戰後，由塚本善隆（一八九八—一九八〇）、鎌田茂雄（一九二七—二〇〇一）等人奠定的基礎形成了豐碩成果。大致上，中國佛教研究是以教理研究為主，研究時代則是從佛教導入期的魏晉南北朝至教學完成期的隋唐時期為止，至今其研究仍極為偏重此時期，尤其是自宋代以後的研究並未充分。此外，中國佛教必須從與中國思想史的整體關聯之中來予以掌握。有關六朝的三教交涉史方面，在某種程度上雖有累積成果，但在此領域中，自宋代之後的相關研究極為稀少。

藏傳佛教研究亦從近代開始發展，尤其是河口慧海（一八六六—一九四五），在鎖國情況下獨自遠赴西藏，攜歸大量佛典及佛具。由河口等人傳入的西藏《大藏經》等典籍，促使藏傳佛教呈現的實際樣貌逐漸明朗化，而藏傳佛教則與漢文佛教圈、南傳系佛教圈的型態皆異。戰後，西藏研究的水準在全球大幅提昇，尤其是近年由達賴喇嘛（Dalai

Lama）促使藏傳佛教在歐美受到廣泛信仰，在此同時，其研究亦成為進展最顯著的領域。

至於日本佛教方面，相對於如同後述般的歷史研究獲得大幅進展，佛教學研究則未必十分盛行（末木文美士，一九九三）。主要是在宗學領域方面，各宗祖師的研究持續進行，並獲得一定成果，但將日本佛教視為思想史流脈來予以理解的研究卻未必盛行。其中，島地大等（一八七五—一九二七）關注天台本覺思想，將佛教不單視為教學的世界，而是試圖將之視為日本文化的基礎來予以重新掌握。天台本覺思想研究，是由田村芳朗（一九二一—八九）自戰後開始發展。至於從佛教學領域成為日本佛教研究者的情況，則有花山信勝（一八九八—一九九五）等人，然而時至戰後，他們的研究卻逐漸式微。現今的日本佛教研究在協助多元化的學術領域方面逐漸獲得發展，其中，佛教學研究應採取何種取向進展，目前仍尚未充分顯示方向。

三、《大藏經》與辭典刊行

為了研究佛教，首先必須整備文本（以下本單元多為參照末木文美士，一九九三）。佛典集成原本是由經、律、論三部所構成，故有三藏之稱，南傳的上座部則有傳承及護持巴利文的三藏。相對於此，屬於大乘系統的佛典則多稱為《大藏經》或《一切經》等名稱，完整經藏則有藏文版與漢文版。漢文版《大藏經》自宋代之後屢次開版，日本亦曾數度嘗試。在江戶時代，黃檗宗的鐵眼道光開版的鐵眼版（黃檗版）廣為普及，此版基本上是復刻自明版經藏（《嘉興藏》）。

至近代以來，為了順應時勢所需而出版活字版《大藏經》，首先是自明治十三至十八年（一八八〇—八五）起，以島田蕃根（一八二七—一九〇七）、福田行誡（一八〇九—一八八八）等人為中心，由弘教書院刊行《大日本校訂大藏經　縮刷藏經》（《縮刷藏》、《縮藏》）。此版是以增上寺所藏的高麗版《大藏經》為底本，並與宋、元、明版進行對校，故以縝密校訂而廣受佳評，後於上海復刻為《頻伽藏》（一九一一）。

其次是前田慧雲、中野達慧（一八七一—一九三四）等人於藏經書院刊行《大日本校訂訓點大藏經》（《卍正藏經》，一九〇二—〇五）。此版是以明版為底本，校訂未必十分嚴謹，因附有訓點易於閱讀而廣為普及。此外亦刊行藏經續篇《大日本續藏經》（《卍續藏經》、《續藏》）（一九〇五—一二），其中彙集並收錄許多其他叢書所不曾收藏的中國撰述典籍。今日雖不再使用《卍正藏經》，《續藏》至今卻仍具有重要的利用價值。

在獲得如此成果下，將近代漢文《大藏經》予以集大成刊行的，則是《大正新脩大藏經》（《大正藏》）。《大正藏》是由高楠順次郎與渡邊海旭（一八七二—一九三三）監修，自大正十三年（一九二四）至昭和七年（一九三二）刊行正編五十五卷、續編三十卷。更於昭和九年（一九三四）加入圖像部十二卷、《昭和法寶目錄》三卷，完成全卷一百卷。渡邊海旭為淨土宗僧，自留德之後返國擔任宗教大學（大正大學）教授。

基本上，《大正藏》的正編是以高麗版《大藏經》為底本，並以宋、元、明版為校本，此點是承襲自廣受佳評的《縮刷藏》。然而，高楠順次郎、渡邊海旭透過留學方式，學習新式的西歐佛教學，兩者身為監修並採用過去《大藏經》所未曾處理的嶄新方法。有關其特徵，可列舉以下數點：

第一，過去的《大藏經》將般若部置於卷首此點皆為一致，相對於此，將接近原始經典的阿含部置於卷首的構成方式，則完全是嶄新的處理方式。至於續藏方面，則大幅加入日本的撰述典籍。

第二，包括敦煌本或正倉院聖語藏的天平寫經等典籍亦被用於校本，可顯示過去未知的諸本狀況。第八十五卷是以「古逸部」的形式，收錄新發現的敦煌寫本文本。此外，亦與梵本或巴利文本進行對照。

《大正藏》藉此成果，被視為最優良的《大藏經》，並在日後成為研究基礎，今日則完成電子版並獲得廣泛使用。但有關中國、日本撰述部等部分，卻留下在選擇底本上出現問題或校訂未必精良等問題點。

在刊行《大藏經》的過程中，在日本撰述且大量遺留於世的佛典刊行則成為其次的課題。《卍正藏經》、《續藏》的主要編纂者中野達慧，繼而投入刊行《日本大藏經》（《日藏》）。在松本文三郎監修之下，自大正三年至十年（一九一四—二一）刊行全卷四十八卷。另一方面，亦刊行由望月信亨（一八六九—一九四八）為主編的《大日本佛教全書》（《日佛全》、《佛全》）一百五十一卷（一九一二—二二）。相對於《日藏》是以教理文獻為主，《佛全》的刊行特徵在於包含史料等領域。除了這些鴻篇巨帙的《大藏經》之外，亦刊行各宗派的叢書或《國譯大藏經》、《國譯一切經》等系列。

當出版這些文本之際，亦編纂及刊行具有解讀功能的佛教辭典。首先推出織田得能（一八六〇—一九一一）所編的《佛教大辭典》。織田為真宗大谷派僧侶，以獨力編纂佛教辭典為己志。他自明治三十二年（一八九九）開始著手，晚年則飽受神經衰弱之苦，就在幾乎完成原稿之際與世長辭。後於大正七年（一九一八）由友人們為其整理原稿並付梓刊行。織田的《佛教大辭典》是屬於小項目主義（編案：將小主題個別做為條目並逐一說明）辭典之代表，今日其價值仍歷久不衰。同樣是屬於小項目主義的辭典，則有中村元的《佛教語大辭典》（一九七五），該辭典以語彙之豐富，以及與梵語對照、說明十分簡明易懂等方面而博得世間佳評。

相對於此，以大項目主義（編案：以大主題做為條目，將所有相關事項歸於其下，並以總括或有系統的方式進行解說）為訴求的大篇幅辭典，則有望月信亨所編的《佛教大辭典》為代表。望月是淨土宗僧，曾歷任大正大學教授、校長等職，並以纂輯《大日本佛教全書》、《淨土宗全書》而為人所知，但最致力於編纂的則是此部《佛教大辭典》。該辭典開始著手於明治三十九年（一九〇六），至昭和十一年（一九三六）大致上完成全七卷，此後刊行補遺，現今完成全十卷。

至於其他尚有各種辭典刊行，在此筆者想略為介紹荻原雲來所編的《梵和大辭典》。荻原雲來（一八六九—一九三七）亦為淨土宗僧，曾留學德國，返國後執教於大正大學。《梵和大辭典》是在荻原圓寂後的昭和十五年（一九四〇）開始刊行，辻直四郎承襲其志，後於昭和五十三年（一九七八）完成付梓。至於梵文辭典方面，在歐美已有包括莫尼爾・威廉士（Monier Williams）、奧托・馮・博特林格（Otto von Böhtlingk）、魯道夫・馮・羅特（Rudolf von Roth）在內的大規模版本。《梵和大辭典》則標榜梵漢對譯，並以大量採用梵文佛典的漢譯內容為其一大特徵。

第四節　歷史學研究的發展

一、佛教史的形成

在欠缺歷史意識的印度，並不盛行研究佛教史，在中國反因具有強烈的歷史意識，故自六世紀前期起，出現慧皎編纂的《高僧傳》，或僧祐彙編的譯經相關資料集《出三藏記集》等著作。至宋代以後，志磐《佛祖統紀》（一二六九）等，則是以史傳形式撰寫的佛教史籍。

日本早於奈良時代即有《延曆僧錄》（已佚）等僧傳著述，尤其是至鎌倉時代，凝然（一二四〇—一三二一）的《三國佛法傳通緣起》、虎關師鍊（一二七八—一三四六）的《元亨釋書》等，紛紛撰有正式的佛教史書。尤其《三國佛法傳通緣起》是以印度、中國、日本的三國史觀為礎石，試圖編纂綜合佛教史，故以各宗教學系譜為主軸，成為此後的佛教史模式並被長期採用。

至近世之後，佛教史的考證逐漸發展，或如同師蠻（一六二六—一七一〇）的《本朝高僧傳》般，亦出現篇幅龐大的僧傳。但在做為佛教史通史方面的記述，則未能超越《三國佛法傳通緣起》的階段。至於從統合性的角度，來探討分裂成各種宗派的日本佛教，這種觀點反而逐漸式微。

在此情況下至近代之後，最初將佛教史正式視為問題探討的畢竟仍是村上專精。村上於明治二十七年（一八九四）創刊雜誌《佛教史林》，記錄了佛教史在做為近代學術領域研究發展所邁出的第一步。在創刊號卷首揭示村上專精的說明，是在於「闡述佛教史研究之必要性，一併表明本誌刊行之緣由，以及本誌遵循之主義及目的」，其文充滿了符合村上在宣告新學術領域即將成立之下所懷抱的熱忱及自負。

據村上專精所述，所謂的佛教史研究，是「二千九百二十二年前所現釋尊之說，為二千九百二十二年後出生之吾人於日本此地得以見聞，其間應有無量之經歷」，為求得知其間經歷而成立此項研究，故而佛教史研究並非僅是學術而已。如同「本誌若以門外漢見之，不言含有學術與宗教兩成分」所述般，並非僅止於學術領域而已。這恰是針對大乘非佛說論的教理及歷史來事先進行議論，佛教史本體則是異於一般歷史研究。

《佛教史林》在獲得鷲尾順敬、境野哲（黃洋）等人的協助下，並以村上專精為主而撰寫多篇論文。例如，創刊號的目錄如下：

史論　村上專精〈佛教史研究の必要を述へて發刊の由來となし併せて本誌の主

義目的を表白す〉
鷲尾順敬〈支那に於ける佛教と道教との衝突及び調和を論す〉
考證　村上〈釋迦牟尼佛出誕入滅ノ年代考〉
地理　南條文雄〈印度古代地理〉
教史　村上〈真宗教史〉
傳記　村上〈聖德皇太子傳〉
雜錄　鷲尾〈古德遺芳〉
鷲尾（村上校閱）〈支那歷代翻譯三藏總目〉
彙報

除了採取邀稿方式的南條文雄之外，幾乎皆由村上專精與鷲尾順敬撰寫論文，況且領域廣及印度、中國、日本。村上的協助者鷲尾順敬（一八六八—一九四一）是身為史料編纂所編纂官的實證型歷史研究者，著有《日本佛家人名辭典》等著作，並致力於基礎史料研究。另一位協助者是哲學館出身的境野黃洋（一八七一—一九三三），曾組織佛教清徒同志會並刊行《新佛教》等，並以具有魄力的佛教人士而為人所知。另一方面，境野黃洋繼承村上專精，涵括印度、中國、日本史及教理，其研究成果甚豐，撰有篇幅龐大的佛教史研究著作，包括《日本佛教史講話》、《支那佛教史講話》、《支那佛教精史》等，之後成為東洋大學校長。

如前所述，當初是試圖涵蓋從印度至日本的佛教史，其中又以日本佛教史的成果最著。村上專精、鷲尾順敬、境野黃洋於明治三十年（一八九七）《佛教史林》終刊之際共同撰寫《大日本佛教史》，翌年村上獨自刊行《日本佛教史綱》，成為日本佛教史研究之先驅。

若觀村上專精《日本佛教史綱》的構成，可知共有二卷，其內容如下：

上卷　第一期　三論、法相時代（自佛教傳入至奈良朝末期）
　　　第二期　天台、真言時代（自平安朝初期至其終結）
下卷　第三期　淨土、禪、日蓮時代（自鎌倉幕府初期至豐臣氏末期）
　　　第四期　諸宗持續時代（自德川幕府初期至末期）
　　　第五期　明治維新之後的佛教

如同本書從各章標題可知般，就以各宗形成或繼承為主題此點，是承襲自《三國佛法傳通緣起》以來以宗派為中心的佛教史觀，藉由在其中加入與當時政治有關或制度上的變遷，來理解歷史的整體發展，並對此後的日本佛教史發展方式有所影響。

其次值得關注的，是針對鎌倉佛教的處理方式。《日本佛教史綱》未必將第三期的中世確立為日本佛教的中心，而是慎重避開價值判斷，至於對第二期、第四期亦有所顧慮。雖說如此，將第二期僅限定在「密教事相極盛時期」並探討至其衰退為止，可發現其中略帶否定之意。此外，將第三期取名為「淨土、禪、日蓮時代」，顯示出所謂以「新佛教」為中心的中世佛教觀已然成形。

所謂的鎌倉新佛教中心史觀，是將鎌倉新佛教的祖師言行視為日本佛教之最，但其史觀究竟確立於何時，則未必明確知曉。約自明治時代末期至大正時代之際，有關親鸞、道元、日蓮這些人物，不僅是宗門相關者，一般知識分子亦對其表示關心，相關研究及評論十分盛行。相對之下，卻幾乎沒有針對最澄、空海提出任何評價，據推測這恐怕是基於將密教視為咒術迷信而予以否定的近代觀念所致。同時在面臨神佛分離的體制下，神佛習合的要素亦遭致否定。至於宗派方面，相對於真言宗等宗派的活動略為停滯，但在包括淨土真宗等宗派卻能及早因應近代化，促使宗教活動漸趨活絡化。

鎌倉新佛教中心史觀形成的決定性因素，或許就在於確立了認為鎌倉新佛教運動就是相當於西歐宗教改革的看法。就此點來看，原勝郎的論文〈東西の宗教改革〉（《藝文》二—七，一九一一，後收於《日本中世史の研究》）則給予重大影響。相對於此，戰後的石母田正在著作《中世的世界の形成》（一九四六）之中，提出了反倒是應將鎌倉新佛教與古代末期的原始基督教互做比較。兩者皆是將西歐的基督教史與日本佛教史進行比較，並在認同兩種宗教皆具有同樣發展階段的觀點方面十分一致。如此形成的基本模式，亦即日本佛教史在古代是以國家佛教的型態形成，至鎌倉新佛教則達到鼎盛期，此後逐漸步入衰退。

二、實證主義與鎌倉新佛教中心論

實證型的佛教史研究在大正時代大幅發展，辻善之助（一八七七—一九五五）、山田文昭（一八七七—一九三三）等人獲得卓著的成果。尤其是辻善之助兼任東京帝國大學教授與史料編纂所所長，其表現十分活躍，不僅是佛教史，亦構築了與廣泛的日本文化史有關的實證研究基礎。《日本佛教史》全十卷（一九四四—五五）是集其大成之著作，亦是至今規模最大的日本佛教通史研究。

《日本佛教史》的整體內容是由上世篇一卷、中世篇五卷、近世篇四卷所構成。上世篇僅有一冊，卻具有兩卷分量，是探討自佛教傳入日本至平安時代後期為止。中世篇是由鎌倉時代二卷、吉野室町時代三卷，近世篇是由安土桃山時代一卷，以及江戶時代三卷所構成。雖至近代即告完結，但可說在分量安排上十分適切。

《日本佛教史》的特徵是以提供實證歷史為目標，徹底排除過去的教理史層面，藉此與過去的佛教史彼此切割，並提供佛教史在此後敘述方式的一種典範。此後從歷史學角度來發展的佛教史，即使是標榜思想史，亦逐漸成為與過去教理史迥然相異的型態。

《日本佛教史》亦致力於近世方面，共分配為四卷分量，但針對近世的看法卻略有問題。那就是有關近年出現稱之為「近世佛教墮落論」的觀點。換言之，《日本佛教史》在近世篇最後一節是以「佛教的式微與僧侶墮落」作結，進而在整部著作的結語中，針對江戶時代的佛教提出總結：「至江戶時代，隨著封建制度成立，宗教界亦受其型態所框限，幕府更利用佛教做為禁止耶穌教的手段，甚至制定檀家制度，佛教就此徹底形式化。在此同時，佛教依據本末制度與階級制度，導致更加淪為形式化。寺僧的僧格固定不變，尊卑階級繁雜，原本由平民發起的各宗派，亦遭到階級觀念嚴重箝制，僧侶愈發形同貴族，民心偏離佛教，排佛論紛然而起。佛教幾乎陷入麻痺狀態，寺僧依其惰性，不啻是勉強保有社會地位而已。」

辻善之助在近世篇之三，亦以第八至第十一節的篇幅探討「佛教形式化」，分別舉出本末制度、寺院僧侶的階級位格、檀家制度與宗門改、禁止新義異議這四項特點，而從否定層面來探討近世佛教。原本是從第十二至第十五節探論「佛教復興」，將黃檗開宗、諸宗復古、高僧輩出、寺院營建做為探討主題，並非僅是全面將之視為佛教墮落而已。故而未必能說《日本佛教史》造成「近世佛教墮落論」的風潮，但隨著古代、中世是屬於佛教時代，近世是屬於儒教、國學的時代，這種常識化的觀點逐漸普及的情況下，佛教史研究逐漸朝向專門限定在古代、中世的領域發展。

尤其是鎌倉新佛教中心史觀，該史觀將鎌倉新佛教視為日本佛教之最高峰，成為戰後佛教史研究的核心，並獲得豐碩成果（末木文美士，一九九八）。隨著經由戰爭時期的皇國史觀所前導的國家主義史觀逐漸瓦解，在此同時，戰後是以馬克思主義成為最尖端的思想，從民眾解放觀點來發展的民眾史觀、進步史觀則是占居主流。由此觀點來看，鎌倉新佛教才是最具民眾性、最進步的佛教，非但不迎合權力，反倒是以在受到彈壓後成為反權力此點而獲得高度評價。戰前，古代佛教是基於國家主義觀點而在某種程度上獲得好評，但此國家佛教之特性反遭批判，若除去鎌倉新佛教的源泉這項觀點，則被視為居於否定立場，研究亦少有進展。有關近世方面，新宗教運動僅止於被評價為民眾宗教如此程度而已。

鎌倉新佛教中心史觀的代表指導者，是家永三郎（一九一三—二〇〇二）、井上光貞（一九一七—八三）等人。尤其是家永在《中世佛教思想史研究》（一九四七）之中，從「思想史」的觀點來針對親鸞、道元、日蓮這些代表鎌倉新佛教的三位祖師進行研究，並提供大規模的模式。家永所謂的「思想史」是從過去的教理史中分離而出，例如是以從近代觀點展開的新思想史觀為基礎，而此觀點是將親鸞《歎異抄》的惡人正機說視為最高思想。

家永三郎即使在新佛教領域中，亦針對各宗派賦予不同評價，「新佛教之真正根源唯有法然之淨土宗，餘者若非亞流，即為傍流」，最終將淨土教定位為至上。法然的淨土教是藉由親鸞而臻於頂峰，故而親鸞本人和其主張的惡人正機說，才是鎌倉新佛教之巔峰。道元的禪宗不免具有中國傳入佛教的特性，日蓮思想則有舊佛教要素摻融其中，皆未必能代表新佛教。家永的研究是追溯新佛教的要素，試圖從院政期以來的佛教發展中發現源流，故其研究是以井上光貞為首，並在此後的戰後佛教史研究中出現重大成果。

井上光貞與家永三郎同樣是立足於淨土教中心史觀，他們所採取的方法，是將鎌倉期的淨土教源流追溯至院政期來進行探索及研究，並將成果彙整為《日本淨土教成立史の研究》（一九五六）。井上在接受傳自辻善之助的實證史學流脈之際，並能柔性接納思想史的層面，不僅獲得重大成果，亦能大幅領導日後的佛教史研究。

家永三郎、井上光貞等人指導的戰後佛教史研究，獲得極為豐碩的成果。在戰前佛教學的立場中，教理史研究一直保有某種程度的勢力，但至戰後卻大幅衰退，取而代之是由歷史學研究成為日本佛教研究的主流。其頂點就在於家永三郎、赤松俊秀、圭室諦成彙編的《日本佛教史》全三卷（法藏館，一九六七）。此後成果則見於中村元、笠原一男、金岡秀友監修的《アジア仏教史》日本編全九卷（佼成出版社，一九七二—七六）等著作。

三、顯密體制論以後的研究狀況

西元一九七〇年代鎌倉新佛教中心史觀逐漸受到質疑，就時代而言，是與戰後的民眾史觀、進步史觀呈現滯礙難行的情況步調一致。尤其是黑田俊雄（一九二六—九三）於昭和五十年（一九七五）所提出的顯密體制論（黑田俊雄，一九七五），在其表示根本質疑的同時，亦試圖提出新佛教史觀，給予日後的佛教史研究莫大影響（參照末木文美士，一九九八）。

過去的鎌倉新佛教中心史觀認為鎌倉新佛教才是代表中世的佛教，並藉此取代所謂的「舊佛教」。相對之下，顯密體制論則是將此看法完全逆轉。根據黑田俊雄所述，自古代至中世成為主流的佛教趨勢是統合顯、密二教，並稱之為「顯密佛教」，過去則稱之為「舊佛教」。換言之，相當於舊佛教的顯密佛教在中世仍占居主流。顯密佛教不僅是宗教界的問題，其所隸屬的大寺院在成為巨大莊園領主的同時，亦與皇室密切連結，在政治、經濟、軍事等各方面，皆成為中世一大權力並君臨一切，如此稱之為「顯密體制」。相對於此，所謂的「新佛教」至今依然只能說是勢力極其衰弱，堪稱是一旦試圖伸張權益就隨即遭到彈壓的「異端派」。這就是顯密體制論所顯示的中世佛教觀。

自顯密體制論發表之後，主要是獲自年輕研究者的熱烈支持，他們已無法滿足於過去的鎌倉新佛教中心史觀。當基於顯密體制論立場的新研究陸續出現之時，亦有反對派的論者們提出批判及修正，佛教史學界透過活絡論戰而呈現朝氣蓬勃之象。時至今日，顯密體制論仍包含了未必能斷言已是屬於過去思想的問題性，但研究者意見幾乎一致，認為顯密體制論無法再以既定形式適用於今日。然而，顯密體制論對於過去遭到輕視的所謂「舊佛教」領域，是採取「顯密佛教」的形式來喚醒其重要性，如此則具有促使研究趨勢幡然轉變的重大意義。

自西元一九八〇年代之後，佛教史的研究情況以顯密體制論為轉機而大幅產生變化。過去的研究中心傾向於鎌倉新佛教的祖師及其宗派史研究，相對之下，自西元一九八〇年代之後，在認識顯密佛教具有重要性的同時，亦逐漸盛行其研究。黑田俊雄將顯密寺院的巨大力量稱為寺社勢力，不僅是政治、經濟方面，並強調其做為中世文化據點的意義（黑田俊雄，一九八〇）。基於如此觀點，中世寺院具有的綜合性角色漸受關注。例如，從即位灌頂（編案：天皇於即位之際舉行的密教儀式，其過程包含印明傳授，以及結印相與念誦真言）所示般，過去觀點所欠缺的政治與佛教的關係亦浮上檯面。

這種趨勢與寺院聖教的綜合調查亦有關聯。過去的寺院收藏文獻方面，僅限於針對史料或部分重要典籍來進行研究，可知此類研究有其限度，故而進行稱之為悉皆調查的整體性、綜合性寺院經藏調查，佛寺在中世社會上擔負的重大功能逐漸明瞭。

如此一來，佛教史研究若僅從史學立場來探討，則將變得滯礙難行。倘若從佛教學的立場來重新審視教理問題，則更要求應從文學史、美術史、建築史、神道史等各種立場來進行綜合研究。日本佛教研究會出版的《日本の佛教》全九卷（法藏館，一九九四—二〇〇一），即是試圖綜合跨學術領域的研究，成為此後研究的出發點之一。

顯密體制論完全屬於與中世佛教史相關的領域，未必是跨越佛教史整體的理論。然而，鎌倉新佛教中心史觀的瓦解，是導致鎌倉時代，甚至是中世在佛教史上具有特權般的重要性這項觀點亦隨之瓦解。古代、中世、近世各有固有構想，故而要求予以闡明。這是伴隨著一種對過去研究的反省，亦即過去研究是從近代的問題意識出發，並將問題投射於過去，只取出符合其問題要素的形式。鎌倉新佛教之所以備受重視，亦是受到近代層面的評價所致。就中世獨特的構想此點來看，未必具有充分考量。至於近世佛教墮落論，亦是以同樣觀點來批判佛教的前近代性這種價值觀做為基礎。

針對此點所進行的反省，導致重新檢討近世、近代佛教，最近終於認知到該領域的重要性，並多少出現某些研究，但至今仍僅止於部分獲得釐清，今後依然遺留許多研究課題。有關近世方面，過去被視為儒教的發展時代，最近則從儒教、神道、佛教等綜合領域來探討的傾向逐漸變強，可重新認識佛教的重要性（末木文美士，二〇一〇）。

有關近代方面，過去幾乎沒有將這段時期視為正當的研究領域。僅有吉田久一、池田英俊等少數的先驅研究者從事較為詳細的研究（吉田久一，一九五九；池田英俊，一九七六等）。然而，原本如同鎌倉新佛教中心史觀般的觀點，若是發自於近代固有的問題意識，則對於該如何掌握近代佛教所提出的反省，將成為極重要的問題。這是關係著重新將過去僅呈現光明面的近代佛教所具有的陰影部分予以重新審視，並再度加以掌握的工作，而筆者的研究已朝此方向更踏進一步。

日本佛教史研究就是透過如此形式，在今日的跨學術領域互助合作之中開始邁向新方向，期盼今後能逐漸累積成果。

第五節　思想研究及其他

一、近代與佛教及思想、哲學

如前所述般，今日的佛教研究必須是在各種學術領域中彼此合作，若單憑佛教學，顯然無法解決一切課題。在此不可能完全網羅這些課題，筆者針對其中與佛教學式的教理研究有密切關聯的思想研究來略做考察，繼而針對與其思想研究形成對照的民俗學研究來簡單進行介紹。

在近世以來的傳統中，結合來自西歐的梵文研究之佛教學方法，相對於此，在受到西歐哲學傳入的刺激之下，出現了透過佛教來求取可與其抗衡的哲學思想研究動向。真宗大谷派出身的井上圓了（一八五八－一九一九），則促成此動向之開端（末木文美士，二〇〇四a）。井上自東京帝國大學在學中展開活動，畢業後撰有《真理金針》（一八八六）等著作，陸續出版以佛學為基礎的哲學論、宗教論，並就此創造流行風潮。此外，又基於如此理念，創設哲學館（日後的東洋大學）（一八八七）。從井上將蘇格拉底（Socrates）、康德（Immanuel Kant）、孔子、釋尊奉為四聖人來祭祀此點，可窺知井上是以融合東、西方為理想目標。

井上圓了是基於全佛教的立場，並以融合東、西哲學為目標，相對之下，此後的佛教思想則是以淨土、禪、日蓮宗的三大系統為中心，在深入個別信仰或實踐的過程中發展其思想。這些各宗的近代思想形成時間，是自十九世紀至二十世紀，從中日甲午戰爭（一八九四—五）至日俄戰爭（一九〇四—〇五）的十年期間。至於淨土系統則有真宗大谷派的清澤滿之（一八六三—一九〇三）所提出的精神主義，引起軒然大波。禪宗方面是由鈴木大拙（一八七〇—一九六六）出版《新宗教論》（一八九六）並遠赴美國。日蓮系統則有田中智學（一八六一—九三九）出版《宗門之維新》（一九〇一），並鼓吹日蓮主義（末木文美士，二〇〇四 a）。

清澤滿之於東京帝國大學專攻哲學之後，藉由其著作《宗教哲學骸骨》（一八九二），試圖從哲學立場來奠定淨土教的基礎。另一方面，清澤雖志在改革宗門，卻面臨失敗，在罹患肺結核的情況下，從反省個人的生死問題之中更能深入思考，晚年甚至發起精神主義運動。換言之，清澤滿之於明治三十三年（一九〇〇）與眾弟子組織浩浩洞，翌年刊行雜誌《精神界》。清澤主張「精神主義是追求自家精神內之充足」（〈精神主義〉，《精神界》創刊號），並非由外界掌握，而是認為應透過內觀來與絕對無限者的阿彌陀佛互為交感為目標。

藉由頒布〈大日本帝國憲法〉（一八八九），暫且整頓近代國家的體制，但此同時，追求政治自由的運動卻遭到彈壓，以致整頓行動滯礙難行。此處的問題是，在追求政治自由之前，是先確立支持該課題的個人，亦即自我內在的開拓。得以達成此目標者，則是以清澤滿之為首，以及後續接連出現的思想家，例如從個人主義發展至日蓮主義的高山樗牛（一八七一—一九〇二）、從基督教出發並發表獨特見神體驗的綱島梁川（一八七三—一九〇七）。他們在遭到批判為主觀主義的同時，發展出從宗教開始推展並深化自我的思維方式，就此產生日後如同夏目漱石等文學領域，或西田幾多郎等哲學領域的基礎。

清澤滿之的思想是由其門下的曉烏敏（一八七七—一九五四）、曾我量深（一八七五—一九七一）、金子大榮（一八八一—一九七六）等人所繼承。曾我、金子等人是以大谷大學教授的身分領導大谷派宗學，他們提出的近代式解釋，被視為異安心（編案：意指違背宗祖之正統宗義），甚至招致辭去教授之職的事件（一九二八）。此外，他們的教學甚至成為所謂的「戰時教學」並協助戰爭，此點在今日仍遭批判。

清澤滿之是以在近代發現《歎異抄》而為人所知。透過曉烏敏、近角常觀（一八七〇—一九四一）等人的講義而廣泛普及化，更藉由倉田百三（一八九一—一九四三）的《出家とその弟子》（一九一六—一七）等著作，獲得遠離宗門的一般社會讀者廣泛支持。至於三木清（一八九七—一九四五）曾發展近似馬克思主義的社會哲學，在晚年時期深切關注親鸞思想，遺稿撰有《親鸞》一書。近代日本知識分子對於親鸞思想之愛好，甚至傳承至吉本隆明（一九二四—二〇一二）。

有關禪宗方面，在明治時代則有鈴木大拙之師釋宗演（一八五九—一九一九）等人的活動，對於在家知識分子，亦在某種程度上予以推廣。然而禪宗被視為近代思想並促使廣為普及的，則是多為仰賴鈴木大拙之力。大拙就讀於東京帝國大學選科，另一方面，自學生時代就追隨釋宗演參禪。大拙於明治三十年赴美（一八九七），在保羅・卡魯斯（Paul Carus）之處從事並學習雜誌編輯等工作，後於明治四十二年（一九〇九）返國，最初在學習院教授英語，自大正十年（一九二一）起擔任大谷大學教授。鈴木大拙的佛教學術工作十分多元，曾從事敦煌本禪宗文獻研究、《楞伽經》梵本研究等具有學術性的研究，另一方面，則著有多部禪宗解說書籍，致力於禪學普及化。尤其是以英文大量出版禪宗相關著作，成為歐美修習禪風潮之契機。

鈴木大拙（出處：国立国会図書館「近代日本人の肖像」(https://www.ndl.go.jp/portrait/)）

有關道元方面，則有西有穆山（一

八二一一九一〇）等人，西有承襲於江戶時代稱之為「眼藏家」的《正法眼藏》研究者系譜。自和辻哲郎發表〈沙門道元〉（一九二〇—二三，收錄於《日本精神史研究》）以來，道元思想逐漸受到廣泛注目。道元提出堅忍克己的實踐哲學，在昭和的戰爭期間深獲人心，《正法眼藏隨聞記》是以學生們在學徒出陣之際攜赴戰場的愛書而為人所知。《正法眼藏》的內容艱澀難解，卻因哲學式的思想表現豐富，故能引起哲學家關注，並以田邊元《正法眼藏の哲學私觀》（一九三九）為首，由哲學家屢次提出討論。此外，橋田邦彥（一八八二—一九四五）原本擔任東京帝國大學的醫學部教授，在戰爭期間轉任文部大臣，如同他所撰述的《正法眼藏釋意》（一九三九）般，亦出現非專業領域的知識分子對此類著作表示深切關心，故而屢有重要著作成書的情況。

有關日蓮方面，田中智學的影響極為重大。智學原本為在家居士身分，一時得度出家並於日蓮宗教學院修習，此後還俗，並以在家信徒的立場投入宗門改革運動。日蓮宗在傳統上是分為透過積極布教來說服對方的折伏主義，以及基於尊重對方立場來進行布教的穩健式攝受主義，兩者之間屢次發生激烈論爭。智學則是針對在幕末具有影響力的攝受主義進行批判，主張積極式的折伏主義。其著作《宗門之維新》（一九〇一）是藉由戰鬥型的「侵略態度」，試圖將日蓮宗奉為日本國教，進而宣揚至全世界。

《宗門之維新》當時幾乎不受重視，但因與國家採取帝國主義式的侵略主義這種趨勢步調一致，田中智學遂漸傾於國家主義，其影響力亦逐漸增強。尤其是大正三年（一九一四）組成國柱會之後，在面臨昭和時代的戰爭之下，日蓮主義逐漸發展成與國家主義結合的立場。

淨土教與禪宗受到大學場域中的哲學、思想研究者所接納，並得以就此發展，然而日蓮主義在學術場域中，除了姉崎正治的《法華經の行者日蓮》，幾乎不曾接納其說。但在田中智學的弟子中，亦出現日後成為立正大學教授的山川智應（一八七九—一九五六）般優秀的日蓮研究者。國柱會在戰後逐漸式微，取而代之是由創價學會採取折伏主義而得以大為發展。然而，其強逼式的折伏方式遭致社會強烈批判，時至今日，在日蓮宗的宗學內仍為究竟應採取折伏主義或攝受主義而視之為重大問題。

從一般哲學家的立場來關注佛教課題，最顯著的莫過於西田幾多郎（一八七〇—一九四五）開始推展的京都學派與禪宗之間的關聯。西田與鈴木大拙是同鄉，亦是在東京帝國大學選科的同窗摯友，終生彼此互為影響。西田亦自青年時期投入禪修，《善の研究》（一九一一）成為眾所認同之作，此書主張的純粹經驗原理，據說是以禪修體驗為基礎。西田終其一生深切關注宗教，最終發表的論文〈場所的論理と宗教的世界觀〉（《哲學論文集》第七）之中，將禪宗、淨土教、基督教互為統合，任意運用絕對矛盾的自我同一、逆對應等個人獨創用語，顯示其深奧的世界觀。

西田幾多郎在京都帝國大學的後繼者田邊元（一八八五—一九六二）雖發表《正法眼藏の哲學私觀》等著作，原本卻對宗教不甚關心，但從反省自身曾協助戰爭而提倡「懺悔道」之後，開始接近宗教。戰後刊行的《懺悔道としての哲學》（一九四八），是以詮釋親鸞《教行信證》為中心。此後，田邊元反覆研究基督教與佛教並深化其思考，尤其在喪妻之後，自身達至「死之哲學」的立場，這是以「與死者實存協同」為根本的思想，從雖死亦效勞眾生的佛教菩薩道之中追求其根據。

西田幾多郎的門下，多為仿效西田勤修禪法者，亦有如同森本省念般放棄學術而成為教授禪法之師。此外，西谷啟治（一九〇〇—九〇）於京都帝國大學（後為京都大學）擔任教授宗教學，久松真一（一八八九—一九八〇）則於戰後教授佛教學。西谷學習馬丁・海德格（Martin Heidegger）等人的德國哲學思想及基督教神祕主義等，處於極端支持戰爭的國家主義立場，戰後則從虛無主義論逐漸轉為確立以佛教為基礎的宗教哲學。東京大學的宗教學，是從比較宗教學逐漸轉為傾向宗教社會學，相對於此，京都大學宗教學的特徵則是受到西谷所影響而重視宗教哲學，至今形成兩大潮流。

久松真一主張「東洋的無」，透過實踐取名為FAS禪的獨特居士禪與茶道實修，給予世間重大影響。有關佛教方面，在東京大學是朝向以梵語文獻為中心的文獻主義發展，相對之下，京都大學則發展京都學派的實踐哲學式學風。然而，繼承久松思想的長尾雅人（一九〇七—二〇〇五），則轉向推動文獻學式的印度、藏傳佛教研究。相對於西谷、久松，東京大學系統則有玉城康四郎（一九一五—九九）以個人冥想體驗為基礎來深化思考能力。

和辻哲郎（一八八九—一九六〇）雖不屬於京都學派，仍發表許多佛教相關研究，在促使知識分子關心佛教課題方面，發揮了重要功能。和辻經歷京都帝國大學教職後，在東京帝國大學教授倫理學，並以橫貫東西的廣博知識為基礎來構築倫理學體系。已如前述，和辻在緣起論爭中支持宇井伯壽的合理解釋，著有《原始佛教の實踐哲學》（一九二七），並以〈沙門道元〉為首，顯示其即使對於日本佛教亦不受固有教義所束縛，且能自由進行思想詮釋。此外，對於《法華經》等大乘佛教亦抱持關心，構思以「空」為根柢的倫理學體系。

除了以上學者之外，亦有不少關心佛教並嘗試提出個人解釋的思想家、哲學者。他們的處理方式是不將佛教思想視為過去的思考模式，而是將其視為與現代人生存方式直接連結的問題，並試圖予以重生，如此對社會亦給予廣泛影響。若欲舉出其問題點，除了某些部分之外，則是在於與追求教理問題的佛教學之間未必能有充分交流，故而無法彼此產生成果。哲學者對佛教的詮釋，未必能充分深入查證其是否為恰當的原典解釋，有時出現陷入恣意解釋的情況。

二、佛教與民俗學

另一項被指出的重大問題點，則是無論是佛教學研究或哲學思想研究，皆是在知識分子的思想層面上將佛教視為問題，並未充分顧慮到社會功能或民眾教化的層面。在現實社會中，日本佛教在近代依舊是以葬式佛教的型態發展，並成為佛教界的經濟基礎，教理、思想研究則是相當於表層意識型態的部分。然而，在表層下所包含的深層葬式佛教問題等課題，卻完全不予探論。這種表層與深層之間形成的決定性斷絕，堪稱是近代日本佛教的一大特徵。

那麼，若說深層部分完全沒有進行研究，則又非如此。這部分並非由佛教學處理，而是交由民俗學領域進行研究。原本日本民俗學的確立者柳田國男（一八七五—一九六二），其研究目的是為了闡明在佛教傳入之前，日本人具有的固有生活習慣或信仰，此點則是繼承本居宣長的國學傳統。但若去除佛教因素，民眾的宗教生活能否成立則是令人十分質疑。柳田試圖以各地殘存的風俗民情或儀式為基礎，並藉此理解古代信仰的實際樣貌，但這些民間習俗多數已在近世進行重整，未必是佛教傳入之前的古代形式。此外，近年亦出現針對柳田曾有意釐清「日本」或「日本人」的源流，而指出如此將導致出現一國主義、單一民族主義的問題。

相對於柳田國男反對佛教的態度，堀一郎（一九一〇—七四）、五來重（一九〇八—九三）則進行佛教民俗研究。兩者皆是在東京帝國大學修習印度哲學，並未能就此滿足而進行民俗學研究。堀一郎原本是從古代佛教思想研究切入，在成為柳田國男的女婿之後接受其學，並進行民間信仰研究，其成果集大成為《我が國民間信仰史の研究二　宗教史編》（一九五三）。另一方面，堀一郎介紹米爾恰・伊利亞德（Mircea Eliade）的宗教學等，亦接受新宗教學的發展趨勢，在東北大學、東京大學講授宗教學。

相較於堀一郎，五來重則是以確立更純粹的佛教民俗學為目標。五來不僅從事廣泛的實態調查，更涉獵過去受到忽視的民間史料，不僅是表層知識分子的動向，亦試圖從民眾層面來構築日本佛教史。五來重曾任職於高野山大學、大谷大學，尤其是由後者繼承其學風。

如此將被佛教學或哲學研究所遺漏的民眾佛教，在民俗學的領域中進行研究，但未必能與表層的佛教學或哲學研究順利進行交流。然而，例如在考量葬式佛教層面之際，就無法忽視淨土往生或即身成佛的教理層面，兩大領域互助合作的情況將是不可或缺。如前文所述，在多元領域學術研究逐漸增加其重要性的今日，並非如同過去在互不干涉下所形成分庭抗禮的情況，而是逐漸闡明表層與深層之間動態的相互影響關係，這項課題應是至為重要。

專欄七

伯納德．法蘭克的日本佛教研究

瓊．諾埃爾．羅伯特（Jean-Noel Robert，法國高等研究應用學院教授）

伯納德．法蘭克（Bernard Frank，一九二七—一九九六，以下簡稱法蘭克）絕不認為自身是佛教學者，而是將日本古典文化，亦即平安時代的文藝，視為是以佛教為基礎所構成。法蘭克早已領悟到，若欲試圖理解或觀照日本文化，其必要條件就是必須具備充分的佛教教義及圖像學知識。另一方面，法蘭克為了獲得這些知識而遵循古典式的佛教學方法，學習梵語、古典中文（文言文、漢文），卻不曾接觸藏文。其理由十分明顯，就是對法蘭克而言，印度、中國、日本的三國佛教是一線連貫的形式。日本佛教是印度佛教在亞洲東端發展之極致。在佛教傳入日本方面，他贊同並喜好引用勒內．格魯塞（René Grousset）的文詞：「奈良是絲路的終點。」在印度佛教已近乎絕跡、法蘭克積極成立個人學術的時期，亦即自西元一九五〇年至一九九〇年代為止，當時中國佛教衰退至甚至被認為即將毀滅的情況，卻僅有日本得以維持傳統形式的樣貌。法蘭克充分意識到，尤其是古代中國的隋、唐二朝成立的宗派，在國內歷經時代變遷而逐漸融合。相對於此，日本則是以奈良時代的南都六宗等形式持續獨存至今，這項事實甚至深遠影響到平安朝的一般文化。就此點來看，法蘭克與其師查爾斯・海格諾爾（Charles Haguenauer，一八九六—一九七六）教授之間，在對照方法上形成極顯著之差異。海格諾爾曾嘗試以法文翻譯《源氏物語》〈桐壺卷〉，其主要將研究重點置於語言學、考古學，法蘭克雖常尊海格諾爾為恩師，卻強調個人研究是受到漢學家戴密微（Paul Demiéville，一八九四—一九七九）、藏學家石泰安（Rolf Alfred Stein，一九一一—一九九）、印度學家路易・勒努（Louis Renou，一八九六—一九六六）等各方學者所影響。法蘭克時而在私下談話之際，說明自身的研究觀點為「精神文化史」（histoire des mentalités）。至於其訴求，則被認為應稱之為「日本的佛教文化史」更為適切。法蘭克在此架構中所進行的日本研究，可彙整為以下三大主軸。

日本文學與佛教

法蘭克在高中時期曾閱讀派屈克・拉夫卡迪奧・赫恩（Patrick Lafcadio Hearn，小泉八雲）的志怪短篇小說集，方才開始以學習日語及日本文學為目標，或許在初期階段就理所當然接觸到平安時代的《今昔物語集》。法蘭克早於西元一九五三年就已針對《今昔物語集》書寫小論文，並於西元一九六八年，從「天竺部」選出七篇、「震旦部」選出十一篇、「本朝部」選出三十篇的說話故事，為其添加歷史、佛教學的註釋而出版法文譯本。或許法蘭克的日本佛教觀是基於研究《今昔物語集》才得以成立。

同樣對於平安時代的佛教文學表以關心的研究成果，則是在法蘭克逝世後出版的法譯本《成尋阿闍梨母集》。此外，有關他長年研讀源為憲《三寶繪詞》的相關研究及翻譯，遺憾未能完成，卻在其他研究論文中屢有提及。

做為日本宗教文化的佛教

法蘭克在從事《今昔物語集》研究之際，察覺方位禁忌在平安朝文化史中的重要性，故而全心投入陰陽道的綜合研究，《方忌みと方違え》是受到世間公認的代表作，藉由源融的宅第河原院的庭園，甚至將興趣推展到道教在日本文化中的影響，但仍將學問重心完全置於佛教文化。在法蘭克辭世後，其相關小論文彙整為《日本の神佛》（*Dieux et Bouddhas au Japon*，僅有法文版）、《日本佛教曼荼羅》。其中可舉出最具代表性的研究方法，是有關帝釋天、毘沙門天、愛染明王的相關論文。從回溯印度原典，歷經漢譯過程，至日本民間信仰的階段，藉由調查諸天的變遷，達到凸顯日本佛教發展的傳統性及獨創性。

有關佛教教義史方面的各種問題，法蘭克堪稱是從同樣觀點來表以關注。例如，二諦論的問題或藉由現世的神佛來針對佛身與佛體的關係等課題，留下短篇卻深具意義的小論文。

圖像學

結合前述的兩大領域之要素，應是法蘭克對於圖像學的深切關心。自西元一九五〇年代初期首次渡日至晚年為止，法蘭克在日本全國熱心蒐集「神符」，對他而言，「神符」是反映出學術上的佛教教義，以及在大眾中普及化，並受到本地垂迹思想所支持的信仰，成為掌握日本人應如何理解佛教的珍貴資料。然而，法蘭克強烈意識到「神符」並非是在日本偶然形成的現象，而是應該將之視為畢竟是來自印度、中國所發展的文化延伸。他在歐洲首次縝密地分析平安、鎌倉時代的圖像集《圖像抄》、《覺禪抄》、《阿娑縛抄》，致力於評價這些圖像與神符之間的關聯。此外，在法國西公學院（Collège de France）的最後講座主題是「平家納經」，成為證明法蘭克最終仍對平安文化與圖像學示以關心的象徵性事實。

法蘭克喜好引用以研究東南亞佛教而知名的保羅．穆斯（Paul Mus，一九〇二—六九）的以下言論：「在寺院中修習佛典的學僧信仰，與在寺院附近牽牛耕田的老百姓信仰，彼此之間毫無任何共通點。」法蘭克尊崇穆斯的學識涵養，堪稱亦受其從事的婆羅浮屠研究所影響。然而，法蘭克雖引用穆斯之言，卻強調並不認同其說法。伯納德・法蘭克藉由一生的研究業績，試圖證明學僧與百姓並非處於截然不同的精神世界，而是具有日本佛教文化的統一性及一貫性。

文獻介紹

ベルナール・フランク（Bernard Frank），〈宗教と文学の鏡を通してフランスから見日本　コレージュ・ド・フランス日本文明講座開講講演〉，石井晴一譯，日仏会館刊行物，一九八一年。

ベルナール・フランク，《方忌みと方違え》，斎藤博信譯，岩波書店，一九八九年。

ベルナール・フランク，《風流と鬼　平安の光と闇》，仏蘭久淳子等譯，平凡社，一九九八年。

ベルナール・フランク，《日本仏教曼荼羅》，仏蘭久淳子譯，藤原書店，二〇〇二年。

ベルナール・フランク，《「お札」にみる日本仏教》，仏蘭久淳子譯，藤原書店，二〇〇六年。

年表
參考文獻

年表

1. 日本篇（第十一卷至十四卷）所附之年表，在與各卷相關的時代為詳表，其他時代則為略表。此年表是以佛教史為中心，亦收錄相關社會或思想、文化項目。
2. 改元之年以新年號標示。
3. 年表製作
   (1)古代（？—一一八四）：藤井淳（東京大學大學院醫學系研究科 Global COE 特任研究員）、豊嶋悠吾（東京大學大學院）
   (2)中世（一一八五—一五七二）：和田有希子（早稻田大學日本宗教文化研究所客座研究員）
   (3)近世（一五七三—一八六七）：西村玲（前財團法人東方研究會研究員）
   (4)近代（一八六八—）：辻村志のぶ（前日本學術振興會特別研究員）

西元	年號	佛教發展動向	史事紀要
五二二	繼體十六	據傳司馬達等渡日，於大和高市郡的草堂安置佛像。	
五三八	宣化三 欽明七	據傳百濟聖明王將佛像及經論贈於日本朝廷，群臣為禮佛方式而引發論爭（佛教公傳，一說五五二年）。	

五八四	敏達十三	司馬達等之女嶋剃度出家，稱善信尼，另有二名女子亦同（此為出家之始）。	
五八七	用明二	用明天皇因患疾而皈依佛門。	蘇我馬子與聖德太子攻滅物部守屋。
五九四	推古二	頒布佛法興隆之詔。	
六〇四	推古十二		聖德太子制定《憲法十七條》。
六〇七	推古十五	聖德太子創建法隆寺。	
六〇八	推古十六		小野妹子受遣入隋，僧旻等留學僧亦同行。
六一〇	推古十八	高句麗王派遣僧曇徵渡日，傳入紙、墨製法。	
六一一	推古十九	聖德太子撰《勝鬘經義疏》，此後著有《維摩經義疏》、《法華經義疏》（三經義疏的作者另有其說）。	
六一八	推古二十六		隋滅建唐。

六二二	推古三十	橘大郎女等人製作天壽國繡帳以追思聖德太子。	
六四三	皇極二		山背大兄王遭受蘇我入鹿襲擊而自盡。
六四六	大化二		頒布大化革新之詔。
六七二	天武元		壬申之亂。
六八三	天武十二	任命僧正、僧都、律師監督僧尼（成立僧綱制）。	
七〇一	大寶元	於大官大寺宣述《僧尼令》。	完成《大寶律令》。
七一〇	和銅三	山階寺遷於平城京，改稱為興福寺。	遷都平城京。
七一七	養老元	禁止百姓私度及行基從事民間傳法活動。	
七二三	養老七	於興福寺設置悲田院。	
七三五	天平七	玄昉自唐朝攜歸經論五千餘卷，並傳入法相宗。	
七四〇	天平十二	新羅僧審祥初講《華嚴經》（六十卷	藤原廣嗣之亂。

		本）。	
七四一	天平十三	聖武天皇發願建立國分寺、國分尼寺。	
七四五	天平十七	行基受任為大僧正。	
七五二	天平勝寶四	於東大寺進行大佛開眼供養。	
七五四	天平勝寶六	唐僧鑑真渡日，弘傳律宗。	
七五五	天平勝寶七	東大寺設立戒壇。	
七五九	天平寶字三	鑑真建立唐招提寺。	
七七〇	寶龜元	道鏡被貶謫為下野藥師寺別當。	稱德天皇（年五十三）薨。
七八八	延曆七	據傳最澄建造比叡山寺（一乘止觀院、延曆寺）。	
七九四	延曆十三		遷都平安京。
七九八	延曆十七	制定年分度者制。	
八〇四	延曆二十三	最澄、空海入唐。	

八〇五	延曆二十四	最澄歸朝，傳天台法門。	
八〇六	延曆二十五	空海歸國，傳真言密教，編撰《御請來目錄》。	
八一六	弘仁七	空海向朝廷請賜高野山（金剛峰寺）。	
八一九	弘仁十	最澄奏請於比叡山設立圓頓戒壇，遭到南都僧眾連署反對。	
八二二	弘仁十三	最澄（年五十六）示寂（逝後，朝廷敕准比叡山設立戒壇）。	
八二三	弘仁十四	朝廷將東寺敕賜於空海（稱為教王護國寺，被定位為真言宗根本道場）。	
八三〇	天長七	向朝廷上呈天長敕撰六部宗書。	
八三五	承和二	空海（年六十二）示寂於高野山。	
八四七	承和十四	圓仁自唐歸朝，撰《入唐求法巡禮行記》。	
八五一	仁壽元	圓仁於比叡山初次引入五台山的引聲念佛，修持常行三昧。	

八五八	天安二	圓珍自唐土攜歸諸多佛典及儀軌，此後重興園城寺。	
八六六	貞觀八	追贈最澄諡號為傳教大師，圓仁為慈覺大師（此為最初的敕諡號）。	
八八五	仁和元	安然撰《菩提心義抄》、《真言宗教時義》。	
八九四	寬平六		菅原道真奏請停止派遣遣唐使。
九三八	天慶元	空也入京，始於市井推廣口誦阿彌陀佛的稱名念佛。	
九四〇	天慶三		平定平將門之亂。
九六三	應和三	應和宗論（宮中舉行法華八講之際，法相宗的法藏等人與天台宗的良源等人之間引發論爭）。	
九七〇	天祿元	初次舉行祇園御靈會。	
九八五	寬和元	源信撰成《往生要集》。	

九九三	正曆四	圓仁門徒（山門派）與圓珍門徒（寺門派）相爭，圓珍弟子離開比叡山。	
一〇〇六	寬弘三	興福寺僧眾以神佛譴罰為由，向朝廷發起稱為「強訴」的武力抗爭，此後僧眾、神人發起強訴威脅朝廷的風氣漸盛。	
一〇二七	萬壽四	藤原道長（年六十二）歿於法成寺阿彌陀堂。	
一〇五二	永承七	開始盛行末法將至之說。	
一〇五三	天喜元	藤原賴通建立平等院阿彌陀堂（鳳凰堂）。	
一〇八六	應德三		白河上皇始行院政。
一一一七	永久五	據傳良忍感得融通念佛之偈。	
一一三二	長承元	覺鑁建立高野山傳法院的密嚴院。	
一一六四	長寬二	平清盛與平氏一門共同抄寫《法華經》等經典，供奉於嚴島神社（平家納經）。	

一一六七	仁安二		平清盛成為太政大臣，平氏邁向全盛時期。
一一六八	仁安三	榮西初次入宋，與前一年入宋的重源偕同返日。	
一一七五	承安五	法然提倡專修念佛，離比叡山而移住東山吉水（日本淨土宗之始）。	
一一八〇	治承四	平重衡火攻南都，東大寺、興福寺付之一炬。 平康賴約於此之前撰有《寶物集》。	源賴朝舉兵入鎌倉。
一一八一	養和元	重源勸請重建東大寺。	平清盛歿。
一一八五	文治元	東大寺大佛建成。	壇之浦之戰（平家滅亡）。設置守護與地頭。
一一九二	建久三		源賴朝成為征夷大將軍。
一一九四	建久五	禁止榮西、大日能忍（達磨宗）等人弘傳禪宗。	
一一九八	建久九	法然撰《選擇本願念佛集》、榮西撰《興禪護國論》。	

一二〇四	元久元	榮西撰《日本佛法中興願文》、法然撰《七箇條制誡》以勸誡門人。	源賴家遭北條氏殺害。
一二〇五	元久二	興福寺僧眾提出停止念佛的訴狀（《興福寺奏狀》）。	
一二一九	承久元		源實朝遭公曉所弒（源氏嫡系滅絕）。幕府將九條道家之子賴經從京都遣往鎌倉。
一二二一	承久三		承久之亂。後鳥羽院遭流放於隱岐。
一二二四	元仁元	親鸞完成《教行信證》初稿（淨土真宗開宗）。	北條泰時成為執權，北條時房成為連署（連署之始）。
一二二七	安貞元	延曆寺眾徒破壞法然之墓，隆寬、空阿彌陀佛遭流放。	加藤景正自宋返日，始有瀨戶燒。
一二三二	貞永元	明惠（年六十）示寂。	設定御成敗式目（貞永式目）。
一二三六	嘉禎二	叡尊、覺盛等人於東大寺立誓受戒。	

一二四三	寬元元	圓爾受迎請為東福寺開山祖師。	
一二四四	寬元二	道元受招請至越前大佛寺（永平寺）。	
一二四六	寬元四	蘭溪道隆自宋渡日。	名越光時擁立藤原賴經，但又密謀廢除（名越光時之變）。
			幕府將賴經送返於京，向朝廷奏請罷免九條道家擔任攝政一職。
一二五一	建長三	親鸞以書信化導對佛經解釋歧異的東國門徒。	
一二五二	建長四		宗尊親王就任將軍（皇族將軍之始）。
一二五三	建長五	日蓮於清澄寺勸說及獎勵法華信仰，宣教於鎌倉（日蓮宗開宗）。	
一二六四	文永元	叡尊初修光明真言。《歎異抄》撰成。	

一二六八	文永五	凝然撰《八宗綱要》。日蓮呈書於時宗，譴責諸宗及警告外寇來襲。	幕府驅逐蒙古使者。北條時宗成為執權。北條實時約於此時創立金澤文庫。
一二七二	文永九	日蓮於佐渡撰《開目抄》。親鸞之女覺信尼，將父墓遷至大谷（本願寺）。	蒙古使者奏呈國書。後嵯峨院（年五十三）薨。持明院統與大覺寺統分裂後形成對立。
一二七四	文永十一	日蓮獲赦免。一遍參詣閉關於熊野（北條時宗開宗）。日蓮於身延山開創久遠寺。了惠道光編《黑谷上人語燈錄》。	文永之役。卜部兼方撰《釋日本紀》（—一三〇一年）。
一二八一	弘安四		弘安之役。
一二八六	弘安九	叡尊撰《感身學正記》。無學祖元（年七十一）示寂。	
一二八八	正應元	賴瑜將高野山的大傳法院、密嚴院遷至根來（另立新義真言宗）。日興離開身延山而前往富士。	

一二九四	永仁二	日像於京都宣揚法華宗。忍性創建悲田院、敬田院。	
一二九八	永仁六	將西大寺管轄的三十四座寺院做為將軍祈願所。	
一三一七	文保元	一山一寧（年七十一）示寂。	幕府決定由持明院統、大覺寺統的皇嗣輪流繼位為天皇（文保和談）。
一三二一	元亨元	後宇多法皇創建大覺寺金堂。	院政結束，改由後醍醐天皇親政。重興記錄所。
一三二四	正中元	大德寺創建。存覺撰《諸神本懷集》。	正中之變（後醍醐天皇欲行倒幕計畫卻事跡敗露）。
一三三一	元弘元、元德三		元弘之變（後醍醐天皇攜神器投奔笠置寺）。
一三三三	元弘三、正慶二	後醍醐天皇將大德寺列為五山之一。從覺編《末燈鈔》。中巖圓月撰〈原民〉、〈原僧〉以論時弊。	足利尊氏、新田義貞舉兵。北條高時自盡（鎌倉幕府滅亡）。後醍醐天皇返京。

一三三四	建武元	制定南禪寺為五山之首，大德寺亦同等階位。	推行建武新政。編纂具批判文性質的《二條河原落書》，藉以諷刺社會。
一三三六	延元元、建武三		足利尊氏制定《建武式目》（成立室町幕府）。後醍醐天皇獻出神器而暗中前往吉野（南北朝分裂）。
一三三八	延元三、曆應元		足利尊氏任征夷大將軍。北畠親房撰《元元集》。
一三三九	延元四、曆應二	足利尊氏奏請建造安國寺、利生塔。創建天龍寺。	後醍醐天皇（年五十二）薨。北畠親房撰《神皇正統記》。
一三五二	正平七、文和元	延曆寺眾徒破壞日蓮宗妙顯寺法華堂。	足利尊氏暗殺其弟直義（年四十七）。
一三六八	正平二十三、應安元	延曆寺眾徒批判禪宗興盛。	足利義滿任第三代將軍。《太平記》撰成。

一三七八	永和四、天授四		足利義滿於京都創設花御所並移居於此。
一三九二	元中九、明德三	足利義滿為前一年的明德之亂戰死者舉行超度法會。	南北朝統一。李氏朝鮮建國。
一三九七	應永四	足利義滿建造北山第（金閣寺）。	
一四〇一	應永八	相國寺取代天龍寺，晉升為五山首剎。	足利義滿派遣肥富、祖阿等人入明（遣明船之始）。
一四〇四	應永十一		足利義滿取得明朝的勘合符，始有勘合貿易。
一四〇九	應永十六	天龍寺恢復為五山首剎。	
一四一九	應永二十六	足利義持制定山門條條規式。	朝鮮兵進攻對馬（應永外寇）。
一四四〇	永享十二	日親撰《立正治國論》，遭幕府拘禁。	
一四四一	嘉吉元	將軍足利義教歿，日親獲特赦出獄。	足利義教（年四十八）遭赤松滿祐殺害（嘉吉之亂）。

一四五五	康正元	派遣建仁寺的勸進船入朝鮮。	足利成氏敗逃至下總古河（古河公方）。
一四六〇	寬正元	幕府決定懲處日親，破壞本法寺。	幕府將舊南朝的武將楠木氏斬首。東國暫用私年號「延德」。
一四六七	應仁元年		應仁之亂（—一四七七）。諸多寺院遭焚毀。
一四八〇	文明十二	蓮如於山科重建本願寺。一休撰《狂雲集》。	一條兼良撰《樵談治要》。
一四八二	文明十四	延曆寺僧眾鬥爭，焚毀橫川中堂。	足利義政始建東山山莊（銀閣寺）。
一四九六	明應五	蓮如於大坂建造石山本願寺。	
一四九七	明應六	吉田兼俱為法華三十番神而與日蓮宗徒論爭。	大和土一揆，要求發布德政令。
一五三二	天文元	法華一揆焚毀山科本願寺，證如將本願寺遷至大坂石山（石山本願寺）。	《塵添壒囊鈔》撰成（作者未詳）。吉田兼右撰《兼右卿記》（—一五七二）。

一五三六	天文五	延曆寺眾徒擊敗法華一揆（天文法華之亂）。	清原宣賢撰《日本書紀神代卷抄》。伊達氏撰《塵芥集》。
一五四九	天文十八	方濟・沙勿略於鹿兒島登陸（天主教傳入日本）。	
一五六〇	永祿三	幕府允准傳教士維列拉宣教。	桶狹間之戰爆發，今川義元敗亡。
一五六五	永祿八	維列拉、路易士・佛洛伊斯遭驅逐離開京都。	三好義繼、松永久秀等人殺害將軍足利義輝。
一五六七	永祿十	松永久秀、三好三人眾破壞東大寺，大佛殿焚毀。	
一五六八	永祿十一	天皇傳綸旨，昭告諸國重興東大寺大佛殿。	織田信長奉請將軍足利義昭入京。
一五七〇	元龜元	顯如煽動一向宗徒武裝起義，對抗織田信長（石山合戰）。	織田信長擊敗淺井長政、朝倉義景（姊川之戰）。
一五七一	元龜二	織田信長進攻延曆寺，焚毀堂塔殆盡及討伐僧眾。	

一五七二	元龜三	上杉謙信討伐越中國一向一揆。	武田信玄擊敗德川家康（三方原之戰）。
一五七三	天正元	織田信長討伐伊勢長島一向一揆。	室町幕府滅亡。
一五七九	天正七	安土宗論（淨土宗與日蓮宗論爭）。	
一五八二	天正十	大友宗麟等人派遣天正遣歐使節前往羅馬。	本能寺之變，明智光秀謀反，織田信長（年四十九）自戕。
一五八六	天正十四		羽柴秀吉任太政大臣，獲賜豐臣之姓。
一五八九	天正十七	方廣寺大佛大致完建。重建比叡山延曆寺。	中國開始刊行萬曆版《大藏經》。
一五九〇	天正十八	天正遣歐使節返國。德川家康向增上寺進獻三版本《大藏經》。	德川家康入江戶。
一五九六	慶長元	豐臣秀吉將二十六名方濟會天主教徒處以極刑，被釘於十字架之上。	
一五九八	慶長三		豐臣秀吉（年六十三）歿。

一六〇〇	慶長五		關原之戰爆發。
一六〇二	慶長七	本願寺分為東、西二寺。	
一六〇三	慶長八		德川家康任征夷大將軍，於江戶開江戶幕府。
一六一二	慶長十七	江戶幕府禁信天主教。	
一六一四	慶長十九	天主教傳教士遭驅逐出境。	大坂冬之陣。
一六一五	元和元	幕府制定諸宗諸本山法度，規定本末制度。	大坂夏之陣，豐臣氏滅亡。
一六一六	元和二	天海出任大僧正。	德川家康（年七十五）歿。
一六一七	元和三	營建日光東照宮。	德川家康獲敕賜神號為東照大權現。
一六二七	寬永四	紫衣事件。	
一六三二	寬永九	德川家光命各本山提出末寺帳（本末制）。	德川秀忠（年五十四）歿。
一六三五	寬永十二	寺請制度約於此時制度化。 設置寺社奉行。	頒布鎖國令，設置參勤交代制度。

一六三七	寬永十四	天海版《大藏經》初開版。	島原之亂。
一六三八	寬永十五	島原之亂以後，強化禁止及舉發天主教信仰。	平定島原之亂。
一六四〇	寬永十七	幕府設置宗門改役，編製宗門人別帳。	
一六五四	承應三	隱元隆琦東渡長崎。	
一六六五	寬文五	幕府頒布〈諸宗寺院法度〉。鎮壓不受不施派。	山鹿素行提倡古學。
一六六六	寬文六	水戶藩破壞領地內的九百九十七座新寺。	
一六六七	寬文七	岡山藩整理領地內的六百四十三座寺院。	幕府制定農村五人組。
一六七一	寬文十一	幕府編製宗旨人別帳。	山崎闇齋提倡垂加神道。
一六七三	延寶元	隱元隆琦（年八十二）示寂。	
一六七八	延寶六	鐵眼道光完成黃檗版《大藏經》。	
一六八八	元祿元	幕府准允融觀創立融通念佛宗。	

一六九二	元祿五	公慶重興東大寺大佛殿，舉行大佛開眼供養。	井原西鶴撰《世間胸算用》。
一六九三	元祿六	靈空光謙始興天台安樂律。盤珪永琢（年七十二）示寂。	井原西鶴（年五十二）歿。
一七〇三	元祿十六	幕府制定曹洞宗嗣法條例（宗統復古運動）。	
一七〇六	寶永三	幕府禁止日蓮宗三鳥派，處決四十三名信徒。	
一七〇八	寶永五	義大利人傳教士西多契登陸屋久島，遂遭逮捕。	
一七〇九	寶永六	重建東大寺大佛殿，舉行落成法會。	德川綱吉（年六十四）歿。德川家宣成為第六代將軍。新井白石撰〈天主教大意〉。
一七一六	享保元	融觀（年六十八）示寂。	德川吉宗成為第八代將軍。荻生徂徠撰《弁道》。

一七二〇	享保五		准允天主教以外的洋書輸入日本。
一七二三	享保八	幕府規定每六年編製宗門人別帳。	
一七四五	延享二	富永仲基撰《出定後語》（大乘非佛說）。	德川家重任第九代將軍。
一七五〇	寬延三	禪海耗時三十年完成青之洞門隧道。	
一七五四	寶曆四	白隱慧鶴刊行《邊鄙以知吾》。	山脇東洋等人撰《臟志》。
一七五五	寶曆五	東本願寺將僧人學寮遷至高倉（高倉學寮）。	
一七六三	寶曆十三		本居宣長、賀茂真淵於松坂會見。
一七六八	明和五	白隱慧鶴（年八十四）示寂。	上田秋成撰《雨月物語》。
一七六九	明和六	面山瑞方（年八十七）示寂。	賀茂真淵（年六十二）歿。
一七七四	安永三	東、西本願寺請求幕府對外發表淨土真宗之宗名。	杉田玄白等人譯《解體新書》。
一七七五	安永四	慈雲飲光撰《十善法語》。	

西元	年號	佛教	一般
一七七六	安永五	宗門改帳為一宗一冊。普寂撰《天文弁惑》。	將藉由表演技藝為生的盲者納入檢校之下管理。
一七七九	安永八	普寂撰《顯揚正法復古集》。	
一七八六	天明六	慈雲提倡雲傳神道。	德川家治（年五十一）歿。本居宣長、上田秋成論爭。
一七九六	寬政八	七十餘名破戒僧於日本橋斬首示眾，犯女戒僧流放遠島。	刊行蘭和辭典《波留麻和解》。
一七九七	寬政九	三業惑亂開始。	俄羅斯人登陸擇捉島。
一七九八	寬政十		本居宣長撰《古事記傳》。
一八〇〇	寬政十二	真言宗豐山派與智山派於寬政年間分離。	准許婦女登富士山。
一八〇二	享和二	諸宗向幕府提出設置諸寺階級。始創如來教。	
一八〇五	文化二	五千兩百名隱匿天主教徒遭檢舉（天草舉發事件）。	創設八州取締役。
一八〇六	文化三	裁決三業惑亂。隆圓撰《近世念佛往生傳》。	頒布〈薪水給與令〉。

一八一〇	文化七	快道示寂。圓通刊行《佛國曆象編》。	
一八三一	天保二	良寬（年七十四）示寂。	十返舍一九（年六十七）歿。
一八三七	天保八	仙厓義梵（年八十七）示寂。	大塩平八郎之亂。德川家慶任第十二代將軍。
一八三八	天保九	中山美支創天理教。	高野長英撰《夢物語》。
一八四一	天保十二	本山方、當山方提出〈修驗十二箇條御答書〉。	朝廷始推天保改革。
一八四七	弘化四	普化宗成為臨濟宗支派。	
一八五〇	嘉永三	黑住教教主黑住宗忠（年七十一）示寂。	佐藤信淵歿。
			高野長英（年四十七）自盡。
一八五三	嘉永六	丸山教開教。	美國海軍司令官培里來航，抵達浦賀。
一八五四	安政元	朝廷頒布毀鐘鑄砲的太政官符。	簽訂《神奈川條約》、《下田條約》。

一八五六	安政三	月性撰《佛法護國論》。	二宮尊德（年七十）歿。
一八五七	安政四	長松日扇開講本門佛立講。	開設蕃書調所。長崎設置製鐵所。
一八五八	安政五		井伊直弼就任大老。簽訂《日美友好通商條約》。
一八五九	安政六	傳教士赫本、赫基等人一齊抵日。	神奈川、長崎、函館三港開港。准許從事貿易。
一八六一	文久元	鵜飼徹定刊行《闢邪集》。橫濱初設教會。	和宮降嫁。
一八六五	慶應元	長崎大浦天主堂竣工。	福澤諭吉留學美國。
一八六七	慶應三	浦上四番舉發事件（六百六十四名長崎天主教徒殉教）。	大政奉還。頒布王政復古大號令。朝廷廢止佛事葬儀。
一八六八	明治元	設置禁信切支丹邪宗門的高札。頒布神佛判然令，各地大肆進行廢佛毀釋。	頒布五箇條御誓文。

一八六九	明治二	設置神祇官、民部省、宣教使。	創建東京招魂社。
一八七〇	明治三	頒布大教宣布之詔。 東本願寺著手開拓北海道。	
一八七一	明治四	頒布社寺領上知令。 神佛分離並非廢佛，宣告廢毀合併應慎重處理。 三河菊間藩的三千名一向宗門徒發起武裝起義。	斷然執行廢藩置縣。
		廢止宗門人別帳。	
一八七二	明治五	一向宗改稱為真宗，准許僧侶食肉蓄妻。 設置教部省、教導職，交付三項教則。	
一八七三	明治六	設置大教院。 越前三郡的真宗教徒發起武裝起義。	宣布徵兵令。 公布地租改正條例。
一八七四	明治七	融通念佛宗自成一派。	
一八七五	明治八	真宗四派脫離大教院，大教院解散。 教部省向神佛各管長宣告宗教信仰自由。	

一八七六	明治九	准許日蓮宗不受不施派重興宗派。 東本願寺於上海開設別院。	頒布廢刀令。
一八七七	明治十	廢除教部省，內務省設置社寺局。	西南戰爭爆發。
一八七八	明治十一	真言宗分為古義、新義二派。	
一八七九	明治十二	真言宗各派廢除另行設置管長，成為一宗一管長。 原坦山於帝國大學講授佛教學。	制定教育令。 東京招魂社改稱為靖國神社，列為別格官幣社。
一八八〇	明治十三	制定古社寺保存內規。	
一八八一	明治十四	真宗西本願寺、東本願寺、真宗專修寺派改稱為淨土真宗本願寺派、真宗大谷派、真宗高田派。	
一八八二	明治十五	法相宗脫離真言宗而獨立。	頒布軍人敕諭。
一八八三	明治十六	淨土宗成為一宗一管長。 南條文雄於牛津大學刊行《大明三藏聖教目錄》。	
一八八四	明治十七	廢除神佛教導職，將任免住持等職務委任於各管長。	

一八八五	明治十八	將處理寺社的方式委任於府縣。 田中智學組織立正安國會。	
一八八六	明治十九	井上圓了撰成《真理金針》。 本願寺派的普通教校同好組成反省會。 華嚴宗從淨土宗獨立而自成支派。	
一八八七	明治二十	福田行誡就任淨土宗管長。 井上圓了開設哲學館。	
一八八八	明治二十一	大內青巒等人編纂《修證義》。	
一八八九	明治二十二	藉由頒布《大日本帝國憲法》，保障信仰自由。 大內青巒等人組成尊皇奉佛大同團。 本願寺派於夏威夷布教。 神智學協會會長奧科特訪日。	頒布《大日本帝國憲法》。
一八九〇	明治二十三	村上專精撰成《日本佛教一貫論》。	頒布〈教育敕語〉。
一八九一	明治二十四	內村鑑三對〈教育敕語〉的不敬事件。	
一八九二	明治二十五	組成大日本佛教青年會。 發生教育與宗教衝突。	

一八九三	明治二十六	井上哲次郎刊行《教育と宗教の衝突》。 釋宗演等人身為日本佛教代表，參加萬國宗教會議。	
一八九四	明治二十七	中日甲午戰爭之際，佛教及其他各宗教前往戰地宣教或勞軍、募捐軍資。	中日甲午戰爭爆發。
一八九五	明治二十八	真言律宗自成一派。 舉行佛教大會。 清澤滿之等人陳情要求改革東本願寺教團。	簽訂中日《馬關條約》。
一八九六	明治二十九	舉行首屆宗教家懇談會。	
一八九七	明治三十	本願寺派於北美布教。 鈴木大拙赴美。 河口慧海遠赴西藏探險。	
一八九八	明治三十一	巢鴨監獄教誨師事件。	
一八九九	明治三十二	文部省禁止獲得公認的學校教導宗教教育及舉行儀式。 境野黃洋等人組成佛教清徒同志會。	

		佛教公認教運動活絡展開。	
一九〇〇	明治三十三	制定治安警察法。 禁止神官、神職、僧侶及其他宗教人士參與政治結社。 建立名古屋覺王山日暹寺，安奉暹羅國致贈的佛舍利。 鈴木大拙英譯《大乘起信論》。	
一九〇一	明治三十四	清澤滿之創刊雜誌《精神界》。	
一九〇二	明治三十五	大谷光瑞遠赴中亞探險。 清澤滿之《精神主義》出版。	
一九〇三	明治三十六	村上專精出版《大乘佛說論批判》。	
一九〇四	明治三十七	佛教各派於日俄戰爭之際隨軍弘法。	日俄戰爭爆發。
一九〇五	明治三十八	伊藤證信始設無我苑。	簽訂《樸茨矛斯條約》。
一九〇六	明治三十九	解散無我苑。	
一九〇九	明治四十二	鈴木大拙自美返日。	
一九一〇	明治四十三	木下尚江撰《日蓮論》。	日韓合併。 大逆事件。

一九一一	明治四十四	西田幾多郎《善の研究》出版。 設立佛教史學會。 《佛教史學》創刊。	
一九一二	大正元	政府舉行三教會同，聚集佛教、神道、基督教召開會議。	
一九一三	大正二	宗教局從內務省改設於文部省，宗教行政與神社行政分離。	
一九一四	大正三	大谷光瑞辭職本願寺管長、住持。 田中智學將立正安國會改稱為國柱會。	
一九一五	大正四	真田增丸設立佛教濟世軍。 組成佛教聯合會。	
一九一六	大正五	組成佛教護國團。	
一九一七	大正六	藤井日達開創日本山妙法寺。 倉田百三《出家とその弟子》出版。 東京帝國大學開設印度哲學講座，村上專精成為首任教授。	

一九一八	大正七		出兵西伯利亞。
一九一九	大正八	成立東京帝國大學佛教青年會。	
一九二一	大正十	佛教聯合會為僧侶獲得參政權而舉行大會。	
一九二二	大正十一		全國水平社創立。
一九二三	大正十二		關東大地震。
一九二四	大正十三	久保角太郎、若月チセ等人創設靈友會。	
一九二五	大正十四	大谷光演辭職管長、住持。舉行東亞佛教大會。	公布治安維持法、普通選舉法。
一九三〇	昭和五	牧口常三郎、戶田城聖創立創價教育學會。	
一九三一	昭和六	妹尾義郎組成新興佛教青年同盟。井上日召組成血盟團。組成日本戰鬥的無神論者同盟、日本反宗教同盟。岩手縣隱念佛遭到彈壓。	中國發生九一八事變。

一九三二	昭和七		血盟團事件。 五・一五事件。 日本於中國建立滿洲國。 脫離國際聯盟。
一九三三	昭和八	文部省指示取締反宗教運動。	
一九三四	昭和九	友松圓諦等人始推真理運動。	
一九三五	昭和十		天皇機關說釀成問題，發表國體明徵聲明。
一九三六	昭和十一	新興佛教青年同盟遭到大量檢舉而瀕臨瓦解。	二・二六事件。
一九三七	昭和十二	創價教育學會舉行創會典禮。	中日戰爭爆發。
一九三八	昭和十三	庭野日敬、長沼妙佼等人脫離靈友會，創立大日本立正交成會（日後的立正佼成會）。 文部省宗教局召開三教的「對支布教」協議會。	

一九三九	昭和十四	成立宗教團體法。	第二次世界大戰爆發。 全國招魂社改稱為護國神社。
一九四〇	昭和十五	實施宗教團體法。	
一九四一	昭和十六	佛教聯合會改組，組成大日本佛教會。	日本向美、英兩國宣戰。
一九四二	昭和十七	廢除宗教局，於文部省教化局設置宗教課。 組成興亞宗教同盟。 寺院提供佛具及梵鐘。	
一九四三	昭和十八	創價教育學會遭到彈壓，牧口常三郎、戸田城聖等人遭檢舉。	
一九四四	昭和十九	組成大日本戰時宗教報國會。 文部省請求各寺協助學童疏散避難。	
一九四五	昭和二十	廢除宗教團體法，制定宗教法人令。 佛教聯合會重新展開活動。 創價學會召開第一屆總會。	日本接受《波茨坦宣言》，簽署降書。 ＧＨＱ發布各種指令。

		曹洞宗實施「援助及保護同胞奉獻月」，協助及保護撤退民眾或戰爭孤兒。	
一九四六	昭和二十一	日本宗教會改組，改稱為日本宗教聯盟。	
一九四七	昭和二十二	日本宗教聯盟於東京、京都實施新憲法講習會。 召開全日本宗教和平會議，發表宗教和平宣言。	公布學校教育法、教育基本法。
		創價學會青年部開始針對「邪教」進行折伏。	
一九四八	昭和二十三	日蓮宗與中山妙宗內定結合，締結協約書。 西本願寺組成職員工會。	
一九四九	昭和二十四	法隆寺金堂壁畫焚毀。 創價學會月刊《大白蓮華》創刊。	

一九五〇	昭和二十五	京都鹿苑寺金閣遭縱火而焚毀。 靈友會教團因逃稅嫌疑而接受東京國稅局搜查。 召開首屆世界佛教徒會議。	公布公職選舉法令。 朝鮮戰爭爆發。
一九五一	昭和二十六	公布及實施宗教法人法。 創價學會機構雜誌《聖教新聞》創刊。 發起新宗教團體聯合會。 組成全日本佛教青年會同盟。 創立日本印度學佛教會。	
一九五二	昭和二十七	宗務科改設於調查局。 召開首屆全日本佛教徒會議。	
一九五三	昭和二十八	靈友會的小谷喜美因盜領捐款嫌疑而遭逮捕。	
一九五四	昭和二十九	創價學會在日本全國展開折伏。 日本宗教聯盟向聯合國總部提出禁用核武及禁止核武實驗的要求。 組成全日本佛教會、全日本佛教婦人聯盟。	

一九五五	昭和三十	創價學會在地方選舉及都區市議員選舉中，共有五十二名候選人當選。	
一九五六	昭和三十一	庭野日敬被招攬成為眾議院法務委員會的諮詢委員。 京都十九座寺社發起反對京都市觀光稅導入運動。	
一九五七	昭和三十二	立正交成會副會長長沼妙佼辭世。	
一九五八	昭和三十三	創價學會會長戶田城聖辭世。	
一九五九	昭和三十四	立正交成會實施全國區域制。 舉行參議院議員選舉，創價學會支持的六名候選人當選。 寺院與脫離壇家的創價學會之間因墓地、埋葬等問題，在全國各地屢次發生紛爭。	千鳥之淵戰歿者墓苑建成。
一九六〇	昭和三十五	宗教界盛行反對《新安保條約》的抗議活動。 池田大作就任創價學會會長。 立正交成會更名為立正佼成會。	簽訂《日美安保條約》（新安保條約）。

一九六一	昭和三十六	創價學會締結政治組織公明政治聯盟。	
一九六二	昭和三十七	舉行參議院議員選舉，創價學會支持的九名候選人當選。	
一九六三	昭和三十八	宗教者和平運動協議會全國理事會發表聲明反對恢復紀元節。	
一九六四	昭和三十九	舉行公明黨結成大會，決定眾、參兩院公認的候選人。	舉行東京奧運。
一九六五	昭和四十	召開首屆全日本佛教青年會議。	
一九六六	昭和四十一	東大寺拒絕向奈良縣繳納文化觀光稅，並向奈良地裁提出訴訟（同年被駁回）。	
		鈴木大拙辭世。	
一九六七	昭和四十二	公明黨確保眾議院二十五席次。	
一九六八	昭和四十三	全日本佛教會等組織發表聲明，反對靖國神社國家護持法案。 東大寺與奈良縣為文化觀光稅一案和解。	

一九六九	昭和四十四	藤原弘達《創價學會を斬る》出版，創價學會因妨害言論而導致批判聲浪漸高。 自民黨向國會提出靖國神社法案，宗教界擴大反對運動。	
一九七〇	昭和四十五	召開世界宗教者和平會議。	
一九七一	昭和四十六	創價大學獲准設立。 靈友會會長小谷喜美辭世。	

參考文獻

【第一章】谷川穣

青谷美羽〈明治期の聖護院大峰修行——近代の皇族と門跡との関係構築に関する一考察〉（《日本宗教文化史研究》十二・一），二〇〇八年。
阿満利麿，《日本人はなぜ無宗教なのか》，筑摩書房，一九九六年。
家近良樹，《浦上キリシタン流配事件》，吉川弘文館，一九九八年。
岡田正彥，《忘れられた仏教天文学》，ブイツーソリューション，二〇一〇年。
小川原正道，《大教院の研究》，慶應義塾大学出版会，二〇〇四年。
柏原祐泉，《日本近世近代仏教史の研究》，平楽寺書店，一九六九年。
柏原祐泉，《日本仏教史　近代》，吉川弘文館，一九九〇年。
河村忠伸，〈上地事業における境内外区別〉（阪本是丸編，《国家神道再考》），弘文堂，二〇〇八年。
笹部昌利，《幕末動乱の京都と相国寺》，相国寺教化活動委員会，二〇一〇年。

笹森健，〈島根県と浜田県における教育の比較研究——地方教育史の比較研究試論〉（《青山学院大学文学部紀要》二十二），一九八〇年。
高木博志，〈近代の皇室と仏教信仰——晃親王の仏教帰依〉（《宗教と現代がわかる本二〇〇九》），平凡社，二〇〇九年。
高楠順次郎，〈明治仏教の大勢〉（松岡譲編，《現代仏教十周年記念特輯号　明治仏教の研究・回顧》），現代仏教社，一九三三年。
武知正晃，〈「場」としての大教宣布運動〉（澤博勝、高埜利彦編，《近世の宗教と社会三　民衆の「知」と宗教》），吉川弘文館，二〇〇八年。
田中秀和，《幕末維新期における宗教と地域社会》，清文堂出版，一九九七年。
谷川穣，〈「奇人」佐田介石の近代〉（《人文学報》八十三号），二〇〇二年。
谷川穣，〈周旋・建白・転宗——佐田介石の政治行動と「近代仏教」〉（明治維新史学会編，《明治維新と文化》），吉川弘文館，二〇〇五年。
谷川穣，《明治前期の教育・教化・仏教》，思文閣出版，二〇〇八年a。
谷川穣，〈北垣府政期の東本願寺〉（丸山宏、伊從勉、高木博志編，《近代京都研究》），思文閣出版，二〇〇八年b。
辻善之助，《明治仏教史の問題》，立文書院，一九四九年。

辻善之助、村上専精、鷲尾順敬編，《明治維新神仏分離史料》，東方書院，一九二六―二九年。
中西直樹，〈明治前期西本願寺の教団改革動向（上、下）〉（《〈京都女子大学宗教・文化研究所〉研究紀要》十八、十九号），二〇〇五、〇六年。
丹羽邦男，《明治維新の土地変革》，御茶の水書房，一九七八年。
村田安穂，《神仏分離の地方的展開》，吉川弘文館，一九九四年。
羽賀祥二，《明治維新と宗教》，筑摩書房，一九九四年。
林淳，〈近代仏教の時代区分〉（《季刊日本思想史》七十五号），二〇〇九年。
森岡清美，〈身分から職分へ――明治維新期の法制改革にみる僧尼の世俗化〉（《宗教文化の諸相　竹中信常博士頌寿記念論文集》），山喜房佛書林，一九八四年。
安丸良夫，《神々の明治維新》，岩波書店，一九七九年。
吉田久一，《日本近代仏教史研究》，吉川弘文館，一九五九年。
吉田久一，《近現代仏教の歴史》，筑摩書房，一九九八年。

【第二章】大谷榮一

赤松徹真，〈水平社の創立と本願寺教団〉（《龍谷大學論集》四四〇号），一九九二年。
磯前順一，《近代日本の宗教言説とその系譜——宗教・国家・神道》，岩波書店，二〇〇三年。
磯前順一，〈「日本宗教史」を脱臼させる〉（《宗教研究》三五七号），二〇〇八年。
井上円了，《仏教活論序論》，哲学書院，一八八七年。
岩田文昭，《近代化の中の伝統宗教と精神運動——基準点としての近角常観研究》（平成二十年度—二十一年度科学研究費補助金（基盤研究c）研究成果中間報告書，研究課題番号二〇五二〇〇五五），二〇〇九年。
大谷栄一，《近代日本の日蓮主義運動》，法蔵館，二〇〇一年。
大谷栄一，〈近代日本仏教史研究の方法論〉（《佛教學報》五十輯，東國大學校佛教文化研究院），二〇〇八年。
大谷栄一，〈《近代仏教になる》という物語——近代日本仏教史研究の批判的継承のための理路〉（《近代仏教》十六号），二〇〇九年a。
大谷栄一，〈明治期日本の「新しい仏教」という運動〉（《季刊日本思想史》七十五号，ぺりかん社），二〇〇九年b。
碧海寿広，〈哲学から実験へ——近角常観の宗教思想〉（《宗教研究》三六四号），二〇一〇年。
柏木隆法，《大逆事件と內山愚童》，JCA出版，一九七九年。
柏原祐泉，《日本近世近代仏教史の研究》，平楽寺書店，一九六九年。
柏原祐泉，《仏教と部落差別——その歴史と今日》，解放出版社，一九九一年。
柏原祐泉，《真宗史仏教史の研究三・近代篇》，平楽寺書店，二〇〇〇年。
清沢満之，〈精神主義〉（《清沢満之全集》第六巻，岩波書店），二〇〇三年a。
清沢満之，〈精神主義「明治三十四年講話」〉（《清沢満之全集》第六巻，岩波書店），二〇〇三年b。
黒岩比佐子，《パンとペン——社会主義者・堺利彦と「売文社」の闘い》，講談社，二〇一〇年。
上坂倉次，〈明治仏教雑誌発達史〉（《宗教研究》新十二巻六号），一九三五年。
上坂倉次，〈中西牛郎の仏教革新論（上）〉（《仏教》三巻三号），一九三七年。
壺月全集刊行会編，《壺月全集》全二巻，壺月全集刊行会，一九三一年。
境野黃洋，〈自由討究主義としての新仏教〉（《新仏教》三巻七号），一九〇二年。
三枝充悳，《仏教入門》，岩波書店，一九九〇年。
浄土真宗本願寺派同朋運動変遷史編纂委員会編，《同朋運動史資料I》，浄土真宗本願寺派出版部，一九八三年。
雀部倉平，〈水平運動と本願寺教団〉（部落問題研究所編，《水平運動史の研究　五巻・研究篇上》），部落問題研究所出版部，一九七二年。
繁田真爾，〈日清戦争前後の真宗大谷派教団と「革新運動」——清沢満之「精神主義」の起源〉（《近代仏教》十五号），二〇〇八年。
末木文美士，《明治思想家論》，近代日本の思想・再考Ⅰ，トランスビュー，二〇〇四年a。
末木文美士，《近代日本と仏教》，近代日本の思想・再考Ⅱ，トランスビュー，二〇〇四年b。
杉村楚人冠編，《老川遺稿》，仏教清徒同志会，一九〇一年。
芹川博通，《渡辺海旭研究——その思想と行動》，大東出版社，一九七八年。
龍渓章雄，〈明治期の仏教青年会運動（上）——大日本仏教青年会を中心として〉（《真宗学》七十五、七十六号），一九八七年。
玉光順正、辻内義浩、訓覇浩編，《高木顕明——大逆事件に連座した念仏者》，真宗大谷派宗務所出版部，二〇〇〇年。
近角常観，《信仰之余瀝》，大日本仏教徒同盟会，一九〇〇年。

近角常観，《懺悔録》，森江書店，一九〇五年。
中央公論社，《中央公論社七十年史》，中央公論社，一九五五年。
中央公論社，《中央公論社の八十年》，中央公論社，一九六五年。
筒井清忠，《日本型「教養」の運命——歴史社会学的考察》，岩波書店，一九九五年。
常盤大定，〈明治二十年頃の仏教に関する論義の一般〉（《明治文化全集》第十一巻「宗教篇」月報），日本評論社，一九二八年。
中西牛郎，《宗教革命論》，博文堂，一八八九年。
中西牛郎，《新仏教論》，興教書院，一八九二年。
中西牛郎，《厳護法城》，山岡悦，一八九七年。
永嶺重敏，《雑誌と読者の近代》，日本エディタースクール（オンデマンド版），二〇〇四年，原著一九九七年。
中野春介，〈明治仏教史上に於ける新聞雑誌〉（《書物展望》七十六号），一九三七年。
西山茂，〈近代仏教研究の宗教社会学的諸課題〉（《近代仏教》五号），一九九八年。
長谷川匡俊編，《戦後仏教社会福祉事業の歴史》，法蔵館，二〇〇七年。
林久良，〈水平本願寺と黒衣同盟——仏教における部落史の問題点〉（《部落解放史ふくおか》八号），一九七七年。
林淳，〈近代仏教と国家神道——研究史の素描と問題点の整理〉（《禅研究所紀要》三十四号），二〇〇六年。
原敬文書研究会編，《原敬関係文書第八巻・書類篇五》，日本放送出版協会，一九八七年。
原田敬一，《日清・日露戦争》，シリーズ日本近現代史三，岩波書店，二〇〇七年。
廣岡祐渉，〈第八章　黒衣同盟〉（《大鳥山明西寺史》，明西寺），二〇〇七年。
福島信吉，〈明治後期の「新仏教」運動における「自由討究」〉（《宗教研究》三一六号），一九九八年。
藤野豊，《水平運動の社会思想史的研究》，雄山閣，一九八九年。
藤吉慈海，〈浄土宗社会派の人びと〉（《宗教研究》二三八号），一九七九年。
法蔵館編集部編，《講座近代仏教》全五巻，法蔵館，一九六一—六三年。
星野靖二，〈中西牛郎の宗教論〉（《思想史研究》二），二〇〇二年。
星野靖二，〈中西牛郎《教育宗教衝突断案》について〉（《思想史研究》六），二〇〇六年。
星野靖二，〈明治中期における「仏教」と「信仰」——中西牛郎の「新仏教」論を中心

に〉（《宗教学論集》二十九輯），二〇一〇年。
本願寺史料研究所編，《本願寺史》第三巻，浄土真宗本願寺派宗務所，一九六九年。
水島見一，《近・現代真宗教学史研究序説――真宗大谷派における改革運動の軌跡》，法蔵館，二〇一〇年。
森長英三郎，《內山愚童》，論創社，一九八四年。
森龍吉編，《真宗教団の近代化》，真宗史料集成第十二巻，同朋舍，一九七五年。
安丸良夫，《近代天皇像の形成》，岩波書店，一九九二年。
吉田久一，《日本近代仏教史研究》，吉川弘文館，一九五九年。
吉田久一，〈近代仏教の形成〉（法蔵館編集部編，《講座近代仏教》第一巻「概説編」），一九六三年。
吉田久一，《日本近代仏教社会史研究》，吉川弘文館，一九六四年。
吉田久一，《日本の近代社会と仏教》，評論社，一九七〇年。
吉田久一，《近現代仏教の歴史》，筑摩書房，一九九八年。
吉永進一，〈古河老川の仏教論〉（《宗教研究》三五九号），二〇〇九年。
龍谷大学三百五十年史編集委員会編，《龍谷大学三百五十年史》，龍谷大学，二〇〇〇年。

【第三章】藤井健志

浅井宣亮，〈北米における「曹洞宗特別（海外）寺院」の経営基盤〉（《東海仏教》四十一），一九九六年。

安中尚史，〈日蓮宗と海外布教〉（《現代日本と仏教・国家と仏教》），平凡社，二〇〇〇年。

安中尚史，〈近代日蓮宗の海外布教に関する一考察——植民地布教と移民布教を比較して〉（《日蓮教学研究所紀要》三十五），二〇〇八年。

石井公成，〈明治期における海外渡航僧の諸相——北畠道龍、小泉了諦、織田得能、井上秀天、A・ダルマパーラ〉（《近代仏教》十五），二〇〇八年。

井上禅定，《釈宗演伝——禅とZENを伝えた明治の高僧》，禅文化研究所，二〇〇〇年。

井上順孝，〈東回りの西洋布教——日本仏教のアメリカ進出〉（《論集日本仏教史》九），雄山閣，一九八八年。

江田俊雄，《朝鮮仏教史の研究》，国書刊行会，一九七七年（初版一九三三年）。

エック、D・L・（Diana L. Eck），《宗教に分裂するアメリカ——キリスト教国家から多宗教共生国家へ》，明石書店，二〇〇五年（原著二〇〇一年）。

岡部牧夫，《海を渡った日本人》，山川出版社，二〇〇二年。
小川原正道編，《近代日本の仏教者――アジア体験と思想の変容》，慶應義塾大学出版会，二〇一〇年。
柏原祐泉，《日本仏教史　近代》，吉川弘文館，一九九〇年。
葛野洋明，《蓮如上人の伝道――アメリカ開教の現状を通して》（《龍谷教学》二十九），一九九四年。
河口慧海，《チベット旅行記》全五巻，講談社，一九七八年（原著一九〇四年）。
川瀬貴也，《植民地朝鮮の宗教と学知――帝国日本の眼差しの構築》，青弓社，二〇〇九年。
木場明志，〈近代における日本仏教のアジア伝道〉（《日本の仏教》二），一九九五年。
木場明志、桂華惇祥，〈東本願寺中国布教史の基礎的研究〉（《大谷大学真宗総合研究所紀要》五），一九八七年。
木村健二，〈近代日本の移民・植民活動と中間層〉（柳沢遊、岡部牧夫編，《帝国主義と植民地》），展望日本歴史二十，東京堂出版，二〇〇一年（初版一九九〇年）。
小島勝，〈ウラジオストクにおける日本人の教育と宗教――浦塩斯徳日本小学校と本願

寺〉（戸上宗賢編，《交錯する国家・民族・宗教》），不二出版，二〇〇一年。
佐藤哲朗，《大アジア思想活劇——仏教が結んだ、もうひとつの近代史》，サンガ，二〇〇八年。
小山聡子，〈島地黙雷——インド体験と布教活動〉（小川原正道編，《近代日本の仏教者——アジア体験と思想の変容》），慶應義塾大学出版会，二〇一〇年。
産経新聞，「日本人の足跡」取材班，《日本人の足跡》三，産経新聞社，二〇〇二年。
塩瀬隆之、高山秀嗣，〈三島海雲——仏教・技術・社会貢献〉（小川原正道編，《近代日本の仏教者——アジア体験と思想の変容》），慶應義塾大学出版会，二〇一〇年。
柴田幹夫編，《大谷光瑞とアジア——知られざるアジア主義者の軌跡》，勉誠出版，二〇一〇年。
ジャフィ、R・M・（Richard. M. Jaffee），〈釈尊を探して——近代日本仏教の誕生と世界旅行〉（《思想》九四三），二〇〇二年。
ジャフィ、R・M・（Richard. M. Jaffee），〈戦前日本における仏教的物質文化、「インド趣味」、および汎アジア仏教の形成〉（《東北宗教学》四），二〇〇八年。
浄土真宗本願寺派，《浄土真宗本願寺派アジア開教史》，本願寺出版社，二〇〇八年。
鈴木大拙，《鈴木大拙選集》第十三巻，春秋社，一九六一年。

鈴木範久，《明治宗教思潮の研究——宗教学事始》，東京大学出版会，一九七九年。
高木康子，〈明治仏教とチベット——能海寛《世界に於ける仏教徒》を中心に〉（《近代仏教》十七），二〇一〇年。
鷹谷俊之，《高楠順次郎先生伝》，武蔵野女子学院，一九五七年。
高山秀嗣，〈海外開教史上における大谷光瑞〉（《二松學舍大学論集》五十二），二〇〇九年a。
高山秀嗣，〈高楠順次郎にとっての「教育」〉（《仏教経済研究》三十八），二〇〇九年b。
多田稔，《仏教東漸——太平洋を渡った仏教》，禅文化研究所，一九九〇年。
タナカ・ケネス（Kenneth Tanaka），《アメリカ仏教——仏教も変わる、アメリカも変わる》，武蔵野大学出版会，二〇一〇年。
陳継東，《清末仏教の研究——楊文会を中心として》，山喜房佛書林，二〇〇三年。
辻村志のぶ，〈石川舜台と真宗大谷派の東アジア布教——仏教アジア主義の形成〉（《近代仏教》十三），二〇〇七年。
常光浩然，《明治の佛教者》上，春秋社，一九六八年。
中濃教篤，〈中国侵略戦争と宗教——宗教者の戦争責任の証として〉（《世界》三一六），一九七二年。
中牧弘允，《日本宗教と日系宗教の研究——日本・アメリカ・ブラジル》，刀水書房，一九八九年。
中牧弘允，〈ブラジルの本門佛立宗——茨木日水の記録を中心に〉（《佛立開導長松日扇とその教団》上），平楽寺書店，一九九一年。
中村元，《佛教語大辞典》上，東京書籍，一九七五年。
南条文雄，《懐旧録——サンスクリット事始め》，平凡社，一九七九年（原著一九二七年）。
菱木政晴，〈東西本願寺教団の植民地布教〉（《岩波講座・近代日本と植民地》四），岩波書店，一九九三年。
藤井健志，〈戦前における仏教の東アジア布教——研究史の再検討〉（《近代仏教》六），一九九九年。
藤井健志，〈移民の宗教の「社会的形態」とエスニシティ——台湾系仏教運動を手がかりとして〉（吉原和男、クネヒト・ペトロ編，《アジア移民のエスニシティと宗教》），風響社，二〇〇一年。
藤井健志，〈戦後台湾における日本の既成仏教〉（《近代仏教》十四），二〇〇七年。

藤井健志，〈宗教が結ぶ日本と台湾〉（赤司英一郎、荻野文隆、松岡榮志編，《多言語、多文化社会へのまなざし——新しい共生への視点と教育》），白帝社，二〇〇八年。
藤井日達，《わが非暴力——藤井日達自伝》，春秋社，一九九二年（原著一九七二年）。
前嶋信次，《インド学の曙》，世界聖典刊行協会，一九八五年。
松金公正，〈植民地時期台湾における日本仏教寺院及び説教所の設立と展開〉（《台湾史研究》十六），一九九八年。
守屋友江，《アメリカ仏教の誕生——二〇世紀初頭における日系宗教の文化変容》，現代史料出版，二〇〇一年。
山内舜雄，《続道元禅の近代化過程——忽滑谷快天の禅学とその思想「駒澤大学建学史」》，慶友社，二〇〇九年。
山口輝臣，《釈宗演——その「インド」体験》（小川原正道編，《近代日本の仏教者——アジア体験と思想の変容》），慶應義塾大学出版会，二〇一〇年。
ルノワール・フレデリック（Frédéric Lenoir），《仏教と西洋の出会い》，トランスビュー，二〇一〇年（原著一九九九年）。

【第四章】島薗進

池田英俊，《明治の仏教——その行動と思想》，評論社，一九七六年 a。
池田英俊，《明治の新仏教運動》，吉川弘文館，一九七六年 b。
伊藤唯真、藤井正雄編，《葬祭仏教——その歴史と現代的課題》，ノンブル社，一九九七年。
稲垣真美，《仏陀を背負いて街頭へ——妹尾義郎と新興仏教青年同盟》，岩波書店，一九七四年。
井上日召，《一人一殺》，新人物往来社，一九七二年（初版一九四九年）。
大谷栄一，《近代日本の日蓮主義運動》，法藏館，二〇〇一年。
ヘルマン・オームス（Herman Ooms）著，黒住真等譯，《徳川イデオロギー》，ぺりかん社，一九九〇年（原著一九八五年）。
岡村青，《血盟団事件——井上日召の生涯》，三一書房，一九八九年。
柏原祐泉，《日本仏教史　近代》，吉川弘文館，一九八九年。
加藤辨三郎，《加藤辨三郎著作集　いのち尊し》，社団法人在家仏教協会，二〇〇二年。
ロバート・キサラ（Robert Kisala），《宗教的平和思想の研究——日本新宗教の教えと実践》，春秋社，一九九七年。
國學院大學日本文化研究所編，《宗教教育資料集》，すずき出版，一九九三年。
ジェームス・E・ケテラー（James E. Ketelaar）著，岡田正彥譯，《邪教／殉教の明治——廃仏毀釈と近代仏教》，ぺりかん社，二〇〇六年（原著一九九〇年）。
島薗進，〈新宗教の体験主義——初期霊友会の場合〉（村上重良編，《民衆と社会》），大系仏教と日本人十，春秋社，一九八八年。
島薗進，〈生活知と近代宗教運動——牧口常三郎の教育思想と信仰〉（河合隼雄等編，《宗教と社会科学》），岩波講座・宗教と科学五，岩波書店，一九九二年。
島薗進，《現代救済宗教論》，青弓社，一九九二年。
島薗進，〈総説　一九世紀日本の宗教構造の変容〉（小森陽一等編，《コスモロジーの「近世」》），岩波講座・近代日本の文化史二，岩波書店，二〇〇一年a。
島薗進，〈新宗教とキリスト教〉（《明治学院大学キリスト研究所紀要》第三十三號），二〇〇一年b。
島薗進，〈国家神道とメシアニズム——「天皇の神格化」からみた大本教〉（安丸良夫等編，《宗教と権威》），岩波講座・天皇と王権を考える四，岩波書店，二〇〇二年。

島薗進，〈稲荷信仰の近代〉（《朱》（伏見稲荷大社）第四十七號），二〇〇四年。
島薗進，〈仏教と大衆自立思想——権威に抗う在家仏教の時代性〉（末木文美士編，《現代と仏教——いま、仏教が問うもの、問われるもの》），佼成出版社，二〇〇六年a。
島薗進，〈抵抗の宗教／協力の宗教——戦時期創価教育学会の変容〉（成田龍一、吉田裕編，《岩波講座　アジア・太平洋戦争》第六巻），二〇〇六年b。
島薗進，〈日本仏教実践思想論〉一—三十一（《寺門興隆》），二〇〇八年二月—二〇一〇年十一月。
聖教新聞社編，《牧口常三郎》，聖教新聞社，一九七二年。
大乗教教学部編，《教祖杉山辰子先生——その御生涯とみ教え》，大乗教総務庁，一九六七年。
谷川穣，《明治前期の教育・教化・仏教》，思文閣出版，二〇〇八年。
圭室諦成，《葬式仏教》，大法輪閣，一九六三年。
田村芳朗、宮崎英修編，《講座日蓮四　日本近代と日蓮主義》，春秋社，一九七二年。
辻善之助，《明治仏教史の問題》，立文書院，一九四九年。
徳岡秀雄，《宗教教誨と浄土真宗——その歴史と現代への視座》，本願寺出版社，二〇〇六年。
戸頃重基，《近代社会と日蓮主義》，評論社，一九七二年。
豊田武，《仏教社会事業史の展望》（豊田武，《日本宗教制度史の研究》），厚生閣，一九三八年（《豊田武著作集五・宗教制度史》，吉川弘文館，一九八二年所收）。
中西直樹，《日本近代の仏教女子教育》，法藏館，二〇〇〇年。
中西直樹，《仏教と医療・福祉の近代史》，法藏館，二〇〇四年。
中村元，《宗教と社会倫理——古代宗教の社会理想》，岩波書店，一九五九年。
西山茂，〈法華系新宗教運動に関する本〉（《仏教　別冊三　BOOKGUIDE　仏教入門》），法藏館，一九九〇年。
西山茂，〈仏立講の成立と展開〉（本門仏立宗開導百遠諱記念論文集編纂委員会編，《仏立開導長松日扇とその教団》），平楽寺書店，一九九一年。
西山茂，〈在家仏教運動における伝統と革新〉（《平成六年度における東洋大学国内特別研究成果報告書および文部省科学研究費補助金（一般研究C）研究成果中間報告書》），一九九五年。
西山茂、秦安雄、宇治谷義雄，《福祉を築く——鈴木修学の信仰と福祉》，中央法規，二〇〇五年。

法音寺広報委員会編，《御開山上人伝——如我等無異》，日蓮宗法音寺，一九七八年。
法音寺広報委員会編，《二祖・村上斎先生》，日蓮宗法音寺，一九九六年。
人間禅教団三十年史編纂委員会編，《宗教法人人間禅教団三十年史》，宗教法人人間禅教団，一九七八年。
林淳，〈宗教系大学と宗教学〉（《季刊 日本思想史 特集——近代日本と宗教学：学知をめぐるナラトロジー》七十二號），二〇〇八年。
日隈威徳，《創価学会 戸田城聖》，新人物往来社，一九七一年。
藤井健志，〈大日本仏教済世軍の展開と真宗教団〉（《東京大学宗教学年報》第三號），一九八六年。
藤井健志，〈大日本仏教済世軍の性格〉（孝本貢編，《大正・昭和時代》，論集日本仏教史第九巻），雄山閣出版，一九八八年。
藤巻一保，《魔王と呼ばれた男 北一輝》，柏書房，二〇〇五年。
藤村安芸子，《石原莞爾——愛と最終戦争》，講談社，二〇〇七年。
松本健一，《評伝北一輝Ⅱ 明治国体論に抗して》，岩波書店，二〇〇四年。
宮本盛太郎，《北一輝研究》，有斐閣，一九七五年。
宮本盛太郎編，《北一輝の人間像——《北日記》を中心に》，有斐閣，一九七六年。

ランジャナ・ムコパディヤーヤ（Ranjana Mukhopadhyaya），《日本の社会参加仏教——法音寺と立正佼成会の社会活動と社会倫理》，東信堂，二〇〇五年。
村上重良，《創価学会＝公明党》，青木書店，一九六七年。
村上重良，《仏立開導・長松日扇——幕末維新の仏教改革者》，講談社，一九七六年。
森岡清美，《家の変貌と先祖の祭》，日本基督教団出版局，一九八四年。
山折哲雄編，《わが非暴力——藤井日達自伝》，春秋社，一九七二、九二年。
由木義文，《西田無学研究ノート》，山喜房書林，一九八四年。
吉田久一，《改訂増補版　日本近代仏教社会史研究》上，吉田久一著作集五，川島書店，一九九一年。
霊友会史編纂委員会編，《霊友会史一》上巻，霊友会，一九九二年。
霊友会史編纂委員会編，《霊友会史一》下巻，霊友会，一九九六年。
渡辺雅子，《現代日本新宗教論——入信過程と自己形成の視点から》，御茶の水書房，二〇〇七年。

【第五章】末木文美士、辻村志のぶ

石井公成，〈親鸞を讃仰した超国家主義者たち（一）〉（《駒澤短期大学仏教論集》

八），二〇〇二年。
市川白弦，《仏教者の戦争責任》，春秋社，一九七〇年。
市川白弦，《日本ファシズム下の宗教》，エヌエス出版会，一九七五年。
伊藤立教，〈仏教徒の「草の根」抵抗と受難〉（中濃教篤編，《戦時下の仏教》，講座日本近代と仏教六），国書刊行会，一九七七年。
稲垣真美，《仏陀を背負いて街頭へ——妹尾義郎と新興仏教青年同盟》，岩波新書，一九七四年。
ヴィクトリア・ブライアン（Brian A. Victoria）著，エィミー・ルィーズ、ツジモト（Aimme Louise、Tsujimoto）譯，《禅と戦争——禅仏教は戦争に協力したか》，光人社，二〇〇一年（原著一九九七年）。
栄沢幸二，《近代日本の仏教家と戦争——共生の倫理とその矛盾》，専修大学出版局，二〇〇二年。
大西修，《戦時教学と浄土真宗——ファシズム下の仏教思想》，社会評論社，一九九五年。
川瀬貴也，《植民地朝鮮の宗教と学知》，青弓社，二〇〇九年。
木場明志、程舒偉編，《植民地期満洲の宗教》，柏書房，二〇〇七年。

京都仏教会監修，《国家と宗教——宗教から見る近現代日本》上巻，法蔵館，二〇〇八年。
坂本慎一，《ラジオの戦争責任》，PHP新書，二〇〇八年。
末木文美士，《近代日本と仏教》，トランスビュー，二〇〇四年。
末木文美士，《他者・死者たちの近代》，トランスビュー，二〇一〇年。
大東仁，《お寺の鐘は鳴らなかった——仏教の戦争責任を問う》，教育史料出版会，一九九四年。
大東仁，《戦争は罪悪である——反戦僧侶・竹中彰元の叛骨》，風媒社，二〇〇八年。
中濃教篤，《天皇制国家と植民地伝道》，国書刊行会，一九七六年。
中濃教篤編，《戦時下の仏教》，講座日本近代と仏教六，国書刊行会，一九七七年。
菱木政晴，《浄土真宗の戦争責任》，岩波書店，一九九三年。
松岡幹夫，《日蓮仏教の社会思想的展開——近代日本の宗教的イデオロギー》，東京大学出版会，二〇〇五年。

【第六章】島田裕巳

島田裕巳，《日本という妄想》，日本評論社，一九九四年。

島田裕巳，《創価学会》，新潮新書，二〇〇四年。
島田裕巳，《戒名（増補新版）》，法藏館，二〇〇五年。
島田裕巳，《公明党 vs. 創価学会》，昭日新書，二〇〇七年。
島田裕巳，《日本の十大新宗教》，幻冬舍新書，二〇〇七年。
島田裕巳，《平成宗教二十年史》，幻冬舍新書，二〇〇八年。
高橋哲哉，《靖国問題》，筑摩新書，二〇〇五年。
田中伸尚，《靖国の戦後史》，岩波新書，二〇〇二年。
H・N・マックファーランド（Horace Neill McFarland）著，內藤豊、杉本武之譯，《神々のラッシュアワー》，社会思想社，一九六九年。
村上重良，《国家神道》，岩波新書，一九七〇年。
柳田國男，《柳田國男全集》十三、三十二，ちくま文庫，一九九〇、一九九一年。

【特論】末木文美士

池田英俊，《明治の仏教》，評論社，一九七六年。
岡部和雄、田中良昭編，《中国仏教研究入門》，大蔵出版，二〇〇六年。
黒田俊雄，《日本中世の国家と宗教》，岩波書店，一九九五年。

黒田俊雄，《寺社勢力》，岩波新書，一九八〇年。
下田正弘，《涅槃経の研究》，春秋社，一九九七年。
末木文美士，《日本仏教思想史論考》，大蔵出版，一九九三年。
末木文美士，《鎌倉仏教形成論》，法蔵館，一九九八年。
末木文美士，《明治思想家論》，トランスビュー，二〇〇四年 a。
末木文美士，《近代日本と仏教》，トランスビュー，二〇〇四年 b。
末木文美士，《近世の仏教》，吉川弘文館，二〇一〇年。
菅沼晃博士古稀記念論文集刊行会編，《インド哲学仏教学への誘い》，大東出版社，二〇〇五年。
高橋原，〈東京大学宗教学科の歴史——戦前を中心に〉（《季刊日本思想史》七十二），二〇〇八年。
ドゥ・ヨング（J. W. de John）著，平川彰譯，《仏教研究の歴史》，春秋社，一九七五年。
日本仏教研究会編，《ハンドブック日本仏教研究》，法蔵館，一九九六年。
日本仏教研究会編，《日本仏教の研究法》，二〇〇〇年。
林淳，〈宗教系大学と宗教学〉（《季刊　日本思想史　特集——近代日本と宗教学：学

知をめぐるナラトロジー》七十二號），二〇〇八年。
平川彰，《初期大乘仏教の研究》，春秋社，一九六九年。
前嶋信次，《インド学の曙》，世界聖典刊行協会，一九八五年。
吉田久一，《日本近代仏教史研究》，吉川弘文館，一九五九年。

專欄一　幡鎌一弘

有元正雄，《真宗の宗教社会史》，吉川弘文館，一九九五年。
有元正雄，《近世日本の宗教社会史》，吉川弘文館，二〇〇二年。
池上良正、小田淑子、島薗進、末木文美士、関一敏、鶴岡賀雄編，《宗教とはなにか》，岩波講座宗教一，岩波書店，二〇〇三年。
ヴェーバー（Max Weber）著，大塚久雄譯，《プロテスタンティズムの倫理と資本主義の精神》，岩波書店，一九八九年。原著 Max Weber, "Die protestantische Ethik und der "Geist" des Kapitalismus," *Gesammelte Aufsätze zur Religionssoziologie*, Bd. 1, 1920。
大桑斉，《寺檀の思想》，教育社，一九七九年。
大桑斉，〈仏教的世界としての近世〉（《季刊日本思想史》四十八），一九九六年。
大桑斉，《日本仏教の近世》，法藏館，二〇〇三年。

島薗進，〈日本新宗教の倫理思想――近代化論から「心なおし」論へ〉（《近世・近代と仏教》，日本の仏教四），法蔵館，一九九五年。
芹川博通，《日本の近代化と宗教倫理》，多賀出版，一九九七年。
竹田聴洲，《竹田聴洲著作集》第一巻—第九巻，国書刊行会，一九九三—九七年。
內藤莞爾，〈宗教と経済倫理〉（年報《社会学》第八輯），一九四一年。後為《日本の宗教と社会》，御茶の水書房，一九七八年。
中村元，《日本仏教の近代性》，中村元選集第八巻，春秋社，一九六四年。
林淳、大谷榮一責任編輯，《季刊日本思想史》七十五，二〇〇九年。
安丸良夫，《日本の近代化と民衆思想》，青木書店，一九七四年（後為平凡社，一九九九年）。
吉田久一，《日本近代仏教史研究》，吉川弘文館，一九五九年。
吉田久一，《日本近代仏教社会史研究》，吉川弘文館，一九六四年。
吉田久一，《日本近代仏教史研究》，吉田久一著作集四，川島書店，一九九二年。
吉田久一，《吉田久一著作集》第一巻—第七巻，川島書店，一九八九—一九九三年。
ロバート・ベラー（Robert N. Bellah）著，堀一郎、池田昭譯，《日本近代化と宗教倫理――日本近世宗教論》，未来社，一九六二年。原著 Robert N. Bellah, *Tokugawa Reli-*

gion: The Values of Pre-Industrial Japan, Free Press, 1957。後為重刊，池田昭譯，《徳川時代の宗教》，岩波書店，一九九六年（*Tokugawa Religion: The Cultural Roots of Modern Japan*, Free Press, 1985）。

專欄五　三土修平

赤澤史朗，《靖国神社——せめぎあう「戦没者追悼」のゆくえ》，岩波書店，二〇〇五年。

井門富二夫編，《占領と日本宗教》，未来社，一九九三年。

板垣正，《靖国公式参拝の総括》，展転社，二〇〇〇年。

ウィリアム・P・ウッダード（William P. Woodard）著，阿部美哉譯，《天皇と神道——GHQの宗教政策》，サイマル出版会，一九八八年。

江藤淳、小堀桂一郎編，《靖国論集——日本の鎮魂の伝統のために》，日本教文社，一九八六年。

大江志乃夫，《靖国神社》，岩波新書，一九八四年。

大原康男，《神道指令の研究》，原書房，一九九三年。

岸本英夫，〈嵐の中の神社神道〉（新宗連調査室編，收於《戦後宗教回想録》），新宗教新聞社，一九六三年。
小島毅，《靖国史観——幕末維新という深淵》，ちくま新書，二〇〇七年。
小堀桂一郎，《靖国神社と日本人》，ＰＨＰ研究所，一九九八年。
ジョージ・Ｌ・モッセ（George L. Mosse），宮武実知子譯，《英霊——創られた世界大戦の記憶》，柏書房，二〇〇二年。
杉原誠四郎，《日本の神道・仏教と政教分離——そして宗教教育》（増補版），文化書房博文社，二〇〇一年。
高橋紘、鈴木邦彥，《天皇家の密使たち——秘録・占領と皇室》，徳間書店，一九八一年。
田中伸尚，《靖国の戦後史》，岩波新書，二〇〇二年。
徳川義寛、岩井克己，《侍従長の遺言——昭和天皇との50年》，朝日新聞社，一九九七年。
戸村政博，《神社問題とキリスト教》，新教出版社，一九七六年。
中野毅，《戦後日本の宗教と政治》，大明堂，二〇〇三年。
中村直文、ＮＨＫ取材班，《靖国——知られざる占領下の攻防》，日本放送出版協会，二〇〇七年。

西村明，《戦後日本と戦争死者慰霊——シズメとフルイのダイナミズム》，有志舍，二〇〇六年。

村上重良，《慰霊と招魂——靖国の思想》，岩波新書，一九七四年。

靖國神社・やすくにの祈り編集委員会編著，《やすくにの祈り——目で見る明治・大正・昭和・平成》，産経新聞社，一九九九年。

專欄七　瓊・諾埃爾・羅伯特（Jean-Noel Robert）

有關伯納德・法蘭克（Bernard Frank）針對日本佛教與宗教文化的主要出版著作：

Histoires qui sont maintenant du passé, Gallimard / Unesco, Paris, 1968.

Le panthéon bouddhique au Japon: Collections d'Emile Guimet, Runion des Muses Nationaux, Paris, 1991.

Kata-imi et kata-tagae: Etude sur les interdits de direction à I'époque Heian, Collége de France, Institut des Hautes Études Japonaises, Paris, 1998.（一九五八年增補再版）

Dieux et Bouddhas au Japon, Odile Jacob, Paris, 2000.

Amour, colère, couleur: Essais sur le bouddhisme au Japon, Collège de Frace, Institut des Hautes Études Japonaises, Paris, 2000.

Un malheur absolu: La mère du révérend Jojin, Le Promeneur-Gallimard, Paris, 2003.

Dmons et jardins, Collège de France, Institut des Hautes Études Japonaises, Paris, 2010.

《甦るパリ万博と立体マンダラ展：エミール・ギメが見た日本のほとけ信仰　フランス国立ギメ美術館創立一〇〇周年記念》，西武百貨店，一九八九年。

索引

編錄重要相關人物、寺院、文獻等項目。

一畫

二畫

三畫

四畫

五畫

六畫

七畫

八畫

九畫

十畫

十一畫

十二畫

十三畫

十四畫

十五畫

十六畫

十七畫

十九畫

二十畫

二十一畫

二十三畫

二十四畫

二十五畫

其他

作者簡介

谷川穣

一九七三年生於京都府，京都大學文學部畢業，同大學院文學研究科博士後期課程修畢。博士（文學）。京都大學大學院副教授。專門領域為日本史。著作有《明治前期の教育・教化・仏教》，論文有〈「教」の時代〉、〈周旋・建白・転宗〉、〈北垣府政期の東本願寺〉等。

大谷榮一

一九六八年生於東京都，東洋大學文學部畢業，同大學院社會學研究科社會學專攻博士後期課程修畢。博士（社會學）。佛教大學副教授。專門領域為宗教社會學。著作有《近代日本の日蓮主義運動》、《宗教とファシズム》（共著）、《国家と宗教》（共著）、《現代と仏教》（共著）等。

藤井健志

一九五四年生於東京都，東京大學文學部畢業，同大學院博士課程學分取得肄業。東京學藝大學教授。專門領域為日本近代宗教史。著作有《日中両国の視点から語る植民地期満州の宗教》，論文有〈戦前における仏教の東アジア布教〉、〈戦後台湾における天理教の布教過程〉等。

島薗進

一九四八年生於東京都，東京大學文學部宗教學、宗教史學科畢業，同大學院人文科學研究科博士課程學分取得肄業。東京大學大學院教授。專門領域為宗教學思想史、宗教社會學。主要著作有《現代救済宗教論》、《精神世界のゆくえ》、《現代宗教の可能性》、《スピリチュアリティの興隆》、《国家神道と日本人》等，另有論文、共同著述、編著書籍等著作甚豐。

辻村志のぶ

一九七四年生於千葉縣，東京學藝大學教育學部畢業，東京大學大學院博士課程學分取得肄業。前日本學術振興會特別研究員。專門領域為近代日本佛教史。共同著作有《国

家と宗教》，論文有〈日中戦争と仏教〉、〈関東大震災と仏教者〉、〈明治期日本仏教のアジア布教とその思想〉等。

島田裕巳

一九五三年生於東京都，東京大學人文科學研究科博士課程修畢。作家、宗教學者。東京大學先端科學技術研究センター客座研究員。主要著作有《天理教》、《無宗教こそ日本人の宗教である》、《中沢新一批判、あるいは宗教的テロリズムについて》、《慶應三田会》、《人を信じるということ》等著作甚豐。

末木文美士

一九四九年生於山梨縣，東京大學文學部印度哲學科畢業，同大學院人文科學研究科博士課程學分取得肄業。博士（文學）。東京大學名譽教授。國際日本文化研究センター教授。專門領域為佛教學、日本思想史。主要著作有《日本仏教史——思想史としてのアプローチ》、《鎌倉仏教形成論——思想史の立場から》、《日本宗教史》等，另有論文、共同著述、編著書籍等著作甚豐。

幡鎌一弘

一九六一年生於大阪府，東京大學文學部國史學科畢業，神戸大學大學院文學研究科碩士課程修畢。天理大學おやさと研究所研究員。專門領域為日本宗教史。編著有《近世民衆宗教と旅》，共同著作有《岩波講座一　宗教とは何か》、《明治維新史研究七　明治維新と歴史意識》等。

佐藤哲朗

一九七二年生於東京都，東洋大學第二文學部印度哲學科畢業。宗教法人日本上座部佛教協會事務局長。其著作有《大アジア思想活劇——仏教が結んだ、もうひとつの近代史》，共同著作有《図説ブッダの道——偉大なる覚者の足跡とインド仏教の原風景》等。

佐佐木馨

一九四六年生於秋田縣，北海道大學大學院文學研究科博士課程日本史學專攻肄業。博士（文學）。北海道教育大學教授。專門領域為日本中世宗教史。主要著作有《中世国家の宗教構造》、《日本中世思想の基調》、《日蓮の思想構造》等，另有論文、著述等著作甚豐。

吉永進一

一九五七年生於靜岡縣，京都大學文學部大學院宗教學專攻畢業，國立鶴舞工業高等專門學校副教授。專門領域為宗教學。共同翻譯著作有《エリアーデ宗教学の世界一新しいヒューマニズムへの希望》，論文有《原坦山の心理学的禅：その思想と歴史的影響》等。

三土修平

一九四九年生於東京都，東京大學法學部畢業。神戶大學大學院經濟學研究科博士課程學分取得肄業。博士（經濟）。東京理科大學理學部教授。專門領域為理論經濟學。著作有《靖国問題の原点》、《経済学史》、《ワルラシアンのミクロ経済学》、《初歩からの経済数学》等。

清水邦彥

一九六五年生於東京都，學習院大學文學部畢業。筑波大學大學院哲學、思想研究

科博士課程學分取得肄業。金澤大學副教授。專門領域為日本宗教思想史。共同著作有《中世仏教の展開とその基盤》，共同翻譯著作有《水子「中絕」をめぐる日本文化の底流》，論文有〈水子供養と日本人の生死観〉等。

瓊．諾埃爾．羅伯特（Jean-Noel Robert）

法國高等研究應用學院教授、法國銘文與美文學院會員、國際佛教學大學院大學客座教授。著作有 *La Centurie du Lotus – Pomes de Jien*，翻譯著作有 *Le Sutra du lotus*，另有《心の「寺」を観る——あるフランス人の仏教学者の見た仏教》等日文著作。

國家圖書館出版品預行編目資料

近代國家與佛教：日本. IV / 末木文美士編輯委員；辛如意譯. -- 初版. -- 臺北市：法鼓文化, 2023.06
面；公分
ISBN 978-957-598-993-4 (平裝)

1. CST: 佛教史 2. CST: 近代史 3. CST: 日本

220.931　　112005731

新亞洲佛教史 14

近代國家與佛教 —— 日本IV

近代国家と仏教 —— 日本IV

編輯委員	末木文美士
編輯協力	松尾剛次、佐藤弘夫、林淳、大久保良峻
譯者	辛如意
中文版總主編	釋果鏡
中文版編輯顧問	釋惠敏、于君方、林鎮國、木村清孝、末木文美士
中文版編輯委員	釋果鏡、釋果暉、藍吉富、蔡耀明、廖肇亨、陳繼東、陳英善、陳一標
出版	法鼓文化
封面設計	化外設計
內頁美編	小工
地址	臺北市北投區公館路186號5樓
電話	(02)2893-4646
傳真	(02)2896-0731
網址	http://www.ddc.com.tw
E-mail	market@ddc.com.tw
讀者服務專線	(02)2896-1600
初版一刷	2023年6月
建議售價	新臺幣600元
郵撥帳號	50013371
戶名	財團法人法鼓山文教基金會—法鼓文化
北美經銷處	紐約東初禪寺 Chan Meditation Center (New York, USA) Tel: (718)592-6593　E-mail: chancenter@gmail.com

SHIN ASIA BUKKYOUSHI <14> NIHON4-KINDAI KOKKA TO BUKKYŌ
by Editorial Committee : Fumihiko SUEKI; Editorial Assistants : Kenji MATSUO, Hiroo SATOU, Makoto HAYASHI and Ryoushun OOKUBO

法鼓文化